„Toleranz". Allegorische Radierung von Chodowiecki aus dem Göttinger Taschenkalender von 1792. (Minerva nimmt die Bekenner sämtlicher Religionen unter ihren Schutz.) Diese vor allem in Lessings „Nathan der Weise" angesprochene Forderung nach Toleranz kennzeichnet das Geistesleben der deutschen Aufklärung.

Aufklärung in Deutschland

Paul Raabe
Wilhelm Schmidt-Biggemann
(Herausgeber)

Hohwacht Verlag
Bonn 1979

CIP-Kurztitelaufnahme der Deutschen Bibliothek

Aufklärung in Deutschland / Paul Raabe; Wilhelm Schmidt-Biggemann (Hrsg.). [mit Beitr. von Jean Améry . . .]. – Bonn: Hohwacht-Verlag, 1979.
ISBN 3-87 353-074-0
NE: Raabe, Paul [Hrsg.]; Amery, Jean [Mitarb.]

Zu unserem Titelbild: „Sonnenanbeter" im Park zu Sanssouci, Potsdam. Foto von J. Albrecht Cropp.
Die Illustrationen im Innenteil stellte die HERZOG AUGUST BIBLIOTHEK, Wolfenbüttel, freundlicherweise zur Verfügung.

In Zusammenarbeit mit Inter Nationes, Bonn-Bad Godesberg

Gesamtherstellung: Druckerei W. Knauth, Bonn-Tannenbusch
Printed in the Federal Republic of Germany

Mit Beiträgen von

Jean Améry
Wilfried Barner
Dominique Bourel
Paul Hazard
Heinz Ischreyt
Immanuel Kant
Gerhard Kaiser
Manuel Lichtwitz
Wilhelm Schmidt-Biggemann
Paul Raabe
Rudolf Vierhaus

Inhalt

IMMANUEL KANT

Beantwortung der Frage: Was ist Aufklärung?

Aufklärung ist der Ausgang des Menschen aus seiner selbst verschuldeten Unmündigkeit. Unmündigkeit ist das Unvermögen, sich seines Verstandes ohne Leitung eines anderen zu bedienen. *Selbstverschuldet* ist diese Unmündigkeit, wenn die Ursache derselben nicht am Mangel des Verstandes, sondern der Entschließung und des Muthes liegt, sich seiner ohne Leitung eines andern zu bedienen. Sapere aude! Habe Muth dich deines *eigenen* Verstandes zu bedienen! ist also der Wahlspruch der Aufklärung.

Faulheit und Feigheit sind die Ursachen, warum ein so großer Theil der Menschen, nachdem sie die Natur längst von fremder Leitung frei gesprochen (naturaliter maiorennes), dennoch gerne zeitlebens unmündig bleiben; und warum es Anderen so leicht wird, sich zu deren Vormündern aufzuwerfen. Es ist so bequem, unmündig zu sein. Habe ich ein Buch, das für mich Verstand hat, einen Seelsorger, der für mich Gewissen hat, einen Arzt, der für mich die Diät beurtheilt, u.s.w., so brauche ich mich ja nicht selbst zu bemühen. Ich habe nicht nöthig zu denken, wenn ich nur bezahlen kann; andere werden das verdrießliche Geschäft schon für mich übernehmen. Daß der bei weitem größte Theil der Menschen (darunter das ganze schöne Geschlecht) den Schritt zur Mündigkeit, außer dem daß er beschwerlich ist, auch für sehr gefährlich halte: dafür sorgen schon jene Vormünder, die die Oberaufsicht über sie gütigst auf sich genommen haben. Nachdem sie ihr Hausvieh zuerst dumm gemacht haben und sorgfältig verhüteten, daß diese ruhigen Geschöpfe ja keinen Schritt außer dem Gängelwagen, darin sie sie einsperrten, wagen durften, so zeigen sie ihnen nachher die Gefahr, die ihnen droht, wenn sie es versuchen allein zu gehen. Nun ist diese Gefahr zwar eben so groß nicht, denn sie würden durch einigemal Fallen wohl endlich gehen lernen; allein ein Beispiel von der Art macht doch schüchtern und schreckt gemeiniglich von allen ferneren Versuchen ab.

Es ist also für jeden einzelnen Menschen schwer, sich aus der ihm beinahe zur Natur gewordenen Unmündigkeit herauszuarbeiten. Er hat sie sogar lieb gewonnen und ist vor der Hand wirklich unfähig, sich seines eigenen Verstandes zu bedienen, weil man ihn niemals den Versuch davon machen ließ. Satzungen und Formeln, diese mechanischen Werkzeuge eines vernünftigen Gebrauchs oder vielmehr Mißbrauchs seiner Naturgaben, sind die Fußschellen einer immerwährenden Unmündigkeit. Wer sie auch abwürfe, würde dennoch auch über den schmalsten Graben einen nur unsicheren Sprung thun, weil er zu dergleichen freier Bewegung nicht gewöhnt ist. Daher giebt es nur Wenige, denen es gelungen ist, durch eigene Bearbeitung ihres Geistes sich aus der Unmündigkeit heraus zu wickeln und dennoch einen sicheren Gang zu thun.

Daß aber ein Publicum sich selbst aufkläre, ist eher möglich: ja es ist, wenn man ihm nur Freiheit läßt, beinahe unausbleiblich. Denn da werden sich immer einige Selbstdenkende sogar unter den eingesetzten Vormündern des großen Haufens finden, welche, nachdem sie das Joch der Unmündigkeit selbst abgeworfen haben, den Geist einer vernünftigen Schätzung des eigenen Werths und des Berufs jedes Menschen selbst zu denken um sich verbreiten werden. Besonders ist hiebei: daß das Publicum, welches zuvor von ihnen unter dieses Joch gebracht worden, sie hernach selbst zwingt darunter zu bleiben, wenn es von einigen seiner Vormünder, die selbst aller Aufklärung unfähig sind, dazu aufgewiegelt worden; so schädlich ist es Vorurtheile zu pflanzen, weil sie sich zuletzt an denen selbst rächen, die oder deren Vorgänger ihre Urheber gewesen sind. Daher kann ein Publicum nur langsam zur Aufklärung gelangen.Durch eine Revolution wird vielleicht wohl ein Abfall von persönlichem Despotism und gewinnsüchtiger oder herrschsüchtiger Bedrückung, aber niemals wahre Reform der Denkungsart zu Stande kommen; sondern neue Vorurtheile werden eben sowohl als die alten zum Leitbande des gedankenlosen großen Haufens dienen.

Zu dieser Aufklärung aber wird nichts erfordert als *Freiheit*; und zwar die unschädlichste unter allem, was nur *Freiheit* heißen mag, nämlich die: von seiner Vernunft in allen Stücken *öffentlichen Gebrauch* zu machen. Nun höre ich aber von allen Seiten rufen: *räsonnirt nicht!* Der Offizier sagt: räsonnirt nicht, sondern exercirt! Der Finanzrath: räsonnirt nicht, sondern bezahlt! Der Geistliche: räsonnirt nicht, sondern glaubt! (Nur ein einziger Herr in der Welt sagt: *räsonnirt,* so viel ihr wollt, und worüber ihr wollt; *aber gehorcht!*) Hier ist überall

Einschränkung der Freiheit. Welche Einschränkung aber ist der Aufklärung hinderlich? welche nicht, sondern ihr wohl gar beförderlich? – Ich antworte: der *öffentliche* Gebrauch seiner Vernunft muß jederzeit frei sein, und der allein kann Aufklärung unter Menschen zu Stande bringen; der *Privatgebrauch* derselben aber darf öfters sehr enge eingeschränkt sein, ohne doch darum den Fortschritt der Aufklärung sonderlich zu hindern. Ich verstehe aber unter dem öffentlichen Gebrauche seiner eigenen Vernunft denjenigen, den jemand als *Gelehrter* von ihr vor dem ganzen Publicum der *Leserwelt* macht. Den Privatgebrauch nenne ich denjenigen, den er in einem gewissen ihm anvertrauten *bürgerlichen* Posten oder Amte von seiner Vernunft machen darf. Nun ist zu manchen Geschäften, die in das Interesse des gemeinen Wesens laufen, ein gewisser Mechanism nothwendig, vermittelst dessen einige Glieder des gemeinen Wesens sich bloß passiv verhalten müssen, um durch eine künstliche Einhelligkeit von der Regierung zu öffentlichen Zwecken gerichtet, oder wenigstens von der Zerstörung dieser Zwecke abgehalten zu werden. Hier ist es nun freilich nicht erlaubt, zu räsonniren; sondern man muß gehorchen. So fern sich aber dieser Theil der Maschine zugleich als Glied eines ganzen gemeinen Wesens, ja sogar der Weltbürgergesellschaft ansieht, weithin in der Qualität eines Gelehrten, der sich an ein Publicum im eigentlichen Verstande durch Schriften wendet: kann er allerdings räsonniren, ohne daß dadurch die Geschäfte leiden, zu denen er zum Theile als passives Glied angesetzt ist. So würde sehr verderblich sein, wenn ein Offizier, dem von seinen Oberen etwas anbefohlen wird, im Dienste über die Zweckmäßigkeit oder Nützlichkeit dieses Befehls laut vernünfteln wollte; er muß gehorchen. Es kann ihm aber billigermaßen nicht verwehrt werden, als Gelehrter über die Fehler im Kriegesdienste Anmerkungen zu machen und diese seinem Publicum zur Beurtheilung vorzulegen. Der Bürger kann sich nicht weigern, die ihm auferlegten Abgaben zu leisten; sogar kann ein vorwitziger Tadel solcher Auflagen, wenn sie von ihm geleistet werden sollen, als ein Skandal (das allgemeine Widersetzlichkeiten veranlassen könnte) bestraft werden. Eben derselbe handelt demungeachtet der Pflicht eines Bürgers nicht entgegen, wenn er als Gelehrter wider die Unschicklichkeit oder auch Ungerechtigkeit solcher Ausschreibungen öffentlich seine Gedanken äußert. Eben so ist ein Geistlicher verbunden, seinen Katechismusschülern und seiner Gemeine nach dem Symbol der Kirche, der er dient, seinen Vortrag zu thun; denn er ist auf diese Bedingung angenommen worden. Aber als

Gelehrter hat er volle Freiheit, ja sogar den Beruf dazu, alle seine sorgfältig geprüften und wohlmeinenden Gedanken über das Fehlerhafte in jenem Symbol und Vorschläge wegen besserer Einrichtung des Religions- und Kirchenwesens dem Publicum mitzutheilen. Es ist hiebei auch nichts, was dem Gewissen zur Last gelegt werden könnte. Denn was er zu Folge seines Amts als Geschäftsträger der Kirche lehrt, das stellt er als etwas vor, in Ansehung dessen er nicht freie Gewalt hat nach eigenem Gutdünken zu lehren, sondern das er nach Vorschrift und im Namen eines andern vorzutragen angestellt ist. Er wird sagen: unsere Kirche lehrt dieses oder jenes; das sind die Beweisgründe, deren sie sich bedient. Er zieht alsdann allen praktischen Nutzen für seine Gemeinde aus Satzungen, die er selbst nicht mit voller Überzeugung unterschreiben würde, zu deren Vortrag er sich gleichwohl anheischig machen kann, weil es doch nicht ganz unmöglich ist, daß darin Wahrheit verborgen läge, auf alle Fälle aber wenigstens doch nichts der innern Religion Widersprechendes darin angetroffen wird. Denn glaubte er das letztere darin zu finden, so würde er sein Amt mit Gewissen nicht verwalten können; er müßte es niederlegen. Der Gebrauch also, den ein angestellter Lehrer von seiner Vernunft vor seiner Gemeinde macht, ist bloß ein *Privatgebrauch:* weil diese immer nur eine häusliche, obzwar noch so große Versammlung ist; und in Ansehung dessen ist er als Priester nicht frei und darf es auch nicht sein, weil er einen fremden Auftrag ausrichtet. Dagegen als Gelehrter, der durch Schriften zum eigentlichen Publicum, nämlich der Welt, spricht, mithin der Geistliche im *öffentlichen Gebrauche* seiner Vernunft genießt einer uneingeschränkten Freiheit, sich seiner eigenen Vernunft zu bedienen und in seiner eigenen Person zu sprechen. Denn daß die Vormünder des Volks (in geistlichen Dingen) selbst wieder unmündig sein sollen, ist eine Ungereimtheit, die auf Verewigung der Ungereimtheiten hinausläuft.

Aber sollte nicht eine Gesellschaft von Geistlichen, etwa eine Kirchenversammlung, oder eine ehrwürdige Classis (wie sie sich unter den Holländern selbst nennt), berechtigt sein, sich eidlich unter einander auf ein gewisses unveränderliches Symbol zu verpflichten, um so eine unaufhörliche Obervormundschaft über jedes ihrer Glieder und vermittelst ihrer über das Volk zu führen und diese sogar zu verewigen? Ich sage: das ist ganz unmöglich. Ein solcher Contract, der auf immer alle weitere Aufklärung vom Menschengeschlechte abzuhalten geschlossen würde, ist schlechterdings null und nichtig; und sollte er auch durch die oberste Gewalt, durch Reichstage und die feierlichsten Friedensschlüsse bestätigt sein. Ein Zeitalter kann sich nicht verbünden und darauf verschwören, das folgende in einen Zustand zu setzen, darin es ihm unmöglich werden muß, seine (vornehmlich so sehr angelegentliche) Erkenntnisse zu erweitern, von Irrthümern zu reinigen und überhaupt in der Aufklärung weiter zu schreiten. Das wäre ein Verbrechen wider die menschliche Natur, deren ursprüngliche Bestimmung gerade in diesem Fortschreiten besteht; und die Nachkommen sind also vollkommen dazu berechtigt, jene Beschlüsse, als unbefugter und frevelhafter Weise genommen, zu verwerfen. Der Probirstein alles dessen, was über ein Volk als Gesetz beschlossen werden kann, liegt in der Frage: ob ein Volk sich selbst wohl ein solches Gesetz auferlegen könnte. Nun wäre dieses wohl gleichsam in der Erwartung eines bessern auf eine bestimmte kurze Zeit möglich, um eine gewisse Ordnung einzuführen: indem man es zugleich jedem der Bürger, vornehmlich dem Geistlichen frei ließe, in der Qualität eines Gelehrten öffentlich, d. i. durch Schriften, über das Fehlerhafte der damaligen Einrichtung seine Anmerkungen zu machen, indessen die eingeführte Ordnung noch immer fortdauerte, bis die Einsicht in die Beschaffenheit dieser Sachen öffentlich so weit gekommen und bewährt worden, daß sie durch Vereinigung ihrer Stimmen (wenn gleich nicht aller) einen Vorschlag vor den Thron bringen könnte, um diejenigen Gemeinden in Schutz zu nehmen, die sich etwa nach ihren Begriffen der besseren Einsicht zu einer veränderten Religionseinrichtung geeinigt hätten, ohne doch diejenigen zu hindern, die es beim Alten wollten bewenden lassen. Aber auf eine beharrliche, von Niemanden öffentlich zu bezweifelnde Religionsverfassung auch nur binnen der Lebensdauer eines Menschen sich zu einigen und dadurch einen Zeitraum in dem Fortgange der Menschheit zur Verbesserung gleichsam zu vernichten und fruchtlos, dadurch aber wohl gar der Nachkommenschaft nachtheilig zu machen, ist schlechterdings unerlaubt. Ein Mensch kann zwar für seine Person und auch alsdann nur auf einige Zeit in dem, was ihm zu wissen obliegt, die Aufklärung aufschieben; aber auf sie Verzicht zu thun, es sei für seine Person, mehr aber noch für die Nachkommenschaft, heißt die heiligen Rechte der Menschheit verletzen und mit Füßen treten. Was aber nicht einmal ein Volk über sich selbst beschließen darf, das darf noch weniger ein Monarch über das Volk beschließen; denn sein gesetzgebendes Ansehen beruht eben darauf, daß er den gesammten Volkswillen in dem seinigen vereinigt.

Wenn er nur darauf sieht, daß alle wahre oder vermeinte Verbesserung mit der bürgerlichen Ordnung zusammen bestehe: so kann er seine Unterthanen übrigens nur selbst machen lassen, was sie um ihres Seelenheils willen zu thun nöthig finden; das geht ihn nichts an, wohl aber zu verhüten, daß nicht einer den andern gewaltthätig hindere, an der Bestimmung und Beförderung desselben nach allem seinem Vermögen zu arbeiten. Es thut selbst seiner Majestät Abbruch, wenn er sich hierin mischt, indem er die Schriften, wodurch seine Unterthanen ihre Einsichten ins Reine zu bringen suchen, seiner Regierungsaufsicht würdigt, sowohl wenn er dieses aus eigener höchsten Einsicht thut, wo er sich dem Vorwurfe aussetzt: Caesar non est supra Grammaticos, als auch und noch weit mehr, wenn er seine oberste Gewalt so weit erniedrigt, den geistlichen Despotism einiger Tyrannen in seinem Staate gegen seine übrigen Unterthanen zu unterstützen.

Wenn denn nun gefragt wird: Leben wir jetzt in einem *aufgeklärten* Zeitalter? so ist die Antwort: Nein, aber wohl in einem Zeitalter der *Aufklärung.* Daß die Menschen, wie die Sachen jetzt stehen, im Ganzen genommen, schon im Stande wären, oder darin auch nur gesetzt werden könnten, in Religionsdingen sich ihres eigenen Verstandes ohne Leitung eines Andern sicher und gut zu bedienen, daran fehlt noch sehr viel. Allein daß jetzt ihnen doch das Feld geöffnet wird, sich dahin frei zu bearbeiten, und die Hindernisse der allgemeinen Aufklärung, oder des Ausganges aus ihrer selbst verschuldeten Unmündigkeit allmählich weniger werden, davon haben wir doch deutliche Anzeigen. In diesem Betracht ist dieses Zeitalter das Zeitalter der Aufklärung, oder das Jahrhundert *Friederichs.*

Ein Fürst, der es seiner nicht unwürdig findet, zu sagen: daß er es für *Pflicht* halte, in Religionsdingen den Menschen nichts vorzuschreiben, sondern ihnen darin volle Freiheit zu lassen, der also selbst den hochmüthigen Namen der *Toleranz* von sich ablehnt, ist selbst aufgeklärt und verdient von der dankbaren Welt und Nachwelt als derjenige gepriesen zu werden, der zuerst das menschliche Geschlecht der Unmündigkeit wenigstens von Seiten der Regierung entschlug und Jedem frei ließ, sich in allem, was Gewissensangelegenheit ist, seiner eigenen Vernunft zu bedienen. Unter ihm dürfen verehrungswürdige Geistliche unbeschadet ihrer Amtspflicht ihre vom angenommenen Symbol hier oder da abweichenden Urtheile und Einsichten in der Dualität der Gelehrten frei und öffentlich der Welt zur Prüfung darlegen; noch mehr aber jeder andere, der durch keine Amtspflicht eingeschränkt ist. Dieser Geist der Freiheit breitet sich auch außerhalb aus, selbst da, wo er mit äußeren Hindernissen einer sich selbst mißverstehenden Regierung zu ringen hat. Denn es leuchtet dieser doch ein Beispiel vor, daß bei Freiheit für die öffentliche Ruhe und Einigkeit des gemeinen Wesens nicht das Mindeste zu besorgen sei. Die Menschen arbeiten sich von selbst nach und nach aus der Rohigkeit heraus, wenn man nur nicht absichtlich künstelt, um sie darin zu erhalten.

Ich habe den Hauptpunkt der Aufklärung, die des Ausganges der Menschen aus ihrer selbst verschuldeten Unmündigkeit, vorzüglich in *Religionssachen* gesetzt: weil in Ansehung der Künste und Wissenschaften unsere Beherrscher kein Interesse haben, den Vormund über ihre Unterthanen zu spielen; überdem auch jene Unmündigkeit, so wie die schädlichste, also auch die entehrendste unter allen ist. Aber die Denkungsart eines Staatsoberhaupts, der die erstere begünstigt, geht noch weiter und sieht ein: daß selbst in Ansehung seiner *Gesetzgebung* es ohne Gefahr sei, seinen Unterthanen zu erlauben, von ihrer eigenen Vernunft *öffentlichen* Gebrauch zu machen und ihre Gedanken über eine bessere Abfassung derselben sogar mit einer freimüthigen Kritik der schon gegebenen der Welt öffentlich vorzulegen; davon wir ein glänzendes Beispiel haben, wodurch noch kein Monarch demjenigen vorging, welchen wir verehren.

Aber auch nur derjenige, der, selbst aufgeklärt, sich nicht vor Schatten fürchtet, zugleich aber ein wohldisciplinirtes zahlreiches Heer zum Bürgen der öffentlichen Ruhe zur Hand hat, kann das sagen, was ein Freistaat nicht wagen darf: *räsonnirt, so viel ihr wollt, und worüber ihr wollt; nur gehorcht!* So zeigt sich hier ein befremdlicher, nicht erwarteter Gang menschlicher Dinge; so wie auch sonst, wenn man ihn im Großen betrachtet, darin fast alles paradox ist. Ein größerer Grad bürgerlicher Freiheit scheint der Freiheit des *Geistes* des Volks vortheilhaft und setzt ihr doch unübersteigliche Schranken; ein Grad weniger von jener verschafft hingegen diesem Raum, sich nach allem seinem Vermögen auszubreiten. Wenn denn die Natur unter dieser harten Hülle den Keim, für den sie am zärtlichsten sorgt, nämlich den Hang und Beruf zum freien *Denken,* ausgewickelt hat: so wirkt dieser allmählich zurück auf die Sinnesart des Volks (wodurch dieses der *Freiheit zu handeln* nach und nach fähiger wird) und endlich auch sogar auf die Grundsätze der *Regierung,* die es ihr selbst zuträglich findet, den Menschen, der nun *mehr als Maschine ist, seiner Würde gemäß zu behandeln.*)*

Königsberg in Preußen, den 30. Septemb. 1784.

*) *In den Büsching*'schen wöchentlichen Nachrichten vom 13. Sept. lese ich heute den 30sten eben dess. die Anzeige der Berlinischen Monatsschrift von diesem Monat, worin des Herrn *Mendelssohn* Beantwortung eben derselben Frage angeführt wird. Mir ist sie noch nicht zu Händen gekommen; sonst würde sie die gegenwärtige zurückgehalten haben, die jetzt nur zum Versuche da stehen mag, wiefern der Zufall Einstimmigkeit der Gedanken zuwege bringen könne.

I

Protagonisten der deutschen Aufklärung

Siegmund Jacob Baumgarten,
1706 – 1757

Friedrich der Große,
1712 – 1786

Johann Wilhelm Ludwig Gleim,
1719 – 1803

Johann Christoph Gottsched,
1700 – 1766

Johann Georg Hamann,
1730 – 1788

Johann Gottfried Herder,
1744 – 1803

Christian Gottlob Heyne,
1729 – 1812

Josef II., Kaiser von Österreich,
1741 – 1790

Johann Friedrich Wilhelm Jerusalem,
1709 – 1789

Immanuel Kant,
1724 – 1804

Gottfried Wilhelm Leibniz,
1646 – 1716

Gotthold Ephraim Lessing,
1729 – 1781

Georg Christoph Lichtenberg,
1742 – 1799

Moses Mendelssohn,
1729 – 1786

Gerlach Adolf von Münchhausen,
1688 – 1770

Friederike Karoline Neuber,
1697 – 1760

Emanuel Schikaneder,
1751 – 1812

Christian Thomasius,
1655 – 1728

Christoph Martin Wieland,
1733 – 1813

Christian Wolff,
1679 – 1754

RUDOLF VIERHAUS

Zur historischen Deutung der Aufklärung: Probleme und Perspektiven

I

Man spricht wieder über Aufklärung! Sie ist sogar ein bevorzugtes Thema von Forschungs- und Publikationsprojekten, von Lehrveranstaltungen und Tagungen geworden. Der vierte Internationale Kongreß über Aufklärung, der im Juli 1975 an der Yale-University in New Haven stattgefunden hat, brachte ein formidables Programm mit 46 verschiedenen Plenarsitzungen, workshops und Sektionen, in denen die Aufklärung des 18. Jahrhunderts in fast allen ihren Erscheinungen behandelt wurde.

Fragt man nach den Gründen für das neu erwachte Interesse an dieser Phase der europäischen bzw. atlantischen Geschichte, so trifft man auf ein komplexes Bündel von wissenschaftsinternen, gesellschaftlichen und politischen Motiven. Zweifellos haben gegenwärtige Forderungen und Maßnahmen fundamentaler Demokratisierung, der Realisierung von Bildungschancen für alle und allgemeiner Publizität den Blick zu jener Zeit zurückgelenkt, in der diese Ziele zuerst programmatisch verkündet und in Ansätzen praktiziert wurden, also zu dem Zeitalter der „democratic revolutions", zu deren Voraussetzungen offenbar auch die Aufklärung gehört. Dabei hat, vor allem in unserem Lande, diese Zuwendung starke Züge der Deckung eines Nachholbedarfs und der Revision einer lange dominierenden Abwertung, Verzerrung und Verdrängung.

Solche Bemühung hat ihre Gefahren! Sie gerät leicht zur Überzeichnung wie z. B. bei der Hervorhebung von radikalen, politisch revolutionären, demokratisch-jakobinischen Tendenzen, die unter dem Einfluß der Französischen Revolution auch in anderen Ländern hervorgetreten sind, oder beim Nachweis von Kontinuitätssträngen von den aufgeklärten Republikanern zu den demokratischen Liberalen der Revolution von 1848 und den frühen Sozialisten. Sie tendiert überdies zur Vergröberung, wenn die Aufklärung als europäische Erscheinung zu stark generalisiert, ihre nationale und konfessionelle Differenziertheit vernachlässigt und ihre innere Komplexität verharmlost wird. Überhaupt erscheint ein beschreibender, Selbstaussagen interpretierender Zugriff auf das Gesamtphänomen der Aufklärung zu eng. Als intellektuell-philosophisch-literarische Bewegung, wie sie weithin verstanden wird, ist sie doch nur zu einem Teil erfaßt! Zu ihren Voraussetzungen wie zu ihren Auswirkungen gehören ökonomische, soziale und politische Wandlungen; ihr Erscheinungsbild ist mitbestimmt von der Diskrepanz zwischen stürmischen Entwürfen und zögerndem Nachvollzug in der Realität, zwischen partieller Modernität und gleichzeitigem Haften an Tradition und Besitzstand, zwischen den Gebildeten als Trägern der Bewegung und den Nichtgebildeten als den Objekten ihrer Reformvorstellungen. Und wenn die Aufklärung als umfassende kulturelle und politische Reformbewegung gesehen und vom „Zeitalter der Vernunft" gesprochen wird, dann wird nicht selten der innere Zusammenhang der synthetisierten Erscheinungen mehr behauptet als wirklich nachgewiesen. Noch immer muß auch festgestellt werden, daß manche Analysen der Aufklärung von den Vorurteilen ihrer konservativen und romantischen Gegner beeinflußt sind.

Das hat mancherlei Gründe, die z.T. in der Aufklärung selber, in ihrem Anspruch und ihren tatsächlichen oder vermeintlichen Folgen liegen. Eine intellektuelle Bewegung, die sich selber „Aufklärung" genannt, ein Zeitalter, das dezidiert für sich beansprucht hat, die Menschen aus dem Dunkel heraus zur Helle der Erkenntnis, zu geistiger Selbstständigkeit und bewußter Gestaltung ihrer Umwelt zu führen, haben die Frage nach ihren Leistungen selber nahegelegt. Der hohe Anspruch der Aufklärung provoziert die kritische Überprüfung dessen, was und mit welchen Kosten sie es erreicht hat. Wer so auftritt wie es ihre Protagonisten taten, produziert nicht nur Erwartungen und vielleicht starke Aktivitäten, sondern auch Zweifel, Enttäuschungen und schließlich den Spott der anderen. In der Tat ist die Aufklärung von Anfang an davon begleitet worden. Man muß indes sehen, daß ein großer Teil ihrer Kritiker, und zwar gerade die bedeutendsten, selber durch die Aufklärung hindurchgegangen waren und von Denk-, Ausdrucks- und Verhaltensmöglichkeiten Gebrauch machten, die erst durch die Aufklärung gewonnen waren. Das gilt für Rousseau und Burke ebenso wie für Friedrich Schlegel, Wilhelm von Humboldt, Gentz und Metternich. Ihre Kritik ist also historisch zu relativieren. Das aber gilt in gleicher Weise auch für die Kritik der Aufklärer an der Tradition und an den bestehenden Verhältnissen, in denen sie standen. Die Aufklärung ist nicht in allem so neu, so durchgreifend und umfassend gewesen, wie sie vorgab, nicht so selbständig, wie sie behauptete. Aber auch nicht so abstrakt und praxisfern, wie ihre Gegner ihr vorwarfen!

Obwohl die Aufklärung sich selber benannt, interpretiert und kritisiert hat, ist man ihrer historischen Interpretation nicht enthoben. Selbstaussagen der Menschen geben keine hinreichende Erklärung ihres Tuns, sondern sind als solche deutungsbedürftig. Gerade im Falle der Aufklärung ergeben sie überdies eine so breite Skala von kritischer Reflexion und definitorischen Bemühungen, die nicht nur dem Zweck der Verteidigung entsprang, sondern auch der Selbstvergewisserung diente, daß daran jede schnelle Generalisierung zuschanden geht. Es gab nicht nur die vernunftstolzen und optimistischen Aufklärer, sondern auch andere, die die in der Aufklärung liegenden Gefahren kannten!

II

Im folgenden können – selbstverständlich – nicht alle Probleme dargelegt werden, die sich für die historische Interpretation der Aufklärung stellen, und nicht alle Perspektiven, unter denen sie betrachtet werden kann. Ich will versuchen, das mir wichtig Erscheinende in zehn Punkten zusammenzufassen.

1. Da der Prozeß der Geschichte sich nie auf allen Ebenen der Wirklichkeit und in allen geschichtlichen Räumen auch desselben Kulturbereichs im Gleichschritt vollzieht, lassen sich verschiedene Zeitabschnitte inhaltlich nur identifizieren, indem man ihnen Namen gibt, die für bestimmte, für dominant gehaltene Ebenen signifikant erscheinen, oder indem man sie nach repräsentativ erscheinenden Ereignissen, Personen, Institutionen oder Stilen benennt. In besonderen Fällen mag ein Name zur Verfügung stehen, den die Zeit selber schon benutzte. Ein solcher Name ist „Aufklärung": ein Begriff, der von Schriftstellern, Philosophen und Pädagogen als Programmwort gebraucht wurde, aber doch auch einen tatsächlichen Vorgang im religiösen, kulturellen und intellektuellen Leben bezeichnet, der sich auf das gesellschaftliche und politische Verhalten der Menschen ausgewirkt hat. Denn mit dem Wandel der Vorstellungen von Natur und Bestimmung der Menschen, von Wesen und Funktion der Gesell-

schaft verändert sich auch die Einstellung zu den umgebenden Institutionen, die Motivation des Handelns und die Praxis. Das läßt es berechtigt erscheinen, den selbstverliehenen Namen zu übernehmen und von einem „Zeitalter der Aufklärung" zu sprechen.

In der deutschen Geschichte läßt sich diese Bezeichnung nur auf die Zeit vom Ende des Siebenjährigen Krieges bis zu der intellektuellen und politischen Reaktion anwenden, die in den späten 1780er Jahren gegen radikale Strömungen der Aufklärung einsetzte und mit der Französischen Revolution allgemeinen Charakter erhielt. In dieser Zeit war „Aufklärung" beherrschendes Thema. In England, Frankreich und den Niederlanden, in Italien und Spanien müssen zweifellos andere Zeitgrenzen angesetzt werden; der Schwerpunkt der Aufklärung lag indes stets, mit einer Phasenverschiebung vom Westen nach Osten, in der zweiten Hälfte des 18. Jahrhunderts.

2. Aufklärung als soziokulturelle Bewegung kann nicht auf das „Zeitalter der Aufklärung" begrenzt werden. Ihre Anfänge datieren zu wollen führt allerdings in hoffnungslose Schwierigkeiten. Sie mit Rationalität im Sinne Max Webers oder mit Kritik oder mit Modernität gleichzusetzen, ist unstatthaft, so sehr diese Elemente als Konstituentien und als Wirkungen zur Aufklärung gehören. Schließt man die Aufklärung eng an die Renaissance an (wie Ernst Cassirer es tat) und sieht man das späte 16. und das 17. Jahrhundert als gegenreformatorische, spätscholastisch-orthodoxe, pansophisch-universalistische, absolutistisch-barocke Zwischenphase an, so macht man sich einer unzulässigen Modernisierung der Renaissance und einer viel zu undifferenzierten Vorstellung des 17. Jahrhunderts schuldig. Die Ausbildung der modernen Wissenschaft und die großen Durchbrüche zu modernen Denkstrukturen durch Bacon, Descartes und Hobbes, Spinoza, Pufendorf und Leibniz – beide entscheidende Voraussetzungen der Aufklärung! – gehören eben jener Phase an! Aufklärung umgekehrt zu ihnen zurückzudatieren, würde nicht nur jene Denker in falsche historische Zusammenhänge einrücken, sondern auch die charakteristische Struktur der Aufklärung verwischen. Besteht diese doch in der Auswertung und Anwendung der im 17. Jahrhundert gewonnenen Denkansätze und -methoden auf alle Bereiche des intellektuellen und praktischen Lebens.

3. Aufklärung wurde damit zu einem Stil des Denkens und Verhaltens, zu einem erkenntnisleitenden Interesse, zu einem Motiv des

Handelns. Sie wurde zum Programm des Weltverstehens, der Interpretation des geschichtlich-gesellschaftlichen Lebens und der Weltgestaltung. Kein geschlossenes philosophisches System, eher eine Lebensphilosophie, keine strenge Denkmethode, aber eine Denkweise, die sich, durch Berufung auf die Vernunft abgesichert und durch den Willen zur Verbesserung legitimiert, auf alle Bereiche der Lebenswelt ausweitete: von der Religion bis zum Ackerbau, von der Moral und Erziehung bis zu Strafvollzug und Hygiene! Überdies ein Denken, das auf Kritik an Religion, Tradition und bestehenden Institutionen wie auf deren praktische Veränderung angelegt war – ohne daß allerdings die Kriterien der Kritik einheitlich und hinreichend geprüft waren und die Praxis immer erreicht wurde. Die Aufklärer selber verstanden allerdings schon die kritische und öffentliche Überprüfung des Wissens, der tradierten Leitvorstellungen und der sie legitimierenden Grundlagen als entscheidendes Handeln. Überzeugt davon, daß der Mensch kraft seiner Verstandeskräfte, wenn er denn von ihnen Gebrauch macht, zur Erkenntnis fähig ist und Wahrheit von autoritativem Wahrheitsanspruch unterscheiden kann; überzeugt auch, daß nicht das Denken in durch Lehrtradition vorgeschriebenen Bahnen, sondern das Selbstdenken die Würde des Menschen ausmacht, forderten sie die Freiheit, selbständig Gedachtes mitteilen und öffentlich diskutieren zu dürfen, um damit bei den Lesenden Lernprozesse ingang zu setzen.

4. Die gesamte Aufklärung hat sich als einen solchen Lernprozeß verstanden, an dem die einen zugleich als Lehrende, die anderen – zunächst noch – als nur Lernende beteiligt sind. Als einen Prozeß allerdings, der sich nicht von selber reguliert und allein in der Selbsterziehung der Menschen geschieht, sondern als einen Erziehungsvorgang für die Öffentlichkeit, durch sie und in ihr! Deshalb muß die Öffentlichkeit für die notwendigen Anstalten der Erziehung Sorge tragen, und da prinzipiell alle Glieder der Gesellschaft an ihr teilhaben sollen, fällt die hauptsächliche Verantwortung dafür dem Staat zu, der seinerseits daran gebunden ist, daß – wie Ernst Christian Trapp 1780 schrieb – die Grundsätze einer guten Erziehung in der menschlichen Natur und in der Gesellschaft, in der er leben soll, gründen. Man muß also nach der Anthropologie und der Soziologie der Aufklärung fragen, wenn man ihr Erziehungs- und Bildungskonzept verstehen will. Ihm liegen die Annahme einer prinzipiellen Identität der in der menschlichen Natur angelegten Möglichkeiten des Einzelnen mit den Bedürfnissen der Gesellschaft und die Überzeugung zugrunde, daß der Ein-

zelne nur in einer vernünftig geordneten Gesellschaft seine Glückseligkeit erreicht.

Der Selbstdenker als vollendetes Produkt aufgeklärter Bildung ist kein individualistischer Typus. Er ist nicht freischwebender Intellektueller und kein Exzentriker, sondern ein mündiger Bürger und Patriot, also ein Mann, der sich das Wohl der Gesellschaft, in der er steht, angelegen sein läßt, sich nützlich macht, andere zum besseren Tun anleitet und in alle dem seine Befriedigung erfährt. Was er vermittelt, sind nicht subjektive Meinungen, sondern vernünftig begründete, selbständig geprüfte Einsichten, durch die andere befähigt werden, richtig und nützlich zu handeln. Ziel aufgeklärter Erziehung war es, alle Menschen intellektuell und sittlich nach dem Maße der jedem Einzelnen von Natur und Gesellschaft gegebenen Möglichkeiten weiterzubringen. Diese Erziehung war keine Standeserziehung mehr, aber sie ging doch von Unterschieden der Eignung und der notwendig zu erfüllenden Funktionen der Gesellschaft aus. Soziale Unterschiede werden auch durch Erziehung nicht aufgehoben, sondern funktionell definiert und verlieren damit ihre traditionelle Legitimation.

Durch die starke Orientierung der Erziehung an gesellschaftlichen Bedürfnissen, an der Nützlichkeit und Brauchbarkeit des Einzelnen für Gesellschaft und Staat – einer Erziehung überdies, die den pädagogischen Charakter intellektueller Abrichtung nie ganz überwand – haben

5. Tendenzen zum Erziehungszwang und in den Systemen des sogenannten aufgeklärten Absolutismus zur staatlichen Erziehungsdiktatur Auftrieb erhalten. Die Überzeugung, eine bessere, auf Vernunft gegründete, wahrhaft menschliche Gesellschaft könne nicht nur gedanklich konzipiert, sondern auch praktisch hergestellt werden, wenn Aberglauben, usurpierte Autorität, funktionslos gewordene Privilegien durch kritischen Gebrauch der Vernunft decouvriert und beseitigt werden, und der Glaube, daß dabei jeder Einzelne gewinne, wenn er seine Bestimmung und seine Interessen richtig erkenne, gaben den Aufklärern das gute Gewissen, mit dem sie die noch nicht Einsichtigen zu ihrer größeren Glückseligkeit anleiten, gegebenen Falles auch zwingen zu dürfen meinten. Wenn derjenige, der gelernt hat, von seinem Verstande den richtigen Gebrauch zu machen, seine eigenen Interessen besser verfolgt, der bessere Hausvater, Untertan, Bürger und Patriot ist, dann darf ihm eine Erziehung, die dies bewirkt, aufgenötigt werden.

Solche Anschauungen führten notwendig dazu, dem Staat die Verantwortung für den Aufbau eines umfassenden öffentlichen Schulwesens als staatliche Veranstaltung zuzuweisen. In diesem Sinne sagte Philipp Julius Lieberkühn 1784, daß „die Erziehung für jeden Staat eine seiner wichtigsten Angelegenheiten" und „die ganze Regierung eines Volkes, aus einem recht erhobenen und philosophischen Gesichtspunkt betrachtet, nichts anders ... als die Erziehung desselben zur Glückseligkeit" sei. Analysiert man diese Anschauungen genauer, so trifft man ebenso auf christliche, vor allem protestantische Traditionen wie auf eine rationalistische Utilitätspsychologie, auf ein hochgespanntes Geltungsbewußtsein der Gebildeten, die mit permanenter Politikberatung sich als Lehrende und Erziehende ins Spiel bringen wollten, ebenso wie auf die pragmatische Erkenntnis, daß eine allgemeine Erziehung (oder wie man am Ende des 18. Jahrhunderts sagte: eine ‚Nationalerziehung') nur durch gesetzgeberische und administrative Maßnahmen der Regierung durchzusetzen war. Es muß aber auch gesehen werden, daß die zahlreichen Entwürfe, Pläne, Vorstellungen für eine bessere und umfassende Erziehung, die oft mit der beruhigenden Versicherung vorgetragen wurden, die Regierung könne bei ihrer Verwirklichung nur gewinnen, bei aller Wichtigtuerei, die ihnen anhaftet, Versuche waren, die Regierungen auf dem Wege über die öffentliche, meinungsbildende Diskussion zu einer reformerischen Aktivität zu drängen, die schließlich zu einer Veränderung sozialer und politischer Verhältnisse in Richtung auf eine aktive Staatsbürgergesellschaft führen müsse. Hier wird neben der benevolent-dirigistischen

6. eine utopische Komponente im Aufklärungsdenken sichtbar. Nicht der Glaube an die weltverändernde Kraft der Vernunft, sondern der Vorstellungshorizont, in dem er sich entfaltete, war utopisch. So vor allem die Überzeugung von der zwingenden Macht der Publizität! Nicht erst die öffentliche Anprangerung von willkürlicher Herrschaft, von Ungerechtigkeit und Unterdrückung, von Vorenthaltung der Menschenrechte und Mißachtung der Menschenwürde, sondern schon – das war die Annahme! – die öffentliche kritische Diskussion über Dinge, für die vorher ausschließlich die überkommenen Autoritäten zuständig waren, und die öffentliche Darlegung vernunft- und naturrechtlich begründeter Vorstellungen von gesellschaftlicher Ordnung, Regierung und Rechtsprechung, von der Rolle der Religion, der Wahrheit der christlichen Predigt und von den Zielen der Erziehung würden aus dem der Privatheit seines täglichen Lebens verhafteten Untertanen

einen mit- und selbstdenkenden Bürger machen. Und sie würden zugleich den Regierenden zur besseren Einsicht in ihre Aufgaben wie zu der Erkenntnis verhelfen, daß gegen die öffentliche Meinung nicht erfolgreich regiert werden könne. Wenn aufgeklärte politische Schriftsteller angenommen haben, daß es Fürsten, Ministern und Räten um ihren Beifall zu tun war, so hatten sie damit zwar nicht unrecht, aber doch kaum eine rechte Einschätzung ihrer Rolle. – Ein weiteres utopiegefährdetes Element war die Überzeugung, daß die Regierenden am Denken der Aufklärung partizipieren, aufgeklärte Männer sein, als solche handeln sollten und dem Reformkonzept der Aufklärung eine unvergleichlich größere Realisierungschance geben könnten, als wenn es gegen ihren Widerstand durchgesetzt werden müßte. Natürlich wußten die aufgeklärten Schriftsteller, daß unter den Regierenden viele waren, mit denen sie nicht rechnen konnten; aber sie hatten, gerade in Mittel- und Südeuropa, Vertreter eines reformwilligen aufgeklärten Absolutismus vor Augen und hofften, daß mit der Zunahme der Zahl aufgeklärter Räte und Beamte sich eine neue, aufgeklärte Staatsverwaltung ausbilden werde, in der Macht und Geist zur Synthese kommen. Hier wird nun auch

7. ein soziales Interesse der Aufklärer erkennbar. In ihrer großen Mehrzahl waren die Wortführer der Aufklärung wie auch ihr Publikum Bürgerliche, also Angehörige nicht sowohl des städtischen Bürgertums, sondern einer aufsteigenden Mittelschicht von Gebildeten, von Beamten, Juristen, Geistlichen, Unternehmern, auch Offizieren und Grundbesitzern: ganz überwiegend von solchen, die nicht zu den Hochprivilegierten gehörten und an der Welt- und Lebensanschauung der älteren Ständegesellschaften nicht oder nicht mehr teilhatten. Diese Schicht läßt sich nicht als Klasse definieren; die wirtschaftlichen Interessen der ihr Zugehörenden waren keineswegs homogen. Was sie als spezifische „Aufklärungsgesellschaft" konstituierte, war der Basiskonsens moralischer, sozialer und politischer Anschauungen. Er griff zumindest partiell über ständische Grenzen hinaus und überschritt auch konfessionelle und religiöse Trennungslinien, die in der angestrebten „bürgerlichen Verfassung" und gegenüber einer aufgeklärten Vernunftsreligion keine Berechtigung mehr besaßen. Dieser Konsens bestand nicht nur in intellektueller Zustimmung, sondern suchte nach praktischen Realisierungsformen. Unter den gegebenen sozialen und politischen Bedingungen wurden sie einmal in einem ausgedehnten Publikations-, Zeitschriften- und Rezensionswesen, zum anderen in

neuen „bürgerlichen" Vereinigungsformen gefunden: in Salons, Clubs, Lesegesellschaften, patriotischen Gesellschaften, Freimaurerlogen usw. Auf diese Weise entstand

8. ein sich erweiterndes „Publikum", das die Schreibenden stets im Blick hatten und bei dem sie Resonanz erwarteten. Man kann von einer Gesellschaft der öffentlich Schreibenden und der Lesenden sprechen, die über den Umkreis der älteren „Gelehrtenrepublik" hinausreichte. Es war eine Gesellschaft der Gebildeten und derjenigen, die an der Bildung der Zeit teilhaben wollten. In ihr vollzog sich eine veröffentlichte Meinungsbildung; es konstituierte sich „öffentliche Meinung", und dabei veränderte sich das Bewußtsein der von ihr erreichten Menschen: es wurde stärker zeitbezogen, kritischer und politischer. – Innerhalb dieses „Publikums" stellten Lesegesellschaften, patriotische Gesellschaften, Freimaurerlogen Versuche dar, den persönlichen Kontakt und die Diskussion Gleichgesinnter zu institutionalisieren, wobei die Formen vom geselligen Gespräch zum Zwecke gegenseitiger Bestätigung bis zur Belehrung und Praxis reichte. Daß die Freimaurerlogen die Form ihrer Gemeinschaft stark ritualisierten und um die Erkenntnis, zu der man in ihnen gelangen könne, ein Geheimnis woben, hatte Schutz- und Integrationsfunktion zugleich; es kam überdies einem Identifikations- und Exklusivitätsbedürfnis entgegen, das nur aus dem Bewußtsein der Mitglieder erklärt werden kann, in einer dafür noch keineswegs bereiten Welt eine Botschaft – die Menschheitsideologie der Aufklärung! – ernstnehmen und verbreiten zu müssen. In einzelnen Fällen fehlte es nicht an konspirativen Absichten. Bei dem vieldiskutierten Illuminatenorden im katholischen Deutschland kam hinzu, daß er in seiner Fixiertheit auf den Gegner, die Jesuiten, die nach der Aufhebung ihres Ordens angeblich geheim weiteragierten, im eigenen Verhalten das Feindbild kopierte. Zweifellos haben die Illuminaten Anhänger unter denen gesucht, die den Regierenden nahestanden. Verschwörer mit dem Ziel des gewaltsam politischen Umsturzes waren sie nicht, und schon gar nicht die Verursacher der Revolution in Frankreich, wie es die gegenrevolutionäre Verschwörungsthese im 19. Jahrhundert behauptet hat. – Das ausgeklügelte Gradsystem der strikten Observanz und gar das Rosenkreuzertum dagegen hatten mit der Aufklärung nur insofern etwas gemein, als in ihnen auch eine Erscheinung der Entartungen gesehen werden muß, von denen Aufklärung bedroht war.

9. Solche Entartungen waren das Absinken in die Vulgarität, die Reduzierung der Forderungen der Vernunft auf die Anwendung der Maßstäbe platter Verständigkeit, das Umsichgreifen des rechthaberischen Räsonnements des „biederen" und „wohlmeinenden" Mannes, das permanente Belehrenwollen über nützliches Handeln und sichere Wege zur Glückseligkeit, die stete Bevormundung derjenigen, die noch aufgeklärt werden sollen. Am deutlichsten ist dieses Absinken zweifellos in der Religions- und Kirchenkritik und in der Verdünnung der christlichen Lehre zu einer Moralanweisung hervorgetreten – vor allem, so lange sie risikofrei war. Lessings berühmtes Wort von den Sottisen, die man in Berlin ungestört gegen die Religion zu Markte tragen dürfe, während man sich wohl hüte, gegen Despotismus und Hofpöbel aufzutreten, rückt nicht nur die Berliner „Freiheit", sondern auch das Niveau jener Kritik ins Licht.

Es bedarf noch weiterer Erforschung, warum und wodurch die Aufklärungsargumentation sich so schnell und gründlich abgenutzt hat. Ein Grund ist zweifellos in der relativen Einschichtigkeit ihrer Sprache zu suchen, die permanent auf Belehrung, auf „Verständigkeit" und Verständigung abgestimmt war: eine Sprache sozusagen auf mittlerer Ebene, die mit der Zeit eintönig wurde; ein anderer Grund in der vermeintlichen Einfachheit ihrer Kriterien. Komplizierter stellt sich das Problem, in welchem Maße die Popularisierung der Aufklärung, die eine Voraussetzung ihrer geschichtlichen Wirkung gewesen ist, doch auch zur Verflachung und Trivialisierung ihrer Intentionen und zu ihrer Auszahlung in kleiner Münze mit beigetragen hat. Hierzu kam, daß die nachbetenden Vertreter der Aufklärung im Widerspruch zu eigenen Grundsätzen nicht nur intolerant gegen ihre Gegner, sondern auch ungeduldig mit der Masse der noch nicht „Mündigen" wurden, aber selber zu einem großen Teil verstummten und sich anpaßten, als die Reaktion Mittel der politischen Macht einsetzte und dabei deutlich wurde, wie wenig Aufklärung schon an den realen Machtverhältnissen geändert hatte. In Ländern mit wenig entfalteter, in die Mittelschichten noch kaum hineinreichender gesellschaftlicher, literarischer und politischer Kultur stellte sich überdies heraus, daß einerseits das Gefälle zwischen Gebildeten und Ungebildeten im Grunde nicht gemindert und daß andererseits die jüngere Generation der Gebildeten für das vorsichtig-mühsame Geschäft einer Reform des privaten und öffentlichen Lebens durch Aufklärung und Erziehung im Rahmen des absolutistischen Systems nicht mehr zu begeistern war. Vor allem nicht, als dieses gegen Ende des 18. Jahrhunderts in die Krise hineingeriet und sich nun teilweise mit der Rücknahme schon eingeleiteter und erwarteter Reformen zu behaupten suchte – wie in Preußen und Österreich! Die bürgerlich, legalistische, staatsbejahende, pädagogische – die „wahre" Aufklärung, die nur oberflächlich und ungesichert in die gesellschaftliche Praxis eingegangen war, so sehr sich ihre Vertreter auch darum gemüht hatten, vermochte diejenigen nicht länger zu fesseln, die durch die literarisch-philosophische Bewegung der Klassik, des Idealismus und Neuhumanismus beeinflußt waren. Und sie erschien unter dem Eindruck von Revolution, napoleonischer Herrschaft, Preußens und Österreichs Zusammenbruch nicht ausreichend, um als Kraft der Erneuerung zu wirken. Gleichwohl sind, in geschichtlicher Perspektive gesehen, weder die spätabsolutistischen Reformen in den Rheinbundstaaten und die preußischen Reformen nach 1806 noch der deutsche Frühkonstitutionalismus und der frühe Liberalismus ohne die Aufklärung denkbar.

10. Fragt man schließlich nach dem besonderen Charakter der deutschen Aufklärung, so kann die Antwort den zeitlichen und sachlichen Unterschied zwischen protestantischem und katholischem Deutschland unberücksichtigt lassen. Haben doch für die aufgeklärten Reformen in katholischen Ländern die protestantischen weithin das Modell abgegeben! Angemerkt sei nur, daß in der deutschen protestantischen Aufklärung die Auseinandersetzung mit der christlichen Verkündigung, das Bemühen um deren vernünftiges Verstehen eine zentrale Stelle eingenommen haben, während Antiklerikalismus im System der Landeskirchen kaum eine Rolle spielte. Überdies nahm ein nicht geringer Teil der protestantischen Geistlichkeit schon früh an der Aufklärungsbewegung selber teil. Im katholischen Deutschland dagegen nahm die Aufklärung notwendig antikuriale (febronianische), antiklerikale und antidogmatische Tendenzen an; für ihr Vordringen haben die Regierungen (auch diejenigen geistlicher Staaten) im Interesse des Ausbaus ihres Staatskirchentums Hilfestellung geboten, wobei der späte Zeitpunkt und die Stärke der Gegensätze, schließlich die Säkularisation, die nicht durch die Aufklärung bewirkt, aber gedanklich vorbereitet war, einen tiefen Schock hinterlassen haben. Er erklärt die scharfe katholische Ablehnung der Aufklärung im 19. Jahrhundert. –

Zurück aber zur Frage: was macht den besonderen Charakter der deutschen Aufklärung aus? Am ehesten ihr starkes theologisch-philosophisches Element, ihr pädagogischer Charakter, ihre weniger kritische als reformerische Intention, ihre Ausrichtung auf praktische, patriotisch-belehrende oder administrative Aktivität und ihr Glaube, daß wirkliche Verbesserungen der Gesellschaft nicht aus revolutionärem Umsturz, sondern aus der Veränderung des Bewußtseins und der Handlungsmoral der Menschen – der Regierten wie der Regierenden – hervorgehen. Dem entsprach, daß in Deutschland die Aufklärer – eben nicht Mitglieder einer potenten Bourgeoisie, sondern gebildete Bürgerliche, Noblitierte und Adelige, die zum großen Teil in den Dienst der Landesherren, der Kirche, der Städte, Stände und Grundherren hineinstrebten – ihre Erwartungen nicht auf eine selbständige Bewegung aus der Gesellschaft heraus, sondern auf die Tätigkeit der Regierungen setzten. Ist dies ein Indiz für den Entwicklungsstand der Gesellschaft, so auch ein Beweis dafür, daß unter den Bedingungen einer gegenüber den theoretisch formulierten Zielen rückständigen Entwicklung auf Aufklärung besonders weitgehende Erwartungen gesetzt wurden. Sie sollte der Motor der Entwicklung sein, in dem sie die dafür nötigen Kräfte mobilisierte und freisetzte.

III

Es ist ungenau, die Aufklärung als bürgerliche Emanzipationsbewegung zu bezeichnen. Sie war zunächst eine Bewegung des zunehmenden Gewinns an intellektueller Selbständigkeit gegenüber tradierten Lehrmeinungen und verhaltenssteuernden Normen. Gestalt fand sie in einem wachsenden Bedarf an Information, in der Erweiterung von Ausdruckmöglichkeiten für das Weltverständnis und die sozialen Interessen aufstrebender Gruppen, aber auch für ihre Gefühle und emotionalen Bedürfnisse. Darin wie in der Erfahrung, daß die Welt anders interpretiert werden konnte und diese Interpretation wachsende Zustimmung fand, lag das emanzipatorische Potential der Aufklärung. Die Gebildeten waren davon überzeugt, daß daraus Konsequenzen für praktische Verbesserungen hervorgehen müßten, daß diese aber nur durch ein besseres oder doch besser beratenes, gegebenenfalls durch Meinungsdruck abgenötigtes Handeln der Regierungen bewirkt werden könnten. Und zwar durch gesetzgeberische und administrative Maßnahmen, die aus vernünftiger Einsicht und öffentlicher Meinungsentwicklung hervorgehen und deshalb auch ohne Zwang bei allen Gutwilligen und Einsichtigen auf Befolgung rechnen können.

Daß bei alle dem kein Bruch mit der Vergangenheit, keine politische Revolution erforderlich sei, war feste Überzeugung aller Aufklärer. Der gesetzliche Weg der Verbesserung und Erneuerung schien ihnen - wie später den Liberalen des 19. Jahrhunderts – die Garantie zu bieten, daß Kontinuität gewahrt werde, begründete Rechte und Eigentum gesichert blieben, die nötigen Reformen der Willkür der Regierenden entzogen seien. Die bürgerliche Gesellschaft in der politischen Verfassung eines vernunftgeleiteten Gesetzes- und Rechtsstaats, in dem freie öffentliche Meinungsbildung möglich ist, ist das an den Liberalismus des 19. Jahrhunderts weitergegebene politische Leitbild der deutschen Aufklärung gewesen. Als die ihm entsprechende politisch-soziale Praxis galt einerseits das streng rechtmäßige Handeln einer aufgeklärten, reformwilligen Administration, in der Männer wirken, die den Wissens- und Bewußtseinsstand der Zeit repräsentieren, andererseits das patriotische, also das gesellschafts-orientierte Verhalten aufgeklärter, in politischer Verantwortung erzogener Bürger.

In historischer Perspektive steht die Aufklärung als intellektuelle Vorbereitung und erste Reformphase am Anfang des Modernisierungsprozesses, in dem unsere gegenwärtige Welt sich ausgeformt hat. Dieser Anfang aber war zu einem Teil durchaus noch der Welt Alteuropas verhaftet. Deshalb gehört zum Erscheinungsbild der Aufklärung die Diskrepanz zwischen „Noch" und „Schon", zwischen progressiven Entwürfen und Stehenbleiben beim Hergebrachten – und zwar bei denselben Personen. In Deutschland fehlte noch lange die ausgeformte Mentalität des selbstbewußten Bürgers, der Rechtssicherheit voraussetzen kann, keine Servilität mehr kennt und ohne Ängstlichkeit und angestrengte Tugendhaftigkeit sich bewegt. Viel öfter als unter englischen trifft man unter deutschen Aufklärern Menschen von geistiger Freiheit bei gleichzeitiger gesellschaftlicher und politischer Anpassung. Nicht selten findet sich auch bei ihnen die Sorge vor den Konsequenzen der eigenen Grundsätze, die sie bereit macht, die Erreichung des Erstrebten der Zukunft anheim zu stellen. In der Tat war die Existenz des aufgeklärten, selbstdenkenden Mannes gerade in Deutschland eine merkwürdig abstrakte. Da eine materiell sichere Basis für ihn oft nur in amtlichen Stellen zu erlangen war, geriet er leicht in Loyalitätskonflikte. Doch nur in solchen Stellen konnte er die Ebene der Praxis erreichen – einer Praxis, die in der Verwaltung und der Erziehung ihre wichtigsten Betätigungsfelder hatte.

Die Phase, in der Aufklärung die stärkste motivierende Kraft war und das Denken der meinungsbildenden Schicht bestimmte, endete, als soziale und kulturelle Bedürfnisse über sie hinausdrängten, nationale und demokratische Trends die Politik emotionalisierten, vielfältige Reaktion von seiten traditioneller Gewalten einsetzte, eine durch neue Erfahrungen und Erkenntnisinteressen veränderte intellekuelle Struktur sich ausbildete und Einseitigkeiten der Aufklärung sichtbar machte. Dafür läßt sich kein genaues Datum angeben; handelte es sich doch nicht um einen abrupten Abbruch, so aggressiv die Absagen an die Aufklärung und so programmatisch die Verkündigungen von Gegenpositionen auch vorgebracht worden sind. Von der Spätaufklärung zur frühen Romantik, zur Erweckungsbewegung und zum politischen Konservatismus führten viele Wege, die sich in der Biographie einzelner Menschen wie in der allgemeinen geistes- und ideengeschichtlichen Entwicklung erkennen lassen. Die Wendung zur historisch-genetischen, individualisierenden Erklärung der menschlichen Welt vollzog sich zum Teil schon im Rahmen der Aufklärung, und die Ablehnung allgemeiner Theorien zugunsten der Erfahrung und des Ausgehens vom Besonderen war bereits in der Hinwendung der Aufklärer zum praktischen Handeln angelegt. Pädagogik, Schul- und Wissenschaftspolitik des 19. Jahrhunderts sind ohne die Aufklärung ebenso wenig denkbar wie das politische Konzept des Liberalismus. Elemente des Aufklärungsdenkens wurden zu Grundbestandteilen der modernen Welt, die auch Denken und Verhalten der Aufklärungsgegner noch mitprägten, während das utopische Ziel der Aufklärung, durch vernünftig handelnde Menschen eine Gesellschaft herbeizuführen, in der die Vernunft herrscht, eine ebenso großartige wie gefährliche Herausforderung geblieben ist.

II

Adelung durch Vernunft –
Das deutsche Bürgertum im XVIII. Jahrhundert

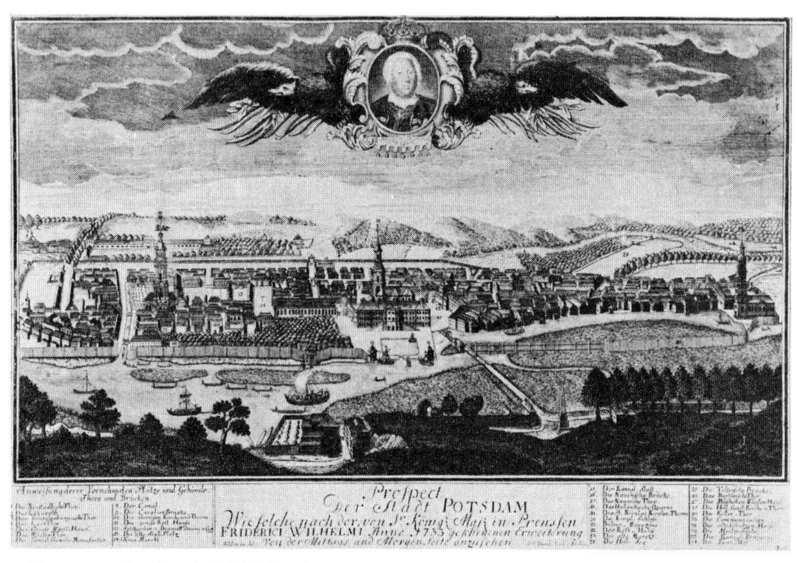

,,*Prospect der Stadt POTSDAM – Wie solche nach der von Sr Königlichen Majestät in Preußen FRIDERICI WILHELMI Anno 1733 geschenenen Erweiterung von der Mittags und Morgen Seite anzusehen.*"

Die Küsse. „Ja, so ein Kuß, das ist ein Kuß!" Der junge Herr, dem der Kuß des Kindes, des Freundes, des Vaters, der Schwester nicht schmeckt, eilt feurig in die Arme seiner Lesbia, die ihn zurückhaltend und doch zärtlich empfängt.

Dieser Stich und die folgenden vier sind entnommen aus: Zwölf Blätter zu Lessings Fabeln und Erzählungen. (Aus dem Almanac de Gotha 1779.)

Die Haushaltung. *Die liebebedürftige Hausfrau, die ihr Mann zur Nacht allein läßt, empfängt den breit behäbigen, lüstern dienernden Liebhaber mit gut bürgerlichem Anstand:*

„Wer pocht? – – Herr Nachbar? – – nur herein!
Mein böser Teufel ist zu Weine:
Wir sind alleine."

Die Schöne von hinten. Den beiden Stutzern, die der modisch gekleideten Dame „nachgestiegen" sind, wendet die Alte ihr „Meerkatzengesicht" zu. Der eine blickt noch neugierig hin, der andere tritt vor Schreck zurück:

> *„Was war's, das mich entzückt gemacht?*
> *Ein altes Weib in junger Tracht."*

Der Riese. Der rebellische Riese, der mit seinem vergifteten Pfeil Gott das Leben rauben will, liegt durch den zurückgeschnellten Pfeil getötet da. Moral: „Unsinnige Spötter der Religion, eure Zungenpfeile fallen weit unter ihrem ewigen Throne wieder zurück".

Der Tod schließt mit dem stillen Säufer den Pakt, den ihm dieser angstvoll devot vorschlägt:

„Tod, bat ich, ich möcht' auf Erden
Gern ein Mediziner werden.
Laß mich: ich verspreche dir
Meine Kranken halb dafür."

Der Eremit. *Zu dem kräftigen jungen Einsiedel kommt seine erste Verehrerin:*
„Die erste, die aus dieser Stadt
Zu ihm die heil'ge Wallfahrt tat,
War ein betagtes Weib."

WILHELM SCHMIDT-BIGGEMANN

Emanzipation durch Unterwanderung Institutionen und Personen der Deutschen „Frühaufklärung"

I. Institutionen und Aufklärung

Nach einem Satz des Historikers Schmoller streiten sich die Historiker, wenn sie nichts besseres wissen, um Epochenfragen. In der Tat: Diskussionen über Epochenabgrenzungen führen und verführen dazu, ein gemischtes Kunterbunt von Wissen und Wissenschaft als Maßstab von Zeitveränderungen auszugeben. Und dann scheinen bei einer Überprüfung die Kriterien der neuen Epoche von vorgezogenen und verspäteten atypischen Elementen durchkreuzt zu werden.

Aber trotz Schmollers Diktum gegen seine Zunftgenossen: Es besteht eine sinnvolle Möglichkeit, ja eine Notwendigkeit, Epochenschwellen abzustecken. Mögen sie auch stets nur an einer begrenzten Anzahl von Kriterien gewonnen werden und unscharf sein, mögen auch die Kontinuitäten beträchtlicher scheinen als die Brüche: Zumindest als Ordnungsvorschläge, auch als Verständigungselemente, als Bündelungen vergleichbarer Phänomene für uns Heutige, denen die Zeit der frühen Aufklärung sehr fremd geworden ist, dürfte es sinnvoll sein, Frühaufklärung als Epochenschwelle zwischen Barock und Aufklärung zu beschreiben. Mindestens Gründe der historischen Ökonomie gestatten, ja fordern, den Beginn von Aufklärung im Hinblick auf die folgende und als Umarbeitung der vergangenen Epoche darzustellen.

Für die deutsche „Aufklärung" (der Terminus taucht erst spät im 18. Jahrhundert auf) sind die Verhältnisse fast noch vertrackter als für England oder Frankreich. Denn während für England die Tradition des Empirismus seit Francis Bacon und für Frankreich die Tradition des Rationalismus seit René Descartes virulent waren, blieb die Philosophie in Deutschland fast das ganze 17. Jahrhundert hindurch scholastischer bestimmt. Ihr Empirismus verbarg sich bis zum letzten Drittel des Jahrhunderts in der aristotelischen Analytik und Topik, ihr Rationalismus in Syllogistik und mystischer Zahlenkombinatorik.

Freilich muß man behutsam vorgehen. Denn mit den letzten Thesen sind zwei Voraussetzungen gemacht, die keineswegs gesichert sind: Kann man erstens von *deutscher* Frühaufklärung reden und ist zweitens die Entwicklung der *Philosophie* das Leitindiz für Aufklärung auch im deutschen Bereich?

Im letzten Drittel des 17. Jahrhunderts ist Deutschland alles andere als ein geschlossener Bereich. Die Folgen des Dreißigjährigen Krieges sind – zumindest politisch – allererst sichtbar geworden: Politische Zerstückelung in 1500 kleine, selbständige Herrschaftsgebiete mit etwa 100 Fürsten, „Staaten", die zum größten Teil nur winzige Gebilde sein konnten. Politische Ohnmacht des Kaisers, dessen Versuch, die Zentralgewalt des Reichs zu erlangen, im Dreißigjährigen Krieg gescheitert war. Zwar dehnte sich die kaiserliche Macht auf den Balkan aus, aber sie war außerstande, dem Verlust Straßburgs politisch wirksam zu begegnen oder die Zerstörung der Pfalz zu verhindern. „Das heil'ge Römsche Deutsche Reich, was hielt es noch zusammen?" Nur in der Reaktion einiger Politiker und Intellektueller war von dem Bedürfnis nach Einheit etwas zu spüren, etwa in der politischen Publizistik, die auf den Fall Straßburgs folgte. Aber für eine strukturierte Einheit, die die Voraussetzungen für eine nationale Bildung bot, reichte das nicht aus.

Eine einheitliche wissenschaftliche und sprachliche Entwicklung, wie sie durch Zentralinstitute wie die französische Akademie oder die Royal Society begonnen und dann schließlich erfolgreich durchgeführt wurde, kann man sich in einem zerstückelten Ungetüm wie dem Heiligen Römischen Reich nicht vorstellen. Zentrale Kultur- und Bildungseinrichtungen fehlten.

Folglich konnte Bildung nur provinzialisiert bleiben, ein entscheidendes Kriterium für die Uneinheitlichkeit der Entwicklungen im Deutschen Reich. Es standen keine reichszentralen Bildungseinrichtungen zur Verfügung, aber die Territorien, vornehmlich die protestantischen, besaßen Universitäten, die seit der verbrieften Etablierung nachreformatorischer Politik errichtet worden waren, um die nötige staatliche und kirchliche Verwaltung im territorialen Bereich möglich zu machen. Die Universitäten hatten die Aufgabe, mit begrenzten Mitteln die höheren kirchlichen und staatlichen Beamten zu bilden und damit zugleich territoriale Integrationspolitik zu treiben. Es waren also Schul- und Akademieaufgaben ineins, die den Landesuniversitäten für ihren begrenzten Wirkungsbereich zukamen.

Diese Sonderstellung der Universitäten (die selten über 500 Studierende hatten) bedingte institutionell die Besonderheit des Beginns – und des Verlaufs – der Aufklärung in Deutschland. Die Universität bestimmte den bildungsgeschichtlichen Rahmen, bestimmte mit ihrem Fächerkanon bis hin zu Kant („Der Streit der Fakultäten") die inhaltlichen Kriterien der Transformationen „aufgeklärter Gedanken" im deutschen Bereich.

Die Philosophie spielte an den spätbarocken Universitäten keineswegs schon die Rolle, die sie im Verlauf des 18. Jahrhunderts, vor allem durch den Siegeszug der Philosophie Christian Wolffs, bekam. Vielmehr war sie zunächst ein propädeutisches Fach, in dem die Anfangsgründe logischen, physikalischen, politischen Denkens zusammen mit Philologie und Rhetorik häufig mehr gepaukt als gelehrt wurden. Philosophie war ein Vorbereitungsfach für Theologie und Jurisprudenz. (Die Medizin, die 3. der „oberen Fakultäten", spielte eine weitaus geringere Rolle.)

Von der Struktur der Universitäten aus gesehen, erscheint die enge Verbindung zur Theologie und Jurisprudenz auch dann nachgerade selbstverständlich, wenn sie sich – wie in allen Fällen, die für die Frühaufklärung in Deutschland charakteristisch sind – kritisch zur Institution Universität und ihrem Bildungskanon verhält: Das gilt für Leibniz wie für Thomasius oder für Christian Wolff, die drei Hauptrepräsentanten der deutschen Frühaufklärung.

Die institutionellen Vorgegebenheiten sind es denn auch, die es schwierig machen, allein die Philosophie in die Leitfunktion der Frühaufklärung zu drängen. Es ist vielmehr die Verschiebung der Philosophievorstellung von einer Propädeutik- und Hilfswissenschaft zur Grundlagen- und Leitwissenschaft in der Universität, die institutionell die Bedingung des Beginns von Aufklärung ausmacht. Diese Emanzipation des Philosophiebegriffs vollzog sich in einem Durchsetzen der oberen Fakultäten, in einem „Durchsäuern" von Theologie und Jurisprudenz mit Philosophie.

Mit seiner Antwort auf das aufgeklärte Zentralproblem „Theodizee", die philosophische Rechtfertigung Gottes vor den Übeln der Welt, brach Leibniz listig und nachhaltig die orthodoxe Theologie auf.

Mit der Durchsetzung des Naturrechts als Pflichten- und Rechtslehre prägte philosophisches Denken die Jurisprudenz. Im Anschluß an die Völkerrechtler Grotius und Pufendorf war es vor allem Christian Thomasius, der mit einer radikalen Praxisorientierung die Grundlagen der aufgeklärten Staatstheorien in Deutschland lieferte. Thomasius' Staat hat die Glückseligkeit seiner Mitglieder zum Zweck, die barocke politische Souveränitäts- und Interessentheorie wird mit dieser philosophisch-ethischen Zweckbestimmung fast umgestülpt.

Erst nach diesen Entwicklungen, erst nach der Emanzipation der Philosophie im Durchdringen der beiden oberen Fakultäten waren die Bedingungen dafür geschaffen, daß Christian Wolff der Wissenschaft die systematische Gestalt einer rationalen Philosophie geben konnte. Mit der Neubestimmung der Philosophie und ihrer Installation als Leitwissenschaft läßt sich das Ende der Frühaufklärung festsetzen.

II. Emanzipatorische Integrationsphilosophie: GOTTFRIED WILHELM LEIBNIZ

Leibniz' Wirkung und Leistung läßt sich gewiß weder einseitig auf den Erfolg der Theodizee noch auf einen Universitätsrahmen spannen. Im Gegenteil: Leibniz hat zeitlebens versucht, sich aus dem institutionellen Zwang der Universität herauszuhalten. Er hat sich von allen deutschen Aufklärern am stärksten am akademischen Ideal der englischen und französischen Wissenschaftler orientiert, fällt auch mit dieser antiuniversitären Stilisierung aus dem engeren Bereich des deutschen Provinzialismus heraus. Dazu trug seine frühe, hervorragende internationale Reputation wohl entscheidend bei.

Nun ist Leibniz ohnehin die Ausnahmeerscheinung der deutschen Aufklärung vor Kant und über ihn hinaus. Seine Entwicklung des Infinitesimalkalküls und der Dualrechnung, seine – erst in diesem Jahrhundert gewürdigten und zu würdigenden – Erkenntnisse auf dem Gebiet der formalen Logik hätten ihn freilich auch dann, wenn er an einer Universität gelebt hätte, zur besonderen Größe in der Wissenschaftsgeschichte gemacht.

Aber was war daran spezifisch aufgeklärt? Die mathematischen Inventionen allein ganz sicher nicht; es müßte dann Mathematik in den Dienst humaner Emanzipation gestellt werden. Leibniz' Leistung als Aufklärer wird nur dann deutlich, wenn seine wissenschaftsgeschichtlichen Vorstellungen für das Konzept von Emanzipation verwendbar erscheinen; vorausgesetzt immer, Aufklärung hat etwas mit Emanzipation zu tun. Und hier geriet Leibniz nun doch wieder in die Universitätsproblematik hinein, in die deutsch-provinzialistische Wissenschaftskonstellation, in der die Universitätstheologie dominierte. Er

Gottfried Wilhelm Leibniz

Gottfried Wilhelm Leibniz

wirkte in den institutionellen Rahmen hinein, den er verlassen zu haben glaubte.

Den Universitätsbetrieb kannte Leibniz schließlich von zuhause, er war 1646 als Sohn eines Leipziger Rhetorikprofessors geboren worden und wurde ein Wunderkind, wie sie im 17. und 18. Jahrhundert gern vorgezeigt wurden. Schon mit 19 Jahren promovierte er an der Nürnberger Universität Altorf zum Doktor beider Rechte; in Leipzig und Jena, seinen ersten Studienorten, hatte man ihn wegen seiner Jugend abgelehnt. Als Diplomat im Dienste des Kurfürsten zu Mainz reiste er 1672 nach Paris, wo er in den Zirkeln der Akademie der Wissenschaften die wichtigsten Impulse für seine mathematischen und logischen Entdeckungen bekam. Nach seiner Rückkehr avancierte er dann 1676 zum Historiographen der Kurfürsten von Hannover, der späteren englischen Könige. Als Historiograph hatte er die Aufgabe, die Geschichte des Hauses Braunschweig-Hannover zu schreiben, eine Geschichte, die nie fertig wurde.

Erst nach seiner Hannoveraner Anstellung, die ihm auch das Bibliothekarsamt an der Herzoglichen Bibliothek in Wolfenbüttel einbrachte, begann Leibniz Wissenschaftspolitik zu treiben. Er versuchte, ein Deutsches Wörterbuch, eine Deutsche Gesamtbibliographie und eine Deutsche Akademie der Wissenschaften ins Leben zu rufen. Nur der letzte Plan wurde 1700 verwirklicht: Friedrich I. gründete die peußische Akademie der Wissenschaften, die sich nach dem letzten Krieg in die westdeutsche Akademie der Wissenschaften und Literatur in Mainz und die Akademie der Wissenschaften der DDR teilte. Beide tragen als Signum noch heute das Portrait Leibnizens mit dem Motto „Genio Leibnitio": Im Geiste Leibniz'. Das Deutsche Wörterbuch wurde erst im 19. Jahrhundert von den Brüdern Grimm ernsthaft in Angriff genommen und erst in diesem Jahrhundert fertiggestellt. Eine Deutsche Gesamtbibliographie gibt es immer noch nicht.

Leibniz' wissenschaftsorganisatorische Impulse begründeten zusammen mit seiner Philosophie seinen Rang als Aufklärer. Er begann nämlich in seiner Zeit als Historiograph in Hannover, die Einzelgedanken aus Logik und Mathematik, aus Physik und Philosophie in einem metaphysisch fundierten System zusammenzufassen. Dies metaphysische System bildete den philosophischen Sauerteig, der die orthodoxe Theologie der Universitäten und Kirchenverwaltungen zu durchsetzen begann und sie von Grund auf änderte.

Leibniz faßte mit seinem System genial ein ganzes Bündel philosophischer und theologischer Probleme zusammen und bot eine konsistente Lösung an: die Lösung, die als Theodizee mit ihren Implikationen die gesamte deutsche Aufklärung kategorial geprägt hat.

Die Probleme waren vielfältig und entstammten verschiedenen Disziplinen. Sie stellten die Frage nach dem Verhältnis von Körper und Geist/Seele, wo doch die gesamte Materie mechanisch erklärbar war und sich eine Einzelheit, ein Individuum mechanisch nicht erklären ließ. Sie stellten die psychologische Frage danach, wie denn Körperlichkeit und Geistigkeit aufeinander wirken könnten, wo doch die Mechanik der Körperlichkeit unabhängig vom seelisch-geistigen Bereich war. Dieses Problembündel versuchte Leibniz mit der Spekulation von der Monade als unteilbarer, individueller Kraft- und Bewußtseinseinheit zu lösen, einer Einheit, die die erkenntnistheoretische Gabe der Repräsentation von Welt hat, eine monadische Einheit zugleich, die der Mechanik der Materie unterworfen ist, deren Innenseite sie im Bewußtsein abbildet, „repräsentiert". Das bedeutet die prästabilierte Harmonie von Körper und Seele.

Mit dieser Konstruktion der *Monade* konnte Leibniz erreichen, daß die Vorstellung von Atomen, von mechanischer Vermittlung von Kraft mit der Vorstellung einer individuellen Seele zusammenstimmte. Das waren Gedankenexperimente, die durch die Infinitesimalrechnung, die ebenfalls mit kleinsten Einheiten arbeitete und die den bruchlosen Übergang vom „unendlich" Kleinen zum Ganzen einer Funktion beschrieb, analog nachvollziehbar erschienen.

Die Monade, die zugleich mit Empfindungsfähigkeit und Spontaneität ausgestattet gedacht wurde, bot auch das metaphysische Substratum für eine Erkenntnis von Gesetzen der Welt. Denn das Bewußtsein der eigenen Position im Weltganzen, das die menschliche Monade hatte, war identisch mit der gesetzmäßigen Erkenntnis der Welt, die sich durch die Empfindungen – „Perzeptionen" – der „Innenseite" einer Monade manifestierte.

Mit dieser Antwort auf die Frage nach Sicherheit der Erkenntnis durch Analyse der „eingeborenen Perzeptionen" einer Monade beschrieb Leibniz die methodischen Anforderungen neu, die René Descartes an die Methode wissenschaftlichen Denkens gestellt hatte.

Vor allem aber sicherte er diese erkenntnisorientierte, psychologische Tradition durch das Zentralargument seiner „Theodizee", durch die These von der besten aller möglichen Welten. Von dem französischen Skeptiker Pierre Bayle war die Frage nach dem Bösen in der Welt und seiner Unvereinbarkeit mit Gottes Güte und Allmacht mit großem Nachdruck gestellt worden. Leibniz' Antwort beseitigte nun zwar keineswegs die Schwierigkeiten dieser Zentralfrage der Theodizee. Aber sie versuchte eine metaphysische Gesamterklärung, die die Rechtfertigung Gottes vor dem Übel der Welt durch die Bagatellisierung des Übels leisten will. Leibniz behauptet nämlich, daß die vorhandene Welt die beste aller möglichen sein müsse, weil nur eine solche Welt den Eigenschaften eines allmächtigen, weisen und guten Gottes entspräche. Die Antwort, die sich zunächst wie ein theologischer Parforceritt liest, ist von bemerkenswert listigen, für Leibniz typischen Implikationen. Denn mit diesem „Optimismusargument" wird zugleich die Gesetzmäßigkeit der Welt und folglich ihre Erkennbarkeit behauptet, eine wesentliche Voraussetzung für die erkenntnistheoretische Variante der Monadentheorie.

Mit dem Optimismusargument wird die Verantwortlichkeit des Menschen für seine eigene Welt begründet. Da Gott die beste aller möglichen Welten geschaffen hat, bleibt dem Menschen die Aufgabe, diese Welt auszufüllen, denn Gott hat sozusagen das seine dazu getan.

Mit dem Argument des leibnizschen Optimismus – und das macht den Zentralbereich der leibnizschen metaphysischen List gegen die Theologie aus – wird die Welt unabhängig vom göttlichen Bereich konstituiert. Denn die beste aller möglichen Welten muß selbständig sein, um ihren eigenen metaphysischen Prädikaten zu genügen. Der Einfluß Gottes auf die Welt, die nach eigenen, wenngleich gottgegebenen Gesetzen vollkommen funktioniert, ist auf die Schöpfung beschränkt. Die beste aller möglichen Welten kann nicht abhängig funktionieren, abhängig wäre sie nicht die beste, sie muß autark sein. Das bedeutet, das Ende des theologischen Gedankens von der weltlichen Kontingenz, das Ende der Abhängigkeit der Welt von Gott.

Mit dem Optimismusargument wird allererst die gedankliche Möglichkeit eröffnet, die Welt unabhängig von Gott zu sehen und die Gesetzlichkeit der Natur so streng zu fassen, daß sie nicht an der Willkür einer göttlichen Instanz hängt.

Die Konstruktion eines solchen Systems mutet barock an. Nimmt man aber Emanzipation für ein Moment und Kriterium von Aufklärung, dann gehört gerade die Theodizee Leibnizens zur Aufklärung, ja, sie bildet die grundlegende theologisch-philosophische Basis, die, zumindest im deutschen Bereich, die Gestalt und die Argumente der Aufklärung entscheidend mitbestimmen.

Leibniz Argumentation war nicht eigentlich kritisch, sondern integrativ; sein System versuchte, keine wesentlichen überkommenen Gedanken auszulassen, im Gegenteil: Leibniz versuchte mit vermittelndem Konservatismus, möglichst alle Gedanken vollständig aufzuheben und in gedanklichen Ketten zu einer wissenschaftlichen Form zu verknüpfen. Diese bemerkenswert wenig kritische, synthetisierende, aber emanzipatorische Form der Argumentation blieb für die deutsche Aufklärung bestimmend und unterscheidet sie grundlegend von der französischen.

Daß das leibnizsche Denken, das Mathematik und Metaphysik, Logik und Theologie in ein System von Monaden, prästabilierter Harmonie und Optimismus zusammenband, daß dies System nicht in dem provinziellen Bereich deutscher Universitäten an der Wende zum 18. Jahrhundert aufging, erscheint nachgerade selbstverständlich. Aber ohne diesen Rahmen kam auch die Philosophie Leibniz' nicht aus. Schon die Orientierung seiner Fragestellung an die Theologie reagierte auf die wissenschaftspolitische und ideologische Stellung der ersten Universitätsfakultät, und die Wirkung seines Lösungsversuchs destruierte à la longue gerade diese Zentralstellung der Theologie. Auch deshalb blieb er in seiner deutschen, häufig diffusen Wirkung an das wichtigste Bildungsinstitut gebunden, an die Universität.

1710 erschienen die „Essays de Théodicée" in Amsterdam (wie die meisten leibnizschen Schriften in französisch). Damit war dasjenige Buch Leibnizens gedruckt, das den größten Einfluß auf die deutsche Aufklärung ausüben sollte. Denn es zerstörte den Primat der Theologie und installierte tendenziell die Philosophie als Leitwissenschaft. Mit der Theodizee und der „Monadologie", die erst 1720, vier Jahre nach Leibniz' Tod erschien, lag der Rahmen des breiten, populären Einflusses von Leibniz fest: für das deutsche 18. Jahrhundert wurde Theologie durch Metaphysik ersetzt. Die neuen logischen und mathematischen Erkenntnisse waren nur Fachleuten bekannt, und erst mit der Gesamtedition der von Leibniz' verstreut veröffentlichten Schriften 1768 und mit der Ausgabe auch des Nachlasses seit 1928 wird der Rang des größten deutschen Aufklärers vor Kant sichtbar. Dieser Rang mußte den Zeitgenossen noch verborgen bleiben: Für sie begann Leibniz mit seinem überall durchscheinenden, im einzelnen aber kaum greifbaren Einfluß eine Figur zu werden, die sich in Deutschland zu der mythi-

Christian Thomasius

Christian Thomasius

schen Größe steigerte wie in England Newton, zu einer Größe in Metaphysik und Theologie, die die Bandbreite der Möglichkeiten von Aufklärung in Deutschland entscheidend prägte.

III. Glückseligkeit und Kritik: CHRISTIAN THOMASIUS

Nach dieser zweifellos überdimensionalen Figur Leibniz' muß man wohl zum Rahmen der Universitätswissenschaften zurückfinden, um die Person zu beschreiben, die *Kritik,* ein von Leibniz wenig ausgeschöpftes Mittel und Kriterium von Aufklärung zum Maßstab einer viel weniger theoretischen, viel praxisorientierteren Aufklärung machte: zu Christian Thomasius.

Auch Thomasius gehört in den universitätsgeschichtlichen Zusammenhang, kommt wie Leibniz aus einer Leipziger Professorenfamilie. Er verließ aber im Unterschied zu Leibniz den institutionellen Rahmen der Universität nie. Seine Institutionen- und Wissenschaftskritik vollzog sich innerhalb der Institution, auch wenn diese den Kritiker Thomasius anfangs an den Rand drängte.

1655 geboren, war er neun Jahre jünger als Leibniz, der zwar noch einige Zeit mit Christian Thomasius' Vater Jacob korrespondierte, zu dem Aufklärer Thomasius aber kaum Beziehungen hatte. Dazu waren die beiden in Philosophie und Habitus zu unterschiedlich. Leibniz, schon früh Diplomat, weltgewandt, universitätsunabhängig, Thomasius, universitätsfixiert, ein alles andere als diplomatischer Journalist, hitzköpfig auch in dem Versuch, als Gelehrter ein höfisches Ideal zum Vademecum einer angeschlagenen Universitätsbildung zu machen. Ein gelehrtes Programm also gegen die Überbetonung der Gelehrsamkeit. Für ein solch kritisches, institutionenfixiertes Programm konnte Leibniz aufgrund der umfassend vermittelnden Art seines Philosophierens weder Interesse noch Verständnis aufbringen. Denn nicht mathematische und nicht methodologische Fragen interessierten den juristischen Journalisten Christian Thomasius.

Sein Credo und sein Schibboleth war die *politische Praxis,* die sich auf die Glückseligkeit des Bürgers richtete. Im Anschluß an die Völkerrechtler Grotius und Pufendorf ist Thomasius derjenige, der Naturrecht als kritische Instanz in den Diskurs der Deutschen Aufklärung einbrachte und mit den Kategorien der praktischen Philosophie die Rechtswissenschaft durchsetzte.

Dem Endzweck seiner Philosophie, der Glückseligkeit des Staatsbürgers, ordnete Thomasius rigoros alles unter, was ihm an Kenntnissen und Bildung seiner Zeit zur Verfügung stand. Glückseligkeit des Menschen war ihm der Zweck aller Staatlichkeit, der Zweck des Gesellschaftsvertrags und der Herrschaft. Deshalb verlangte er, daß der Staat die Rechte des Bürgers garantierte, eine Verpflichtung des Staats zum gesetzlichen Rechtsstatus aller seiner Bürger. Dem korrespondiert auf bürgerlicher Seite die Pflicht gegenüber dem Staat. Nur der Bürger, der als Staatsbürger seine Pflicht fürs Allgemeinwohl erfüllt, trägt nach Thomasius zur Wohlfahrt des Ganzen und damit zur Garantie seines eigenen Wohlergehens bei. Keineswegs gilt für Thomasius (so wenig etwa wie für Pufendorf), daß private Laster wie Geldgier Grundlagen des Gemeinwohls sein könnten. Hier unterscheidet sich die frühaufklärerische Staatstheorie entscheidend von den Grundlagen des englischen Liberalismus. Für Thomasius besteht ein strenges Korrespondenzverhältnis zwischen Handlungsanweisungen und Handlungsbefugnissen von Staat und Bürger zum Zweck einer allgemeinen Glückseligkeit.

Dies Ziel verbietet, Strafen für Meinungen und Absichten zu verhängen. Das Strafrecht darf nur an einer Tat orientiert werden, so wie die Pflichtenlehre für Thomasius an Handlungen, nicht am Willen orientiert ist. Der Rahmen des urbanen, zwischenmenschlichen Zusammenlebens, der Bereich des Anstands, des Decorum, ist nicht justitiabel. Diese Trennung von Moralität und Legalität war die Voraussetzung für die Beseitigung von Folter und vom Delikt der Hexerei, sie blieb bis in die Gegenwart für das Strafrecht bestimmend.

Eine solche Liberalität konnte für Thomasius durch staatsorientiertes Wohlverhalten und daraus folgendem bürgerlichen Wohlergehen aufgefangen werden. Aber: Thomasius legte mit der engen Verknüpfung des Staats mit der Glückseligkeit seiner Bürger – die Einzelnen werden nur mit dem Staat glücklich, nicht gegen ihn, ohne ihn oder trotz ihm – die staatsphilosophischen Grundlagen für die Staatsverbundenheit der deutschen Aufklärung. Die Vorstellungen des „aufgeklärten Absolutismus" und der „Reformen von oben" gehen allesamt von dem sicherlich nicht unproblematischen Gedanken aus, daß das größte Glück der größten Zahl von Staatsbürgern nur in einem perfekt funktionierenden Staat möglich sei. Der einzelne Bürger wird nur durch die Macht des Staats glücklich; eigene Macht bekommt er nicht, und emanzipiert muß er damit nicht sein.

Einer funktionierenden Staatlichkeit als Garant der Glückseligkeit aller Staatsbürger liefert Thomasius den Maßstab, mit dem er die Universitätstradition institutionell verändert. Denn anders als Leibniz geht es Thomasius nicht zuerst um die Richtigkeit einer umfassenden, universalen Erkenntnis, sondern um die *Kriterien der rechten Auswahl*. Seine Interpretation des Naturrechts, die man als praktische Philosophie beschreiben muß, bestimmt die Erfordernisse der theoretischen Philosophie.

Gerade bei und für Thomasius wird deutlich, wie stark die frühe Aufklärung in Deutschland auf die Durchsetzung eines neuen Begriffs von Philosophie an der Institution Universität angewiesen ist und wie sich im Zuge dieser Neuorientierung die Wertung des Fächerkanons ändert. Während es Leibniz um eine Ersetzung der Theologie durch Metaphysik und damit um eine Emanzipation der theoretischen Philosophie ging, versuchte Thomasius den absoluten Vorrang praktischer Philosophie als Kriterium jeder Wissenschaft zu installieren. Seine Taktik: Er zog die Teildisziplinen der praktischen Philosophie, Ethik und Politik, ins Staatsrecht hinein.

Zweckmäßige Praxis wurde stets als Voraussetzung von Wissenschaftlichkeit aufgefaßt und rechte praktische Philosophie war für Thomasius „eklektische Philosophie".

Denn er ging von einem historisch überkommenen Bildungsgut aus, das er kritisch sichtete und aus dem nur diejenigen Gedanken, Leistungen und Institutionen übernommen werden konnten, die dem Kriterium einer funktionsorientierten, glückseligkeitsgarantierenden Praxis gerecht wurden. Damit waren bereits bei Thomasius die historischen Institutionen unter Legitimationsdruck geraten, die historischen Institutionen bekamen Legitimationspflicht für ihre Existenz: ein Typ von Aufklärungsargumentation, der seit einiger Zeit erneute Aktualität bekommen hat.

Bei Thomasius bedeutet das Durchdringen der Jurisprudenz mit praktischer Philosophie auch die Destruktion einer verhältnismäßig geschlossenen barocken Wissenschaftlichkeit. Aufgeklärte, kritische Philosophie ist der Spaltpilz barocker Enzyklopädistik. Thomasius geht es nicht wie Leibniz darum, Wissenschaft methodisch gesichert neu zu konstruieren, er geht von einer zweckorientierten Auswahl aus einem Fundus historisch angehäuften Wissens aus, das „eklektisch" auf Praxis hin ausgewählt wird.

Damit behält Thomasius einen Bereich barocken Wissens bei, den der Rationalismus ablehnte, den Bereich der Historie. Historie war in den Philosophiebegriff des Barock integriert, sie galt als Universalwissenschaft in Bezug auf Fakten. Dieser philosophisch-historische Bereich wurde als Argumentationsgrundlage in den Umpolungsprozeß praxisorientierter Aufklärung einbezogen.

Diese Umpolung vollzog sich unter dem Druck einer kritischen Praxisorientierung, die sich für den theoretischen Bereich als die Lehre vom Vorurteil darstellte. Alles, was dem Zentralkriterium „Glückseligkeit durch rechte Praxis" nicht genügte, geriet unter Vorurteilsverdacht und wurde damit zum Verdikt.

Logik war für Thomasius deshalb weniger Methodenlehre des rechten modus procedendi in der Argumentation, als eher die pädagogische Lehre von der rechten Ausschaltung der Vorurteile mit gesundem, nämlich praktisch-kritischen Menschenverstand, der historisch fremde und eigene Erfahrungen kritisch prüfte und (ver)wertete.

Das war eine Erfahrungswissenschaft, die Kritik und Historie in einen naturrechtlichen und historischen Argumentationszusammenhang faßte, der auf dem Kontinent weitgehend unabhängig vom englischen Empirismus entstand, ein kontinentaler, im Falle Thomasius' weitgehend deutscher, autochthoner Empirismus, der den Begriff von Historie, dessen Betonung eine Eigenart der deutschen Aufklärung mit ausmacht, kategorial in den Diskurs aufgeklärter Wissenschaft einbrachte.

Thomasius fundierte die Praxisorientierung und die Staatsfreundlichkeit der Aufklärung in Deutschland, indem er die Begriffe von Historie und Kritik, Naturrecht, Glückseligkeit und Praxis dem Universitätsbereich des Öffentlichen Rechts zuordnete. Dadurch strukturierte er die Bildungsinhalte der juristischen Fakultät um. Denn seit er sich 1690 in Halle niederließ und die Gründung der Universität als Professor für Jurisprudenz mitveranlaßte, verband er in seiner Lehre philosophische, literarische und juristische Kritik, durchsetzte die Jurisprudenz mit Philosophie und die Philosophie mit Jurisprudenz. Als er 1728 starb, hatte die Philosophie auch durch sein Zutun ihren propädeutischen Charakter verloren. Philosophie wurde bei Thomasius nicht zur Methodenwissenschaft, wie später bei Christian Wolff, sie substituierte auch nicht die Theologie, wie bei Leibniz, sondern sie wurde die kritische, auf Historie angewiesene Instanz des gesunden Menschenverstandes. Ein aggressiver Beitrag zur Aufklärung, in ganz anderer

Christian Wolff

Christian Wolff

Weise aufgeklärt als die listig-emanzipatorische Integrationsphilosophie bei Leibniz. Aber die Philosophie bekam auch bei Thomasius einen neuen Rang.

IV. Methode: CHRISTIAN WOLFF

Auf dem emanzipierten Philosophiebegriff von Leibniz und von Thomasius konnte Christian Wolff aufbauen. Für die Schulphilosophie, für strenge Anforderungen an die lateinische und die deutschsprachige Terminologie, für den, wie Kant noch bemerkte, philosophischen „Geist der Gründlichkeit in Deutschland" war Wolff wohl tatsächlich grundlegend.

1679 in Breslau geboren, war er schon eine Generation jünger als Leibniz und Thomasius, dessen Ruhm er in Halle zum Teil erbte. Wolff konnte auch von dem Erfolg der Leibnizschen Theodizee, von der optimistischen Theorie der besten aller möglichen Welten ausgehen. Er konnte ausgehen von der mathematisierenden Verfassung der Welt, wie sie Leibniz metaphysisch bewiesen hatte, er konnte ausgehen von der Unabhängigkeit der Welt und damit von der angeschlagenen Position der Theologie.

Dieses Bündel metaphysischer Sicherheitsgarantien, das von Leibniz herrührte, bot Wolff insbesondere die Voraussetzungen seiner Logik, mit der er die gesamte zeitgenössische Wissenschaft neu durchformte. Wolff faßte Logik im Anschluß an die cartesianische französische Tradition der „Logique de Port Royal" und in Weiterverfolgung Leibnizscher Gedanken als Methodenanweisung für jegliches richtige Denken auf. Damit setzte er, Gedanken Leibnizens zusammenfassend und verschärfend, das Ideal der Erkenntnis als Ziel jeder Wissenschaft fest, stellte sich auch in Gegensatz zum praxisorientierten Juristen Thomasius.

Wolff ging für jede Wissenschaft davon aus, daß nur in der systematischen Verknüpfung richtig erkannter und analysierter Begriffe eine Wissenschaft bestehen könne, und er sah dieses Ideal besonders in der Mathematik verwirklicht.

Diese Applikation der Mathematik auf die gesamte Wissenschaft hatte weitreichende Folgen: Indem die gesamte Erfahrung in mathematisierender Analyse und Synthese methodisch behandelt wurde, erreichte Wolff die allgemeine Einführung einer mathematisierenden experimentellen Physik, erreichte er auch mit seinem „Kurzen Abriß der Mathematischen Wissenschaften" die Einführung mathematisch-physikalischer Lehrbücher in das gesamte deutsche Universitätsunterrichtswesen.

Die Koppelung von Mathematik und Logik bedeutet für die Philosophie, daß ihr Rang dem erkenntniswissenschaftlichen Rang der Mathematik und deren apriorischer Erkenntnissicherheit gleichgestellt wurde, bedeutete gegenüber Thomasius auch, daß die neue, erkenntnistheoretische Dignität des Philosophiebegriffs mit seiner Einengung auf Erkenntnisorientierung erkauft wurde. Aber gerade darin lag auch der wesentliche Vorteil der neuen, wolffianischen Methode. Die mathematisierende analytische Methode sollte auf *alle* Bereiche menschlichen Wissens anwendbar sein, denn sie beanspruchte, durch logische Auflösung aller komplexen Begriffe in deren Konstituentien und deren methodische Resynthese schlechthin jedes Ding sicher erkennbar zu machen.

Denn unter der Bedingung, daß die Welt vernünftig konstituiert war, konnte ihr logischer Aufbau methodisch nachvollzogen werden. Wolff hat die metaphysischen Bedingungen seiner Logik und Methode im berühmtesten Lehrbuch der deutschen Aufklärung überhaupt dargelegt, in seinen „Vernünfftigen Gedancken von Gott, der Welt und der Seele des Menschen, auch allen Dingen überhaupt", der sogenannten „Deutschen Metaphysik" von 1720. Das Buch erschien schon zehn Jahre nach Leibniz' „Theodizee", deren Thesen die „Deutsche Metaphysik" mit Wolffischer Systematik zusammenfaßte. Wolff machte damit das antitheologische Potential der metaphysischen Theodizee als erster sichtbar. Das führte dann gleich zum Krach zwischen der theologischen und philosophischen Fakultät in Halle und 1724 zur Vertreibung Wolffs nach Marburg.

Schon lange, ehe Wolff 1740 triumphal nach Halle zurückgerufen wurde, hatte er das Potential seiner Methode ausgeschöpft: Er hatte das gesamte mathematische, logische, physikalische, metaphysische, juristische, ethische und politische Wissen seiner Zeit methodisch in zwei Durchgängen aufgearbeitet, einmal in deutscher Sprache, und von 1725 bis zu seinem Tode 1756 in lateinischer.

Für den politischen und juristischen Bereich übernahm er die Naturrechtsvorstellungen des Staates und seines Verhältnisses zum Staatsbürger von Thomasius und systematisierte dessen Theoreme, ohne

Thomasius' historischen Eklektizismus und den philosophischen Praxisprimat mitzuübernehmen.

Schon 1725, mit dem Abschluß des deutschsprachigen Kursus der gesamten Wissenschaft, hatte die Philosophie die zentrale methodische Führungsrolle für alle Wissenschaften übernommen, die in der Universität der frühen Aufklärung angeboten werden konnten. Wolff hatte 1725 die Stellung des Begriffs und des Fachs Philosophie, die zu emanzipieren sich Leibniz und Thomasius angeschickt hatten, durch den gleichschaltenden Einheitsdruck seiner Methode gefestigt. Indem Methode zum philosophisch-rationalen Leitbegriff und methodisch garantierte Erkenntnis zum Zweck aller Wissenschaft überhaupt erklärt wurde, war die Emanzipation der Philosophie von einem universitätswissenschaftlichen Propädeutikfach zur Leitwissenschaft geglückt, damit auch die Rolle der Philosophie für den Prozeß Aufklärung bestimmt. Wolff hinterließ bei seinem Tode 1756 ein philosophisches System, das in seiner Methodik im europäischen Rahmen anerkannt war. Das Wissen des frühen 18. Jahrhunderts war nicht allein wohldisponiert, sondern auch nach dem Satz des zureichenden Grundes, der jedem logischen Urteil auch eine Entsprechung in der Wirklichkeit garantierte, im Wissen und in der Wirklichkeit wohlbegründet. Nur das konnte sein, was sein durfte. Denn Wolff baute in seinem System gerade die Gedanken Leibnizens aus, die die methodische Sicherheit des Denkens mit der metaphysischen Sicherheit der Welt koppelten. Alles Wissen wurde so systematisch: Die Vorstellung von Kritik und Historie, die Thomasius leitete, lag Wolff fern. Der sichere Weg der Wolffischen Wissenschaft erfuhr bis zu Kant hin keine kritische Entwicklung.

Aber mit der Methodik der Wolffischen Philosophie wurde dem Rationalismus die Sicherheit gegeben, die er für die völlige Durchsetzung vernünftiger Gedanken brauchte. Die Philosophie, der Wolff erst die Stellung gab, in der sie begründet Leitwissenschaft von Aufklärung werden konnte, brauchte von den Anfängen ihrer Emanzipation her den methodischen Panzer, der sich nach ihrem Sieg als schwerfällig und ungeschmeidig herausstellte. Aber erst nach dem Sieg muß abgerüstet werden. Und wenn Christian Wolffs Philosophie schon bei seinem Tode 1756 das Verdikt der Schwerfälligkeit erhielt, dann konnte das nur von dem Plateau philosophischer Sicherheit aus geschehen, das Wolff erst erobert hatte.

Das Ende einer Epochenschwelle ist dann gekommen, wenn die

Ausgangslage sich erstens so verändert hat, daß sie ohne große Mühe nicht wiederzuerkennen ist, und zweitens wenn der Endzustand stabil erscheint. Diese Kriterien waren mit der Philosophie Christian Wolffs ganz sicher erfüllt. Im Rahmen der Universität, von der man für deutsche Verhältnisse ausgehen mußte, hatten sich bis etwa 1725 wesentliche Kriterien verschoben:

Die Leitrolle der Theologie war zurückgedrängt und durch die Leitfunktion der Metaphysik ersetzt worden. Analoges galt für die Jurisprudenz: Die Naturrechtsvorstellung war an das Glück des Menschen, an einen guten Staat und an historische Kritik gekoppelt worden. Das bedeutete die philosophische Durchdringung der beiden führenden Fakultäten, ein Prozeß, der große Folgen für das Regiment haben sollte. Kirchliche und weltliche Herrschaft waren in ihren Ausbildungsbereichen durch das neue Selbstverständnis und die neue Funktion von Philosophie entscheidend, nämlich aufgeklärt, verändert worden. Die Folgen dieser Verschiebung zeigten sich erst nach dem Ende der Frühaufklärung in den Forderungen nach Reformen, die die Verwaltungsbeamten und Theologen selbst stellten.

Einheitlich war die Epochenschwelle „Frühaufklärung" freilich keineswegs. Und wenn das Ende auch schon verhältnismäßig vage als inhaltliche und institutionelle Neubestimmung der Philosophie beschreibbar ist, vollends unscharf werden die Konturen bei dem Versuch, den Beginn von Frühaufklärung festzusetzen. Denn eine definitiv festsetzbare Ablösung einer „barocken Wissenschaft" ist schlechtin unmöglich. Es gibt keine national oder gar international einheitliche barocke Wissenschaft, die nicht schon durch Cartesianismus oder Empirismus attackiert worden wäre. Die Brüchigkeit der „barocken Wissenschaft", die einen Neuanfang provoziert hätte, läßt sich deshalb nicht belegen. Bleibt als Indiz des Beginns von Aufklärung in Deutschland der provinzielle, aber gelungene Versuch, die deutsche Universitätswissenschaft als provinziell zu denunzieren, nämlich Christian Thomasius fulminantes antiuniversitäres Pamphlet „Introductio in philosophiam aulicam" (1688), Einführung in die Hofphilosophie. Denn diese gelehrte Einführung will der Universitätsgelehrsamkeit durch ein philosophisch-politisches Ideal abhelfen und stellt doch nur die Universitätsgelehrsamkeit mit negativem Vorzeichen dar. Aber das ist ein Indiz für eine Funktionsänderung der Philosophie, die am Ende epochenspezifisch wurde, wenn auch nicht mehr als ein Indiz. Und sieben Jahre nach Thomasius Invektive gegen die Schulphilosophie, erschien 1695 Leibniz „Système de la nature et de la grace, fondé en raison” (System der Natur und der Gnade auf der Grundlage der Vernunft), in dem er die Metaphysik gegen die Theologie aufzuwerten begann. Freilich erschien dieser Aufsatz auf französisch in einer französischen Zeitschrift.

Zwar hat man jetzt einen groben zeitlichen und inhaltlichen Raster, der sich auf literarische Kriterien stützt; politische lassen sich für die Aufklärung in Deutschland nicht finden. In der Zeit zwischen 1680/90 und 1730 veränderte sich nur das Bild der Wissenschaften mit besonderer Geschwindigkeit und Vehemenz: Theologie wurde durch Metaphysik ersetzt, Jurisprudenz wurde zur politischen Philosophie verändert, schließlich avancierte methodische Philosophie zur Leitwissenschaft überhaupt.

Frühaufklärung in Deutschland? Zumindest für Leibniz wäre dieser Rahmen zu eng. Denn seine Wirkung war europäisch; bloß: In Deutschland verlief auch sie über die Universitäten, am nachhaltigsten über die Universitätstradition der Schulphilosophie Christian Wolffs, die „Leibniz-Wolff-Schule”. Damit wird zwar der Jammer des deutschen Provinzialismus und seiner Bildungsinstitutionen deutlich. Im großen und ganzen begann die frühe Aufklärung in Deutschland an der Universität Halle, wo sich die aufgeklärten Gedanken auch nur gegen beträchtlichen inneren Widerstand durchsetzten. Aber die Wirkung dieser Universität für die Integration einer deutschen Bildung war zugleich fulminant und nachhaltig. Hier schuf eine Institution mit Thomasius' juristischen Reformen, besonders aber mit Christian Wolffs Philosophie eine geschmeidige und terminologisch sichere wissenschaftliche Sprache, die den nationalen, identifikationsstärkenden Erfolg aufgeklärter Theorien trug, auch den Erfolg des Leibnizianismus in Deutschland.

Der deutsche Partikularismus und mit ihm seine Landesuniversitäten bot eben auch eine – freilich geringe – Chance: Die Unzahl der Kleinstaaten machte eine ideologische Zersplitterung gleichen Ausmaßes unmöglich. Kein Territorium im Reich konnte im Laufe des 18. Jahrhunderts seine Bevölkerung zur „Nation”integrieren. Führende Institutionen hatten deshalb in allen Bereichen und Staaten eine Chance, sich mit neuen Ideen unterhalb der partikularen Machtsphären zunächst fast unbemerkt einzuschleichen, dann aber nachhaltig durchzusetzen. Diese Chance hat man an der Universität Halle genutzt.

GERHARD KAISER

*Das Bürgertum als kulturtragende Schicht**

Herkunft und bürgerliches Bewußtsein der Autoren

In ganz Europa steht die Epoche der Aufklärung im Zeichen des Bürgertums und seiner Auseinandersetzung mit dem Absolutismus, der den bürgerlichen Aufstieg zunächst fördert, dann hemmt. In England beginnen im Laufe des Jahrhunderts die industrielle Revolution und die Ausbildung der parlamentarischen Monarchie, die beide das Bürgertum in den Vordergrund treten lassen. Der Kokshochofen, der mechanische Webstuhl und die Dampfmaschine werden in England erfunden. In Frankreich wird seit 1789 auf revolutionärem Wege die Monarchie beseitigt, der Dritte Stand, das Bürgertum, ergreift die Macht. In Deutschland ist infolge der politischen Zersplitterung in viele kleinere, absolutistisch regierte Staatsgebilde das bürgerliche Element in seiner politischen und wirtschaftlichen Entfaltung eingeengt. Der politischen und wirtschaftlichen Situation entspricht die geistige: Deutschland empfängt zunächst mehr, als es gibt. Die reiche Handelsstadt Leipzig, Zentrum des Ost-West-Handels sowie in der Nachfolge Frankfurts seit der Jahrhundertmitte des Buchhandels und Verlagswesens, entwickelt sich zum „Klein-Paris" (Goethe), während die Berliner Aufklärer eher im Gegensatz zum französisch orientierten Hof stehen. England, als politische und wirtschaftliche Führungsmacht am stärksten verbürgerlicht, ist auch der wichtigste Träger der Aufklärung. Albrecht von Haller, Hagedorn, Lichtenberg, Justus Möser, Helfrich Peter Sturz, Karl Philipp Moritz, Mylius, Hamann, Sophie La Roche haben sich in England aufgehalten. Die nach England geöffnete, wirtschaftlich prosperierende Hafenstadt Hamburg, die Universität Göttingen des Kurfürstentums Hannover, das durch Personalunion mit England verbunden ist, und die Schweiz, konfessionell und politisch seit der Reformation England verwandt, sind Umschlagplätze des englischen Gedankengutes. Überhaupt genießt die Schweiz bei den deutschen Aufklärern als Hort bürgerlicher Freiheit besonderes Ansehen, obwohl diese Freiheit im aristokratischen Ständeregiment praktisch

*) Diesen Aufsatz entnehmen wir mit freundlicher Erlaubnis des Francke Verlags München, Band 3 der „Geschichte der deutschen Literatur", herausgegeben von Gerhard Kaiser, München 1976.

enge Grenzen hatte, wie das Berner Todesurteil gegen den Schriftsteller und vermeintlichen Aufrührer *Samuel Henzi* (1701–1749) ebenso bezeugt wie die Schwierigkeiten des jungen Lavater und seines Freundes *Johann Heinrich Füssli* (1741–1825) mit dem Stadtregiment von Zürich 1762. Füßlis Jugendbriefe sind in ihrer Frische und Anschaulichkeit ein wichtiges Dokument für das geistige Leben der Zeit. Durch seinen fast surrealistisch getönten Klassizismus wurde er in England als Maler erfolgreich und berühmt.

Über Hamburg kommt die Freimaurerei 1737 aus England nach Deutschland. Ihre Vereinigung bürgerlich-aufklärerischer Ideale mit einem exklusiven Zeremoniell verschafft ihr rasch Bedeutung – Herder, Wieland, Goethe, Lessing, Mozart und viele andere standen ihr nahe –, doch auch Vieldeutigkeit. Die Logen überspringen die Ständeschranken und erobern sich viele Höfe (1738 wurde Friedrich der Große Freimaurer), entwickeln sich zum Teil aber auch ausgesprochen aristokratisch-restaurativ und öffnen sich irrationalistischen, pseudomystischen Strömungen. Hier ist der Gold- und Rosenkreuzerorden zu nennen, der um 1777 in Berlin entstand und sich auf reformchristliche und pansophische Bestrebungen des 17. Jahrhunderts, u. a. bei Johann Valentin Andreae, berufen konnte; er gewann in Hofkreisen Einfluß. Der spätere Revolutionär Georg Forster gehörte ihm zeitweilig an. In der Nähe des Freimaurertums steht auch die Geheimgesellschaft des Illuminatenbundes, 1776 von dem Jesuitenzögling *Adam Weishaupt* (1748–1830) in Ingolstadt gegründet, der Gesellschaft, Staat und Kirche im Sinne entschiedener Aufklärung durch Gewinnung einflußreicher Persönlichkeiten umwandeln wollte und 1785 verboten wurde. Prominente Mitglieder waren Herder, Goethe und der Freiherr ADOLPH VON KNIGGE (1752–1796), Verfasser satirischer Schriften wie *Benjamin Noldmanns Geschichte der Aufklärung in Abyssinien* (1791), *Josephs von Wurmbrand . . . politisches Glaubensbekenntniß . . .* (1792), *Des seligen Herrn Etatsraths Samuel Conrad von Schaafskopf hinterlassene Papiere* (1792). Knigge geißelt die deutschen politischen und gesellschaftlichen Verhältnisse, die in ein imaginäres finsteres Afrika transponiert sind, wo schließlich durch eine Revolution die Freiheit zum Siege kommt. Der abessinische Exminister Wurmbrand hält demgemäß auch die Französische Revolution wegen der Verrottung der politischen Verhältnisse im französischen Absolutismus für unvermeidlich, während der Herr von Schaafskopf ein Anhänger des uralten reaktionären Pinselordens ist. Eine ähnliche Konstellation wie in der

Geschichte der Aufklärung in Abyssinien ist schon von Montesquieu in seinen *Lettres persanes* (1721) erprobt worden, wo auch Angehörige eines vermeintlich zurückgebliebenen exotischen Reiches, des persischen, ein Schlaglicht auf die wirkliche Zurückgebliebenheit Europas werfen. Ein Pamphlet Knigges *Über Jesuiten, Freimaurer und teutsche Rosenkreutzer* (1781) bekämpft das Rosenkreuzertum. Weitere literarische Reflexe des Freimaurerwesens finden sich u. a. in Lessings *Ernst und Falk. Gespräche für Freymäurer,* in der Turmgesellschaft des *Wilhelm Meister* und in Goethes epischem Fragment *Die Geheimnisse* (geschrieben 1784–85) sowie in Mozart-Schikaneders *Zauberflöte* oder Jean Pauls *Unsichtbarer Loge*.

Trotz aller Hindernisse gewinnt auch im Deutschland des 18. Jahrhunderts das Bürgertum allmählich an wirtschaftlicher und vor allem kultureller Kraft. *Dabei hat das Wort „Bürger" im 18. Jahrhundert noch eine weitere Bedeutung als heute. Neben dem Angehörigen des Bürgerstandes meint es, gleich dem lateinischen civis, auch den „Staatsbürger",* ein Wort, das Wieland für das ältere „Bürger des Staates" geschaffen hat. In der Bedeutung = Angehöriger des Gemeinwesens lebt das Wort weiter in Bildungen wie Weltbürger, Bürgerkrieg, Bürgerliches Gesetzbuch. Kontrastierend zu „le monde", was die aristokratisch geprägte „feine Societät" meint, changiert ein Ausdruck wie „bürgerliche Welt" zwischen der engeren ständischen und der weiteren überständischen Bedeutung, so wie „Patriot" neben dem spezifischen modernen Sinn noch ganz allgemein den auf das Gemeinwohl, sei es des Staates, der Menschheit oder der Gemeinde, bedachten Bürger meinen kann. Gegen Ende des Jahrhunderts dient es sogar als Schimpfwort für die Anhänger der Französischen Revolution. „Patrioten und Spitzbuben" nennen die Soldaten der preußischen Interventionsarmee von 1792 die Franzosen.

Gegenüber dem Barock wächst in der Aufklärung der Anteil bürgerlicher Autoren an der deutschen Literatur – bürgerlich hier im ständischen Sinne gemeint –, wobei sich vor allem das evangelische Pfarrhaus als Pflanzstätte der Talente erweist. Gottsched, Bodmer, Gellert, Lessing, Wieland, Lichtenberg, Claudius, Bürger, Hölty, Lenz, um nur die bedeutendsten zu nennen, sind Kinder des Pfarrhauses, die von der Bibel zu den Büchern drängen; ein soziologischer Ausdruck der Säkularisierung. Die meisten Schriftsteller der Zeit haben zudem Theologie studiert, u. a. Gottsched, Breitinger, Gellert, Pyra, Lange, Klopstock, Lessing, Hippel, Claudius, Bürger, Schubart, Hamann, Miller, Lenz,

Herder. Fast der gesamte Göttinger Hain besteht aus Jungtheologen. Die Mehrzahl trägt, auch wenn sie später kein geistliches Amt ausübt, etwas vom religiösen Pathos in ihre neue weltliche Tätigkeit hinein. Neben den Theologensöhnen dominieren unter den deutschen Autoren Kinder aus der akademisch (Klopstock, Lavater, Pestalozzi) und patrizisch gehobenen Schicht (Brockes, Haller, Hagedorn, Goethe). Auch adlige Schriftsteller fehlen nicht, unter ihnen Ewald von Kleist, Freiherr Christoph Otto von Schönaich, Johann Friedrich Freiherr von Cronegk, Heinrich Wilhelm von Gerstenberg, die Grafen Stolberg, Adolph Freiherr von Knigge; dagegen fällt das Kleinbürgertum und Bauerntum bis zum Sturm und Drang, wo eine auffällige Wandlung eintritt, als Talentquelle fast aus. ANNA LUISE KARSCH (1722–1791), ein bescheidenes lyrisches Talent, Tochter eines Schankwirts und zweimal in unglücklicher Ehe mit einem Tuchmacher und einem Schneider verheiratet, wird in der Berliner Gesellschaft als Rarität herumgereicht. Der Archäologe Winckelmann allerdings, einziges Kind eines Schuhmachers, nimmt einen bedeutenden gesellschaftlichen Aufstieg.

Wichtiger noch als die Herkunft ist die bürgerliche Gesinnung der meisten Autoren. Sie besteht in der Schätzung aller Menschen nach Verdienst und Persönlichkeit, nicht nach Herkunft; in der Schätzung der Persönlichkeit überhaupt, die den Menschen nicht mehr als Glied einer Korporation, vielmehr als freien und besonderen einzelnen denkt. Auch wo Adlige diese Ideale tragen, entsprechen sie doch der entstehenden bürgerlichen Gesellschaft mit ihrer Tendenz zur Verdampfung der ständischen Ordnung und zur Freisetzung des Subjekts, das sich in der Geschäfts- und Öffentlichkeitssphäre im freien Wettbewerb der Fähigkeiten, in der Privatsphäre in der Hingabe an eine zweck- und herrschaftsfreie ideale Kommunikation der Geister und Herzen entfaltet, nicht ohne daß die Sphären einander wechselseitig mit Konflikten aufladen und in Frage stellen. Bürgerliche Gesinnung rückt etwa einen Offizier wie Ewald von Kleist näher an seine bürgerlichen Freunde als an seine adligen Berufsgenossen heran oder macht den uradligen Freiherrn von Knigge zu einem entschiedenen Anhänger radikaler politischer Reformen. Sein bis heute immer wieder neuaufgelegter und bearbeiteter Bestseller *Über den Umgang mit Menschen* (1788) ist als Beitrag zur Emanzipation des Bürgertums gedacht. Im Gegensatz zu den älteren Komplimentierbüchern, die den außerhöfischen Schichten ein Surrogat höfischer Politesse beizubringen suchten, entwickelt Knigge ein

Lehrbuch des gesellschaftlichen Verhaltens aus einer betont bürgerlichen Lebensauffassung heraus.

Im Barock ist die Dichtung hohen Anspruchs höfisch-aristokratisch ausgerichtet. Es gibt zwar eine Dichtung von künstlerischem Rang für das Bürgertum und die unteren sozialen Schichten – erinnert sei nur an Grimmelshausens Simplicianische Schriften –, aber sie spielt im Bewußtsein der Zeit eine mindere Rolle. *Der Hof ist die Schule des Geschmackes,* er beschert dem Dichter seine Mäzene, er vermittelt ihm die Anschauung der großen Welt, die Gegenstand seiner Dichtung ist. Der „büffelhirnige Pöffel" wird verachtet. Die *Aufklärung wendet sich dagegen nicht an eine ständische Elite, sondern an ein Bildungspublikum, die Empfindsamkeit an eine Elite des Herzens,* die sich auch unter den Einfältigen und Geringen finden kann. So sammelt Klopstock mit besonderer Befriedigung Nachrichten über den Eindruck, den die *Messiade* auf ungelehrte Leser gemacht hat; ein Korrespondent berichtet ihm von einer alten Bergmannsfrau in Freiberg, „die Ihren Messias, so gut als ich, verstand". Wohl richten sich die Spekulationen und Hoffnungen der literarischen Welt noch auf Höfe – Klopstock geht 1751 mit einer Pension an den dänischen, Wieland 1772 an den Weimarer Hof, die Klassik entfaltet sich im höfischen Raum, und um Friedrich den Großen, den hartnäckigen Verkenner der deutschen Literatur (siehe: *De la Littérature allemande,* 1780, abhängig von der These des Abbé Bouhours [1671], ein Deutscher könne kein bel esprit sein) wird immer wieder, noch in der Kritik an ihm, geworben –; aber das Verhältnis des Dichters zum Hofe wandelt sich grundlegend. Er empfängt hier nicht mehr sein Lebens- und Kunstideal, er bringt es mit und tritt als Missionar und Prophet einer neuen bürgerlichen Gesinnung mit höchstem Selbstbewußtsein auf. Schon in seiner frühesten erhaltenen Ode, *Der Lehrling der Griechen,* sieht Klopstock „von richtendem Ernst schauernd" auf die Heldentaten der Könige herab, und Friedrich den Großen hat er in seiner Lyrik scharf attackiert. Während die Barockdichtung Teil der gesellschaftlichen Repräsentation ist, hat sich Klopstock höfischen Repräsentationspflichten völlig entzogen. Daß die geweihte Leier des Dichters nicht um Fürstenlob buhlt, wird durch ihn ebenso zur gängigen Formel der Dichtung wie früher die Devotion des höfischen Dichters vor jedem Höhergestellten. Die Zeit höfischer Ansprüche an den Dichter ist vorbei, und der Dichter ist es jetzt, der Ansprüche auf einen „Jupiterkultus" zu stellen beginnt, wie der Weimarer Prinzenerzieher Knebel ironisch über Klopstock am Hofe gesagt hat. Statt der höfisch-heroischen Form ist bürgerliche Innerlichkeit maßgebend, und auch der Hof beginnt zu verbürgerlichen.

Sofern jeder Bildungswillige in das Bildungspublikum hineinwachsen kann, gehören ihm potentiell alle an, und tatsächlich *drängen im Verlauf des 18. Jahrhunderts immer neue Leserschichten nach.* 1791 erklärte Wieland, auf eine Frau, die vor fünfzig Jahren stark las, kämen heute hundert. Aber auch die Lesegewohnheiten änderten sich grundlegend. Bis tief ins 18. Jahrhundert las die Mehrzahl selbst der Gewohnheitsleser immer wieder dasselbe Buch: die Bibel, oder eine kleine Anzahl von Büchern, die als Autoritäten galten: Gesangbuch, Katechismus, Andachtsbücher, antike Klassiker. Auch auf moderne Autoren konnte sich diese Praxis erstrecken. So berichtet Goethe in *Dichtung und Wahrheit* von einem Frankfurter Hausfreund Rat Johann Kaspar Schneider, der jährlich in der Karwoche Klopstocks Messiade durchlas, obwohl er sonst wenig Lektüre trieb. Charakteristisch war aber die durch das aufkommende Zeitungswesen begünstigte Entwicklung zur ausgebreiteten Lektüre zahlreicher verschiedener Werke, die damit freilich an Verbindlichkeit verloren. Es kann zur Skepsis gegen das Buch, vor allem im Sturm und Drang, kommen; Goethe etwa hofft in einem Brief an Johann Gottfried Röderer vom Herbst (?) 1773 auf die „iungen warmen Seelen, die im Schlamme der Theorien und Literaturen noch nicht verlohren sind ...". In diesem Sinne hat man sagen können, die Aufklärung, mehr als alle früheren Zeiten eine Epoche der Bücher, habe die Autorität des Buches erschüttert.

Mit dem Aufstieg des Bürgertums und der geistigen Emanzipation wachsen auch seine Bedürfnisse nach weltlicher Kultur, nach schöngeistiger Lektüre. Kennzeichnend ist die Entstehung und Verbreitung belletristischer Musenalmanache aus einem älteren Almanachtypus, der vorwiegend Kalendernotizen, astrologische Beiträge, Prophezeiungen, Hof- und andere Nachrichten enthielt. 1740 beträgt der Anteil religiöser Erbauungsschriften an der deutschen Buchproduktion 19 Prozent, der des schöngeistigen Schrifttums erst 5,8 Prozent. 1800 hat sich das Verhältnis mehr als umgekehrt. Freilich sind die Übergänge fließend; man denke nur an Klopstocks Messiade, das Epos von der Erlösung. An einem solchen Übergang stehen auch kleinere Geister, so Herders Mohrunger Förderer, der Pfarrer SEBASTIAN FRIEDRICH TRESCHO (1733–1804). Jakob Michael Reinhold Lenz hat das Gleiten von der Erbauungs- zur weltlichen Literatur sehr hübsch beschrieben: „Vor alten Zeiten schrieben die Prediger Postillen; als der Postillen zu viel waren, ward darüber gelacht und gespottet, da setzten sie sich auf ihre Kirchhöfe (die mehrsten Male freilich nur in Gedanken) und lasen den unsterblichen Engländer, den erhabenen Young. Da erschienen Christen bei den Gräbern, Christen in der Einsamkeit, Christen am Morgen, Christen am Abend, Christen am Sonntage, Christen am Werktage, Christen zu allen Tagen und Zeiten des Jahrs. Die Buchhändler wollten deren auch nicht mehr, und warum sollte ein Prediger nicht auch durch Romane und Schauspiele nützen können, wie durch Predigten und geistliche Lieder? Der Nutzen müßte noch weit größer sein, weil dergleichen Bücher in weit mehrere Hände kommen, weit begieriger gelesen werden, wenn es dem Verfasser an Witz nicht mangelt und –." Noch der Theologe GOTTHARD LUDWIG THEOBUL KOSEGARTEN (1758–1818), der sich von Klopstocks Seraphik über Vossens Idyllik bis zur Romantik jeder literarischen Zeitströmung überließ – Ernst Moritz Arndt war Lehrer in seinem Hause –, gehört der Substanz nach in diesen Übergangsbereich zwischen Erbauung und weltlicher Literatur, der bis tief ins 19. Jahrhundert eine wichtige, wenn auch auf dem Rückzug befindliche Erscheinung in der geistigen Physiognomie der Epochen bleibt.

Auch in anderer Hinsicht ändert sich der Lesestoff. Jung-Stilling (geb. 1740), Sohn eines Schulmeisters und Handwerkers, hat erzählt, er habe in seiner Jugend Volksbücher wie *Eulenspiegel, Kaiser Octavianus* und *Reineke Fuchs* wohl hundertmal gelesen. Im Elternhaus von Ernst Moritz Arndt (geb. 1769), bei freigelassenen Bauern, wurde aus Millers Erfolgsroman *Siegwart* vorgelesen. Der Schriftsteller Johann Gottfried Seume erzählt von seinem 1775 verstorbenen Vater, der ein Bauer in der Gegend von Leipzig und Weißenfels war: „Er wußte, ich weiß nicht wie, die meisten Stellen unserer damals neuesten Dichter, und Bürgers Weiber von Weinsberg erinnere ich mich zuerst von ihm gehört zu haben, mit Varianten bei mißlichen Stellen, deren sich vielleicht kein Kritiker hätte schämen dürfen. Woher er das alles hatte, weiß ich nicht, da er wenig las und wenig Zeit dazu hatte." Von Gellert wissen wir, daß ein armer Bauer im Anfang eines strengen Winters „aus Dankbarkeit für das Vergnügen, das ihm Gellerts Fabeln gemacht hatten", einen Wagen voll Brennholz vor seine Wohnung fuhr und ihn ersuchte, dasselbe als Zeichen seiner Erkenntlichkeit aufnehmen zu wollen. Freilich waren solche Bauern eine Ausnahme; vor allem in den Städten saß das Publikum. Leihbibliotheken und Lesegesellschaften schossen allerorts auf. Das Erbe der eher höfisch orientierten barocken

Sprachgesellschaften übernehmen im 18. Jahrhundert bürgerliche literarische Vereinigungen, die aufklärerische Kritik an der Literatur und an Mißständen des Gemeinwesens zu verbreiten suchen. Die wichtigsten entstehen in Leipzig, Hamburg und Zürich. Gottfried Keller gibt im *Landvogt von Greifensee* ein humoristisch getöntes, aber treffendes Bild dieser staatsbürgerlich-literarischen Bestrebungen eines patrizischen Bürgertums im Zürcher Kreis Johann Jakob Bodmers, neben dem für die Schweiz noch die berühmte Helvetische Gesellschaft, 1761 in Schinznach zur Förderung des Schweizerischen Nationalgefühls gegründet, genannt werden muß.

So bildet sich langsam eine literarische Öffentlichkeit – am besten *sichtbar vielleicht im deutschen Theater,* dem deshalb die besondere Aufmerksamkeit der Dichter gehört. Aus elenden, herumziehenden Komödiantentrupps soll *ein deutsches Nationaltheater entstehen,* wie es sich für eine große, gebildete Nation gehört: Ausdruck bürgerlicher Gesittung und Gemeinsamkeit, eine „moralische Anstalt" (Schiller), Schule des Gefühls und der praktischen Lebensweisheit, Kanzel der Kritik und der Diskussion öffentlicher Zustände, die im absolutistischen Staat weithin nur im Medium der Kunst angerührt werden dürfen, eine weltliche Kirche. Diese große Sehnsucht verbindet so verschiedene Geister wie Gottsched, Klopstock, Lessing, Mozart und Schiller, und sie führt, nach schweren Fehlschlägen, zu einer bedeutenden Theaterkultur, wie sie in der Schweriner Schauspielerakademie des berühmten Schauspielers KONRAD EKHOF (1720–1778), in den stehenden Theatern von Gotha, Mannheim, Weimar, Wien oder Berlin in den letzten Jahrzehnten des Jahrhunderts vor uns steht. Hervorragende Prinzipale und Schauspieler des aufstrebenden deutschen Theaters waren *Johann Friedrich Schönemann* (1704–1782), der aus der Schule von Karoline Neuber, der Verbündeten Gottscheds, hervorging, *Konrad Ernst Ackermann* (1712 [10?] – 1771), Schüler Schönemanns, und dessen Stiefsohn *Friedrich Ludwig Schröder* (1744–1816), wie der etwas jüngere August Wilhelm Iffland (1759–1814), der im Zusammenhang der Klassik gewürdigt werden wird, selbst ein Theaterschriftsteller. Besonders Schröder ist eine auffällige Erscheinung: Nach abenteuerlicher, bis ans Kriminelle streifender Jugend wurde er vom Ballettänzer und Komiker in der Tradition der Stegreifkomödie zum großen Charakterdarsteller des literarischen Theaters, der in der Sturm und Drang-Zeit Shakespeare auf der deutschen Bühne durchsetzte. Als Theaterleiter in Hamburg und am Wiener Burgtheater gab er literarische

Impulse: ein Preisausschreiben auf ein deutsches Originalschauspiel 1775 lockte Friedrich Maximilian Klingers *Zwilling* und Johann Anton Leisewitz' *Julius von Tarent* hervor. Außerdem war Schröder einer der führenden deutschen Freimaurer seiner Zeit.

Das Ideal des freien Schriftstellers und seine Problematik

Mit der beginnenden Breitenwirkung der Literatur erlangt das Buch eine ganz neue Bedeutung als Handelsobjekt. Das Verlagswesen blüht auf, gefördert durch bedeutende Verleger wie Georg Joachim Göschen, Johann Friedrich Cotta, Philipp Erasmus Reich oder Friedrich Perthes. Ein angesehener und rühriger Verleger war FRIEDRICH NICOLAI (1733–1811) in Berlin, der, mit Lessing und Mendelssohn befreundet, Kulturpolitik im Sinne der Aufklärung trieb und auch selbst schriftstellerisch tätig geworden ist. Die von ihm als Rezensionsorgan begründete *Allgemeine Deutsche Bibliothek* ist von 1765–1806 erschienen und war lange Zeit tonangebend. Sie sollte eine fortlaufende Übersicht über das gesamte anspruchsvolle Schrifttum in Deutschland geben. Vorangegangen war seit 1757 die *Bibliothek der schönen Wissenschaften und der freyen Künste.* Zeitlich noch weiter zurück reichen die bis heute erscheinenden *Göttingischen Anzeigen von gelehrten Sachen,* zeitweilig unter der Leitung Albrecht von Hallers, während die 1785 begründete *Allgemeine Litteraturzeitung,* später unter Konkurrenz der Allgemeinen Jenaischen Litteraturzeitung, zum wichtigsten kritischen Organ der Klassik wurde. Infolge des wachsenden Buchmarktes steigt auch die Zahl der Schriftsteller sprunghaft. 1773 hat Deutschland etwa 3 000 Autoren, 1787 bereits doppelt so viel. Der Satiriker Georg Christoph Lichtenberg spottet, es gebe zuverlässig in Deutschland mehr Schriftsteller, als alle vier Weltteile zu ihrer Wohlfahrt nötig hätten.

Zur Autorschaft gehört das Honorar. Im 16. und 17. Jahrhundert gilt Bücherschreiben noch als nobile officium. Dichten ist eine Beschäftigung für Mußestunden; der preußische Hofdichter und Diplomat von Canitz wird von seinem Herausgeber König gerühmt, weil er noch auf demjenigen Stuhle dichtete, „auf welchem andere Leute am wenigsten mit dem Kopfe zu arbeiten pflegen". Der arme bezahlte Kasualdichter wird als Buchladen-Poet verachtet. In der Aufklärung ändert sich das. Die Zahlung von Honoraren wird üblich und gesellschaftsfähig, der Beruf des freien Schriftstellers entsteht. Wieland und Lessing versuchen zeitweilig, vom Ertrag ihrer Bücher zu leben, und tragen sich, ähnlich wie Klopstock, mit Projekten zur materiellen Besserstellung der Autoren. Die Subskription als eine Art Sammelpatronage gewinnt Bedeutung. An die Stelle des einen Mäzens tritt, wie es in Friedrich Heinrich Jacobis Subskriptionsankündigung für Wielands Agathon heißt, die Vielzahl der „Guten und Edeldenkenden", denen im mitgedruckten Subskribentenverzeichnis Gelegenheit geboten wird, „sich als Beförderer der Künste und als Verehrer eines großen Mannes öffentlich zu zeigen". Bei alledem entsteht auch ein neues Ethos des Schriftstellers. Der Dichter des Barock sagt in seiner Dichtung einen kollektiven geistigen Gehalt der Gesellschaft aus. Der Dichter der Aufklärung wird Bahnbrecher zur Wahrheit und Schönheit, und in diesem Range muß er frei und unabhängig sein. Naht sich in barocken Widmungen und Buchvorreden der Autor voll Devotion hochmögenden Gönnern, so wendet er sich nun von gleich zu gleich an sein Publikum, wenn er es nicht vorzieht, ohne Vorrede an die Öffentlichkeit zu treten und die Leistung für sich sprechen zu lassen. Klopstocks priesterhaftes Selbstgefühl, das an Stefan George oder Rilke erinnert, Lessings Protestantismus des geistigen Verhaltens, der ihn zum kritischen und produktiven Selbstdenker macht, Wielands Ironie, hinter der sich innere Verletzlichkeit verbirgt, sind nur verschiedene Äußerungsformen dieses neuen Anspruchs. Auch wenn die meisten Autoren neben ihrer Schriftstellerei einen bürgerlichen Beruf ausüben, wird es doch allmählich selbstverständlich, daß die literarische Produktion den ganzen Menschen fordert.

Aus der neuen Situation des Schriftstellers entspringen aber auch neue Probleme. Da ein Urheberrecht zum Schutze des geistigen Eigentums noch nicht ausgebildet ist, bringt der Aufschwung des Verlagswesens zugleich eine Blüte des unberechtigten Nachdrucks mit sich, der die Autoren um ihre Honorare betrügt. Lessing führt am Ende der Hamburgischen Dramaturgie einen besonders heftigen Angriff auf diesen Mißstand, der weithin ein Gegenstand der Satire war. Besonders erfolgreiche Nachdrucker waren Ch. G. Schmieder in Karlsruhe, I. G. Fleischhauer in Reutlingen und Johann Thomas Trattner in Wien (1717–1798), der 1764 sogar in den Adelsstand erhoben wurde. So sehr der Nachdruck Autoren und rechtmäßige Verleger schädigte, trug er doch durch Preisunterbietung der damals noch recht teueren Bücher zur Verbreitung der Werke bei, trieb allerdings auch die Preise der rechtmäßigen Ausgaben hoch.

Die materiellen Erträge der Schriftstellerei waren bei alledem noch ziemlich bescheiden; Walter Scott soll in drei Jahren mehr verdient haben als Goethe in seinem ganzen Leben, und dabei erzielte Goethe ungewöhnlich hohe Honorare. So mußten Klopstock wie Lessing und Wieland auf die Dauer bei Hofe materiellen Rückhalt suchen. „Die Autoren leben von den Brosamen, die von des reichen Herrn Tische fallen, wie die Hündlein, und dann wollen sie [die Verleger] noch knausern", verspottet Herder seinen Verleger Hartknoch. Der Weimarer Verleger FRIEDRICH JUSTIN BERTUCH (1747–1822), hervorgetreten als Übersetzer des *Don Quixote* aus dem Spanischen (1775–76), wird 1800 von dem republikanischen Journalisten Andreas Georg Friedrich Rebmann als „der reichste Pfründenbesitzer in der deutschen Gelehrtenrepublik" angegriffen: „ihm gehören einmal die ergiebigen Domänen der Allgemeinen Literatur-Zeitung, des Modejournals und des Journals London und Paris; nebenbei erindüstriert er sich fast Fürstentümer –." Goethe berichtet in *Dichtung und Wahrheit,* wie nach dem Erfolg des *Götz,* der sich finanziell allerdings wegen eines Nachdrucks nicht auszahlte, ein Buchhändler ihn besuchte, „der, mit einer heiteren Freimütigkeit, sich ein Dutzend solcher Stücke ausbat, und sie gut zu honorieren versprach" – das Ritterdrama als halbindustrieller Markenartikel. Etwas weniger brutal, aber doch noch deutlich genug zeigt sich der Marktbezug des Schriftstellers in der Einrichtung des Theaterdichters, der gegen ein fixes Honorar eine bestimmte Anzahl von Stücken in einer bestimmten Zeit zu liefern gehalten war; Schiller oder Friedrich Maximilian Klinger haben zeitweilig solche Verträge gehabt.

Mit dem beginnenden literarischen Betrieb zeigen sich eben auch alsbald dessen Schattenseiten. „Der Herbst ist vor der Thür; Die Kinder wollen gekleidet seyn; Die Frau spricht von einem neuen Pelzmantel; Man will sich auch sein Holzvorräthchen auf den Winter machen; Stehlen darf man nicht; Zu betteln, oder etwas auf Pränumeration herauszugeben, und dabey seine Freunde und Gönner zu misbrauchen, schämt man sich – Und doch braucht man Geld – Also sucht man einen Verleger, und wenn Dieser gut bezahlt, und die Finger nicht lahm sind; so schreibt man ein Bändchen voll, und streicht dafür ein billiges Honorarium ein – Kaufe und lese dann, wer lesen kann und will!" So läßt sich der Freiherr von Knigge in der Vorrede zum Dritten Teil der *Geschichte Peter Clausens* vernehmen. HELFRICH PETER STURZ (1736–1779) aus dem Klopstock-Kreis, ein Meister der essayistischen Prosa, der durch ein bürgerliches Trauerspiel *Julie* (1767) und eine Abhandlung über die Todesstrafen mit dem *Bekenntnis einer Kindsmörderin* (1776) hervorgetreten ist, ironisiert in seinem Brief eines Verlegers die Kommerzialisierung des Geistes, von der auch Nicolai in seinem Pfarrer-Roman *Sebaldus Nothanker* ein düsteres Bild gibt. Wieland klagt in den *Briefen an einen jungen Dichter* über die literarische Mode- und Cliquenwirtschaft, über die Anonymität und Kritiklosigkeit des Publikums. „Das Werk, worin sich Ihre ganze Seele abgedrückt hat", wird durch „Fabrikware" verdrängt. Der Dichter, der stärker als im traditionsgebundenen Barock zur Einformung seiner gesamten Persönlichkeit in das Werk tendiert, fühlt sich von der Masse unverstanden, ja, er wird sich selbst zur fragwürdigen Existenz, denn auch das Berufsideal des freien Schriftstellers ist in sich zwiespältig: Der Dichter braucht zwar seine ganze Kraft, um zu schreiben, aber indem er seine ganze Kraft an das Werk wendet, verliert er auch an Lebensnähe und Welterfahrung, gerät er in die Gefahr, zum Literaturspezialisten zu verkümmern: die *Tasso*-Problematik Goethes. „Man frage doch unsre jungen Herrn, die uns so freigebig mit Dramen und Begebenheiten beschenken, wie weit sich ihre Reise durch das Leben erstrecke, wieviel sie davon durchgeschlendert, wie vieles sie besucht und begafft haben! Ob's nicht alles von Hörensagen, ob's nicht alles gelesen ist!" So fragt Goethes Freund Johann Heinrich Merck 1777 in seinem Essay *Über den Mangel des epischen Geistes in unserm lieben Vaterland* die „Sekte der Empfindsamkeit und des Geniewesens".

Mit der Verbreiterung des Marktes wird die ständische Spaltung der Literatur, die aus dem Barock geläufig ist, zu einer qualitativen nach geistigem und ästhetischem Anspruch. Die Trivialliteratur, auf die Erwartungen eines Massenpublikums zugeschnitten, übertrifft in ihrer Wirkung bei weitem exklusive Werke mit hohem Anspruch. Iffland und Kotzebue, nicht Schiller und Goethe beherrschen die Bühnen der klassischen Zeit, und ein Buchhändler aus der Provinz, Ludwig Christian Kehr, der seit 1797 in Kreuznach tätig war, berichtet sarkastisch: „Mit der Leihbibliothek hatte ich es teilweise nicht getroffen, und es mögen sich andere in ähnlichen Fällen eine Lehre daraus nehmen. Ich hätte nämlich zuvor mein Terrain studieren und den Geschmack des Publikums, auf das ich rechnen mußte, kennenlernen sollen, ehe ich zur Wahl der Bücher schritt. Das tat ich aber nicht, denn ich glaubte, den Geschmack leiten zu können, was mir aber, besonders anfangs, nicht gelingen wollte. So beging ich die Unklugheit, unsere alten klassischen deutschen Schriftsteller, Gleim, Kleist, Uz, Michaelis, Rabener, Ramler, Gellert, Hagedorn, Hölty, Cramer, Klopstock, Lessing, Wieland, Lichtenberg usw. aufzunehmen, ferner die neuen Archenholz, Goethe, Schiller, Falk, Pfeffel, Salis, Matthisson, Tieck, Tiedge usw. und eine Menge von Reisebeschreibungen und geschichtlicher Werke. Aber man wollte nur Romane lesen, besonders Ritterromane, welche damals an der Tagesordnung waren, wie denn die Geistergeschichten von Spieß, und Cramers Werke, unter seinem Birnbaum geschrieben, so stark verlangt wurden, daß ich mehrere Exemplare davon aufstellen mußte, währenddem die obengenannten Schriftsteller mit Staub bedeckt waren. Jetzt kannte ich meine Leute, und von nun an sorgte ich mehr für ihren Geschmack."

Zu den allgemeinen Schwierigkeiten treten in Deutschland besondere, die mit der politischen und sozialen Situation zusammenhängen. Die Zersplitterung in Klein- und Mittelstaaten hemmt die Ausbildung einer allgemeinen Literatursprache, verweigert der Dichtung die großen nationalen Gehalte, bannt die Dichter in ein Winkeldasein: „Indem der Deutsche schreiben muß, um Professor zu werden, geht der Engländer zur See, um Erfahrungen zu sammeln", wie Justus Möser, der Freund der Stürmer und Dränger sagt. Trotz allem waltet im ganzen Jahrhundert ein leidenschaftlicher Wille zur Überwindung des Provinzialismus in Deutschland, und der Weg von Gottsched zu einer Klassik von weltweiter Wirkung am Ende des Jahrhunderts zeigt, wie die Enge der Verhältnisse auch zu einer Konzentration aller Kräfte im Geistigen führt, die unter günstigeren äußeren Bedingungen vielleicht stärker im politischen oder ökonomischen Feld Ausdruck gesucht hätten.

Bürger und Adlige als Sujets

Mit wachsendem Selbstbewußtsein des Bürgertums will es seine Sphäre auch literarisch ernstgenommen sehen. Während das Barock die Tragödie und den Roman hohen Stils Fürsten und Adeligen vorbehielt und das Bürgertum sowie die unteren sozialen Schichten auf die Komödie und den Schelmenroman beschränkte, verwischen sich jetzt die Grenzen in England, wo die Emanzipation des Bürgertums am weitesten fortgeschritten ist, entsteht der seriöse bürgerliche Roman Samuel Richardsons und als dessen Entsprechung im Felde des Dramas das bürgerliche Trauerspiel. Es erweitert den Umkreis des Tragödienpersonals um den Bürger als Helden mit der Begründung, die Gattung gewinne so eine größere Allgemeinverbindlichkeit. In Frankreich, wo sich die klassische Tradition der höfischen Tragödie als übermächtig erweist, etabliert die Komödie als Comédie larmoyante, zu deutsch „rührendes Lustspiel", ein teils heiteres, teils sentimentales Bild der bürgerlichen Welt, und die entsprechende Veränderung vollzieht sich mit dem Schelmenroman, der ursprünglich die Schlechtigkeit der Welt überhaupt gedeutet hatte. Er wird in bürgerlicher Haltung weltoffen. Der humoristische Roman der Renaissance – *Don Quijote* mit seinem Abgesang auf das Rittertum, auch Rabelais' *Gargantua* und *Pantagruel* mit seinem den Menschen doch bejahenden universalen Spott, in dessen Wendung gegen sich selbst und das Publikum der Erzähler als Subjekt heraustritt, werden neu rezipiert. Bei alledem entstehen die Misch- und Neuformen des sogenannten mittleren Romans, die insgemein aus dem traditionellen, ständisch verankerten Schema ausbrechen, sei es, indem sie den adligen Helden seiner Vorbildlichkeit berauben oder mit bürgerlichen Gesinnungen ausstatten, sei es, indem sie den bürgerlichen Schelm aufwerten und ihm menschliches Gewicht geben. Diese Entwicklung bahnt sich in Deutschland im spätbarocken Trivialroman an und vollzieht sich in England und Frankreich auf hohem literarischem Niveau, so etwa im französischen Sittenroman des Abbé Prévost d' Exiles (1697–1763; *Histoire du chevalier des Grieux et de Manon Lescaut*) oder Marivaux' (1688–1763).

Bei der Darstellung des Bürgerlichen geht es zunächst um die Konsolidierung und Propagierung von Werten der Menschlichkeit und des Gemüts, in denen der Bürger sich dem Adligen gleichstellt; die Figuren des bürgerlichen Trauerspiels können deshalb durchaus dem Adel angehören, wenn nur ihr Lebensstil bürgerlich ist: so schon der „Sir" Sampson in *Miss Sara Sampson* von Lessing, dem ersten deutschen bürgerlichen Trauerspiel. Ein intimer Bezirk der Familie und der Familiarität tritt meist deutlicher vor Augen als die Berufswelt, bis dann – etwa mit Lessings *Emilia Galotti* – der so zu sich selbst gekommene Stand in seiner Konfliktlage zum Hof dargeboten wird. Häufiger als die meist utopische Züge tragende Etablierung des Helden als Reformators des Hofes – so in Wezels *Herrmann und Ulrike* – ist der Rückzug aus der großen Gesellschaft in kleine Liebes- und Freundschaftsbünde oft auf dem Lande: im Bereich des Dramas etwa in *Minna von Barnhelm,* als Tendenz bei Graf Appiani, Graf Egmont, Karl Moor, Bourgognino in *Fiesco,* Max Piccolomini; im Bereich des Romans in Gellerts *Schwedischer Gräfin,* Pfeils *Geschichte des Grafen von P.,* Knigges *Peter Clausen,* Goethes *Werther* u. ä.

Der Verklärung des Hofes hatte der spanische Jesuit BALTHASAR GRACIAN (1601–1658) schon im Barock das düstere gemeineuropäisch rezipierte Bild höfischer Bosheit und Intrige entgegengestellt, denen der Hofmann mit ständigem Mißtrauen, in gespannter Selbstbewahrung begegnen müsse. Die Kritik des Hoflebens aus der Innensicht geht im 18. Jahrhundert in die Kritik von außen über. Dabei werden die Ständefronten zuerst als moralische Fronten bewußt; die Kritik richtet sich schärfer gegen den Umkreis des Fürsten als gegen diesen selbst, der häufig sogar ausgespart wird. *Der Bürger definiert sich weniger durch seine soziale Stellung, mehr durch seine Moralität im Verhältnis zu aristokratischer Unmoral. Der adelige Verführer* bürgerlicher Unschuld ist eine *Lieblingsfigur* der Dichtung. „– mit Buhlschaften dien' ich nicht! Solang der Hof da noch Vorrat hat, kommt die Lieferung nicht an uns Bürgersleut'!" begehrt in *Kabale und Liebe* der alte Musiker Miller gegen den Prädidenten auf, und sogar der vom Schelmenroman herkommende Heldentypus in seiner moralischen Fragwürdigkeit kann sich bei Hofe noch als Unschuldskind erweisen – so Knigges *Peter Clausen.* Goethe schildert diese Zeitströmung mit ihren Ausläufern zur Trivialdramatik in *Dichtung und Wahrheit* ironisch: „Von dieser Zeit an wählte man die theatralischen Bösewichter immer aus den höheren Ständen; doch mußte die Person Kammerjunker oder wenigstens Geheimsekretär sein, um sich einer solchen Auszeichnung würdig zu machen. Zu den allergottlosesten Schaubildern aber erkor man die obersten Chargen und Stellen des Hof- und Ziviletats im Adreßkalender, in welcher vornehmen Gesellschaft denn doch noch die Justitiarien, als Bösewichter der ersten Instanz, ihren Platz fanden": Die untergeordneten Intriganten, Wurm etwa in *Kabale und Liebe,* sind korrumpierte Bürger.

Gerade weil das Bürgertum dazu neigt, seine Ideale und Normen nicht als schichtenspezifisch, sondern als allgemein-verbindlich zu formulieren – von hier aus gewinnen Schlagworte wie *Menschlichkeit, Humanität,* ihre Durchschlagskraft –, *können Adel und Hof nicht nur am Maße des Bürgertums gemessen und von ihm aus kritisiert werden, sie können umgekehrt auch als Träger bürgerlicher Zielvorstellungen Verwendung finden* – zum moralisch bösen Adeligen gehört als Pendant der aufgeklärte, im bürgerlichen Sinne moralisch gute. Einmal ist hier ein wichtiges Phänomen der gesellschaftlichen Wirklichkeit der Zeit erfaßt, die eben den verbürgerlichten Adeligen ebenso kennt wie den aufgeklärten Absolutismus oder die verbürgerlichten Musenhöfe etwa in Kopenhagen, Weimar, Darmstadt, Karlsruhe. Es gehört zum Bild Deutschlands im 18. Jahrhundert, daß auch politisch extreme Aufklärer Rückhalt bei deutschen Aristrokraten fanden – so der Journalist Wilhelm Ludwig Wekherlin beim Fürsten Ernst von Oettingen-Wallerstein, der Illuminat Adam Weishaupt beim Herzog Ernst von Gotha, der Journalist und Deklamator Karl Ignaz Geiger beim Grafen von Erbach. Es findet sich in Deutschland sogar ein Herzog, nämlich Friedrich Christian zu Schleswig-Holstein (1765–1814), der für die Abschaffung des Erbadels eintritt und mit der Französischen Revolution sympathisiert. Damit ist aber noch nicht hinreichend erklärt, wieso aufgeklärte Herrscher, aufgeklärte Aristokraten eine geradezu zentrale Stellung in der bürgerlichen Literatur des 18. Jahrhunderts einnehmen können – von dem adeligen Tellheim, der mit seinem bürgerlichen Wachtmeister Werner befreundet ist, und Minna von Barnhelm, die den aristokratischen Ehrenkodex relativiert, über den Grafen Appiani, den Sultan Saladin, den Grafen Moor, der die Republik herstellen will, Ferdinand von Walter, Don Karlos, König Thoas, den Grafen Egmont, Götz von Berlichingen, Marquis Posa bis hin zu Sarastro und Bassa Selim.

Die Funktionen, die solchen Projektionsfiguren bürgerlicher Idealvorstellungen zugewiesen werden, sind mannigfaltig. Es wird mit ihnen, etwa in Vossens Idylle *Die Freigelassenen,* Propaganda für eine Reform von oben gemacht, die von unten nicht durchgesetzt werden kann – hier liegt eine Analogie zur Ideologie des aufgeklärten Absolutismus vor, der viel für das Volk, aber nichts durch das Volk tun wollte. Aufgeklärte Adelige haben weiter die Funktion, die Überparteilichkeit bürgerlicher Ziele zu demonstrieren. Wenn der Major von Walter die allgemeinmenschlichen Rechte des Herzens gegen den Adelsbrief ausspielt, hat das eine doppelte Überzeugungskraft. Adelsfiguren wie Götz von Berlichingen schließlich haben historischen und sozialen Spielraum zur Darstellung bürgerlicher Lebensideale wie der allseitigen Ausbildung der Persönlichkeit – noch Wilhelm Meister sieht sie als Adelsvorrecht an – und zur Herstellung von Öffentlichkeit und politischer Praxis, die dem Bürgertum der Zeit versagt sind.

Dabei zeigt sich an Götz von Berlichingen oder Ferdinand von Walter auch, daß literarische Darstellungen hohen Ranges die Projektion an die Realität anknüpfen; bei Götz von Berlichingen etwa wird in der

Ausfaltung des Spielraumes schon dessen tragische Zerstörung exponiert, so daß hier prozessual ausgewickelt erscheint, was als Entwicklungshemmnis in der realen Situation der Zeit in dumpfer Zuständigkeit verhüllt bleibt; bei Ferdinand von Walter wird im bürgerlichen Programm des adeligen Helden ein höchst aristokratischer Verfügungsanspruch sublimiert, so daß der Idealgestalt des Adeligen zugleich seine Kritik eingezeichnet ist. Noch ein anderes ist die spielerisch-märchenhafte Verwendung des ritterlichen Stoffbereiches, bei der die Diskrepanz zwischen ritterlicher Staffage und bürgerlichem Weltbild ironisch zur Geltung gebracht wird. Nur auf die Trivialebene – etwa in der sich an den Erfolg des *Götz* anheftenden Schauer- und Ritterdramatik – wird eine unverbindliche, lediglich kontrastierende Welt entworfen, in der sich der bürgerliche Stubenhocker im Blick auf die Schattengestalten einer ganz anderen, heroischen Tatwelt von der Enge und Prosa seines Lebens erholt. Immerhin fällt noch bei der hochironischen Schilderung der theatralischen Lesegesellschaft in Wilhelm Meister, die sich an Punsch und Ritterdramatik berauscht, das Stichwort von der „Treuherzigkeit, Rechtlichkeit und Redlichkeit" sowie der „Unabhängigkeit der handelnden Personen". „Jedermann war von dem Feuer des edelsten Nationalgeistes entzündet" – ein patriotisches Pfingstfest ganz anderer Art, als es Friedrich Karl von Moser in seiner Schrift *Von dem deutschen National-Geist* vorschwebte.

III

Von der Lust zu lesen

„Hofmeisterliche Lees Bibliothec, in Zürich an der Roosengaß".

„Die Buchbinderin"

„Jahrmarkt zu Plundersweilen oder die große Buchhaendler Messe": ähnlich vergnüglich hat Goethe 1773 sein gleichnamiges Stück in Szene gesetzt wie hier der an den Engländern geschulte, unbekannte Karikaturist.

Der

Kinderfreund.

Ein Wochenblatt.

Ein und zwanzigster Theil.

Mit Römisch : Kayserl. und Churfürstl. Sächsischen allergnädigsten Freyheiten.

Leipzig,

bey Siegfried Lebrecht Crusius, 1781.

„Der Kinderfreund. Ein Wochenblatt" wurde herausgegeben von Christian Felix Weisse in Leipzig.

D. Joh. Jac. Rambachs,
Weyland Hochfürstlichen Hessen-Darmstädt. ersten
SUPERINTEND. PROF. THEOL. PRIMARII
und CONSISTORII ASSESSORIS,

Erbauliches
Handbüchlein
für Kinder,

In welchem enthalten

I. Die Ordnung des Heyls,
II. Die Schätze des Heyls,
III. Ein neues Gesang-Büchlein,
IV. Ein neues Gebet-Büchlein,
V. Exempel frommer Kinder,
VI. Christliche Lebens-Regeln,
VII. Nöthige Sitten-Regeln. Anietzo vermehret
VIII. Mit einem Unterricht von der Gefahr der Verführung,
IX. Mit einer Unterweisung vom heiligen Abendmahl, Beichten und Gevatterstehen.

Auch mit nöthigen Registern versehen.

Eilfte vermehrte und corrigirte Auflage.

Mit Königl. Pohln. und Churfl. Sächs. PRIVILEGIO.

LEIPZIG,
Verlegts Christoph FRIDERICI,
1750.

Johann Jakob Rambach „Erbauliches Handbüchlein für Kinder . . .“, Leipzig 1750

Critik

der

reinen Vernunft

von

Immanuel Kant,

Professor in Königsberg,

der Königl. Academie der Wissenschaften in Berlin

Mitglied.

Zweyte hin und wieder verbesserte Auflage.

Riga,

bey Johann Friedrich Hartknoch

1787.

Immanuel Kant: „Critik der reinen Vernunft". Riga 1787

A.W. IFLAND.

Theater=
Kalender,
auf das Schalt=Jahr
1784.

Gotha,
bey Karl Wilhelm Ettinger.

Bildnis August Wilhelm Iffland von A. Graff

PAUL RAABE

Aufklärung durch Bücher
Der Anteil des Buchhandels an der kulturellen Entfaltung in Deutschland 1764 – 1790

Das Jahr 1764 ist in der Geschichte des deutschen Buchhandels ein bekanntes historisches Datum. Es ist verknüpft mit dem Namen des Leipziger Buchhändlers und Verlegers Philipp Erasmus Reich, der seit 1762 Teilhaber der berühmten Weidmannschen Buchhandlung in Leipzig war, in deren Verlag seit 1759 das zweimal im Jahr erscheinende Verzeichnis neuer Bücher, der Leipziger Messekatalog, erschien.

Philipp Erasmus Reich, eine sich durch vielfältige Aktivität und Unternehmungslust auszeichnende Persönlichkeit, war ein ebenso kluger wie zupackender Kaufmann, der nach dem Hubertusburger Frieden mit eiserner Konsequenz die längst überfällige Reform des deutschen Buchhandels im Geiste der Aufklärung in Angriff nahm.

So war es ein spektakuläres Ereignis, daß dieser bekannteste Buchhändler seiner Zeit zur Ostermesse 1764 seinen Frankfurter Buchhandelsstand aufgab und die Frankfurter Buchmesse, die seit dem 16. Jahrhundert der Hauptumschlagplatz des Buches gewesen war, verließ. Dieser Demonstration folgte kurz darauf in Leipzig die Veröffentlichung eines „Circulars an die Herrn Buchhändler, welche die Leipziger Messe besuchen". Reich forderte darin die Gründung einer deutschen Buchhandelsgesellschaft, die einige Jahre später konstituiert wurde, die Leipziger Buchhändler zunächst zu einer Aktionsgemeinschaft gegen den süddeutschen Nachdruck zusammenschloß und zugleich den Nettohandel als neuen Handelsmodus einführte. Damit wurden der Leipziger Buchhandel und die Leipziger Messe endgültig zum Zentrum des deutschen Buchwesens.

Man muß sich die Situation um 1763/64 in Deutschland vergegenwärtigen, um das ganze Ausmaß dieser Veränderungen zu verstehen. Die politische Situation ist bekannt. Deutschland war im politischen Spiel der Mächte längst zur Provinz herabgesunken, und das galt auch für den gelehrten und kulturellen Bereich. Auf der Höhe spätmittelalterlichen Bürgertums hatte Gutenberg im 15. Jahrhundert die Buchdruckerkunst, die Möglichkeit, mit beweglichen Lettern Geschriebenes zu vervielfältigen, in Mainz erfunden. Deutsche Drucker trugen diese revolutionäre Tat menschlicher Erfindungsgabe im Geist europäischer Renaissance in die Welt hinaus und leiteten damit den Aufschwung humanistischen Denkens und Forschens ein. Wenn schließlich das Buch als Waffe in der politischen und religiösen Auseinandersetzung der Reformationszeit zwischen Wittenberg und Straßburg zum ersten Mal erprobt wurde, so spiegelt sich darin das ganze Ausmaß dieser ersten Revolution im abendländischen Buchwesen.

Zu Beginn des 18. Jahrhunderts war von diesem Pioniergeist der Büchermacher in Deutschland freilich nur noch wenig zu finden. Aus der Wirtschafts- und Handelsgeschichte ist hinlänglich bekannt, daß der Dreißigjährige Krieg einen unvorstellbaren wirtschaftlichen Niedergang zur Folge hatte, von dem sich vor allem Generationen von Buchhändlern und Buchdruckern über hundert Jahre hinaus nicht erholen konnten. Die Qualität der Papiere war schlecht, das Typenmaterial veraltet, das Druckbild ohne Anspruch, die Frakturschrift einfallslos und billig. Eine breitere Käuferschicht, die Bücher zu kaufen im Stande war, gab es nicht. Die Buchhändler arbeiteten für die Gelehrten, denen die Bücher Grundlage gelehrter Arbeit waren. Die Gelehrten waren Produzenten und Konsumenten zugleich, und die Buchhändler standen fast ausschließlich in ihrem Dienst.

Man kann sich diese Lage in Deutschland am besten veranschaulichen, wenn man sie mit der Situation in Holland, England und Frankreich vergleicht. Gewiß herrschte in dem französischen Königreich eine strenge Zensur, und die Bücher der französischen Aufklärung mußten in Holland oder in der Schweiz erscheinen, doch diese Bücher waren ebenso wie die wenigen, die die Pressen in Paris und anderen französischen Städten verließen, gefällig in Papier und Druck, anmutig in Illustration und Einband, kostbar und schön zum Lesen und zum Betrachten. In Holland wirkte die große Tradition der Druckkunst des 17. Jahrhunderts in den berühmten Offizinen von Elzevier und Enschede nach. Man kennt die umfangreichen historischen Quellenwerke und hervorragenden Atlanten neben den Kupferwerken und klassischen Textausgaben, die in den Niederlanden im 18. Jahrhundert gedruckt wurden. In Großbritannien wurde populärer Lesestoff längst in Büchern vermittelt. Der Buchdrucker trug zur Öffentlichkeit des Lebens in einer Form bei, wie sie in Deutschland unvorstellbar war. Eine Flut von Tagesschrifttum und Einblattdrucken wurde verbreitet, daneben wirkten Lesezirkel, Lesegesellschaften und Leihbibliotheken. Wenn man vom Strukturwandel der Öffentlichkeit spricht, so muß man sich die englische Situation besonders vergegenwärtigen. Dort trugen das Buch und der Buchdruck zur Demokratisierung schon im 18. Jahrhundert wesentlich bei.

In Deutschland dagegen blieben Buchdruck und Buchhandel weit zurück. Die altmodische Organisationsform mutete im Vergleich zu den anderen europäischen Ländern mittelalterlich an. Um 1750 war der Buchhandel der einzige Handelszweig, der noch den Tauschhandel ausübte. Auf den jährlichen Buchmessen in Frankfurt und Leipzig changierte man Bücher auf der Basis Bogen gegen Bogen. Nur der Verleger, der seine Bücher in Ballen mitbrachte, konnte so im Tauschverkehr neue Bücher anderer Verleger einhandeln. Selbstverständlich hatte es auch schon Einbrüche in dieses System gegeben, das ja einen einheitlichen Warencharakter, das gelehrte Buch, zur Voraussetzung hatte. Solange die meisten Bücher in lateinischer Sprache geschrieben wurden und die Folio- und Quartformate in den Drucken überwogen, war dieser Tauschhandel sinnvoll. Doch die Wirkung der frühen Aufklärung hatte zur Folge, daß seit 1700 das Lateinische als Gelehrtensprache rapide zu Gunsten des Deutschen zurückging. So ergab es sich von selbst, daß die Buchhändler einen breiteren Leserkreis erreichen konnten, für den infolgedessen auch in einer verständlicheren Sprache geschrieben wurde. Das brachte den Tauschhandel durcheinander, denn die Gleichung Buch gleich Buch konnte nicht mehr aufgehen. Schon vor Reichs Zeiten ging man teilweise zum Barverkauf über, was sich z. B. bei den Zeitungen, moralischen Wochenschriften und Journalen gar nicht anders einrichten ließ.

So war das, was Philipp Erasmus Reich in Leipzig mit der Reform des Buchhandels einleitete, eine Konsequenz aus der Entwicklung des 18. Jahrhunderts. Die Zeit zwischen 1764 und 1790 brachte große Umwälzungen und Umschichtungen im deutschen Buchhandel mit sich, die begleitet wurde von beträchtlicher Unruhe unter den Autoren und Händlern. Um 1790 war freilich eine Neukonsolidierung erreicht, der Übergang vom Tausch- zum Nettohandel vollzogen, der Ausgleich zwischen Nord- und Süddeutschland wieder hergestellt und sogar das Konditionssystem, das den Buchhändlern mehr finanzielle Absicherung brachte, erreicht.

In diesen Veränderungen, die sich auf dem deutschen Buchmarkt abzeichneten, kommen auch die Wandlungen des geistigen Klimas zum Ausdruck. Die ungeheure Zunahme der Buchproduktion im 19. Jahrhundert war nur denkbar vor dem Hintergrund buchhändlerischer

Reformen, die sich noch ganz in den merkantilistischen Vorstellungen und Grenzen bewegten. Man hat aber voran zu schicken, daß erst 1764 mit 1200 neuen Titeln pro Jahr der Stand wieder erreicht wurde, den der Buchhandel 150 Jahre zuvor um 1600 tatsächlich gehabt hatte. Allein daran läßt sich schon der Verfall des Buchwesens im 17. und frühen 18. Jahrhundert ermessen.

Nun, nach dem Siebenjährigen Krieg, begann man in Deutschland mit beträchtlicher Verspätung die Ideen und praktischen Konzepte der europäischen Aufklärung zu rezipieren und weiterzutragen. Die Jahrzehnte vorher waren eine vorbereitende Phase im Vergleich zu dem Aufschwung geistigen und kulturellen Lebens nach 1764, der sich in der ständig steigenden Buchproduktion, in dem wachsenden Messebetrieb, in den neuen Buchformen, in der besseren Ausstattung der Bücher, an der Entstehung neuer Zeitschriften und kritischen Journale ablesen läßt. An den Reformuniversitäten in Halle und Leipzig und schließlich in Göttingen wurde die Aufklärung zum Gegenstand der geistigen Auseinandersetzungen, und der Buchhandel wurde ein wesentliches Instrument, mit dessen Hilfe die Ideen der Aufklärung in Deutschland Eingang und Verbreitung fanden. Ohne daß sie es wollten, wurden die Buchhändler, die ja dem Stand der Kaufleute angehörten, die entscheidenden Träger der neuen geistigen Bewegung, die Vermittler zwischen den schreibenden, aufklärenden Gelehrten, den Schriftstellern und den lernbegierigen und wissensdurstigen Lesern. Aufklärung wurde Mode, das Buch wurde populär. Je größer die Nachfrage bei dem lesenden Publikum wurde, umso größer mußte das Bücherangebot werden. Auf der anderen Seite: je mehr der Autor schrieb und der Buchhändler auf den Markt brachte, umso mehr fühlte sich der Kunde zum Kaufen veranlaßt. Je mehr man lesen wollte, umso mehr mußte geschrieben und produziert werden. Der Mechanismus der gegenseitigen Abhängigkeit von Produktion und Konsum führte in der Aufklärung zu einem Ausbau des vermittelnden Faktors, des Buchhandels. Die Notwendigkeit dieser Veränderungen erkannte Philipp Erasmus Reich.

Der Aufschwung des Buchhandels unter der Führung Leipzigs läßt sich in Zahlen leicht ablesen. 1765 erschienen nach der Auswertung der Messekataloge 1517 neue Bücher in 210 Firmen; 1790 waren es bereits 3222 Werke in 260 Verlagen. Geht man davon aus, daß die gesamte Buchproduktion wohl noch höher lag, so kann man von ca. 5000 Neuerscheinungen im Jahre 1790 sprechen. An diesen Zahlen läßt sich der Wandel belegen und auch der quantitative Anteil des Buchwesens an der kulturellen Entfaltung im letzten Viertel des 18. Jahrhunderts. Journallektüre und Büchernachdruck, Selbstverlag und Subskriptionswesen, Werther-Fieber und Lesesucht waren in diesen Jahrzehnten vieldiskutierte Themen. Darin spiegelt sich die populäre Stellung des Buches ebenso wie die Demokratisierung des Lesens.

Autor, Buchhändler und Leser waren – oft in gegensätzlichen Positionen – an diesem Prozeß beteiligt: die leitende Idee war der Zeitgeist, der Wunsch vieler Bürger in den Städten und auf dem Lande, mehr über die Welt und die Möglichkeiten, besser und angenehmer in ihr zu leben, zu erfahren. Der Nachfrage der Leser steht das Angebot und die Bereitschaft der Schriftsteller gegenüber, durch das Schreiben von Büchern und Zeitschriftenbeiträgen zu dem gewünschten und erhofften Nutzen beizutragen und auch die Unterhaltung, also das Lesen als Freizeitbeschäftigung, zu fördern. Aufklärung durch Bücher: so läßt sich dieser Wandel am knappsten bezeichnen.

In diesem von der Zeit geprägten Zusammenspiel fiel dem Buchhändler als Vermittler zwischen Autor und Leser die aktivste Rolle zu. Freilich ging das wie erwähnt nicht ohne eine Erschütterung und Veränderung des bisherigen Buchhandelssystems ab: die Ungleichwertigkeit der neuen Bücher, das Nebeneinander gelehrter Werke und populärer Literatur bedingte zwangsläufig den Übergang von Tauschgeschäft zum Nettohandel, den Reich energisch und rücksichtslos durchsetzte. Leipzig wurde zur Hauptstadt des deutschen Buchhandels. Diese Monopolstellung war zwar nie in Frage gestellt, aber sie wurde von einem Teil der Buchhändler, vor allem aus dem süddeutschen Raum, nach Kräften bekämpft. Die Vertrauenskrise des Buchhandels, die sich daraus ergab und die sich in dem blühenden Nachdruckgeschäft jener Zeit ebenso ausdrückte wie in den Emanzipationsbestrebungen der Autoren, führte dennoch nicht zu einem Niedergang des Buchwesens. Ganz im Gegenteil: Leipzig blühte als Bücherstadt auf. Jeder zehnte Verlag im damaligen Deutschland hatte seinen Sitz in Leipzig; die Stadt bot die günstigsten Voraussetzungen, denn abgesehen von der Messe, war Leipzig ohnehin eine reiche Handelsstadt, auch mit leistungsfähigen Druckereien, sie unterhielt darüber hinaus eine bedeutende Universität. Gelehrte, Buchhändler und Drucker konnten dort so zusammenwirken, wie es an keinem anderen Ort in Deutschland der Fall sein konnte.

Das drückte sich in den Produktionsziffern aus: in dem Lagerkatalog des Berliner Buchhändlers Friedrich Nicolai (1787) sind 26 % aller aufgeführten Titel Bücher aus Leipziger Verlagen. Der Anteil war bei den wichtigsten Werken so groß, wie die Buchproduktion aller übrigen deutschen Handels- und Residenzstädte – freilich mit Ausnahme Berlins – zusammengenommen.

In den siebziger Jahren wirkten in Leipzig 25 Verleger: ihre Zahl blieb relativ konstant, nicht aber die Produktion. Nach den Messekatalogen erschienen 1770 240 neue Bücher, 1790 waren es schon fast 500, also die doppelte Anzahl. Die Verleger bauten ihre Programme beträchtlich aus. Nicht nur Philipp Emanuel Reich brachte am Ende der siebziger Jahre fast 70 neue Werke zur Messe heraus, sondern über Nacht wurde Johann Friedrich Weygand als Verleger von Goethes „Werther" 1774 berühmt. Er hatte bis dahin jährlich eine Handvoll Bücher produziert, aber schon 1775 legte er 43 Neuerscheinungen zur Überraschung seiner Kollegen vor, und er holte Reich ein paar Jahre später fast ein. Aber auch ein Verleger wie Johann Heinrich Dyck publizierte 1775 allein 30 neue Werke. In den achtziger Jahren stand die Firma Breitkopf mit fast 50 Neuerscheinungen im Jahr an erster Stelle, und auch Siegfried Leberecht Crusius produzierte zwischen 40 und 50 Büchern Jahr für Jahr.

Es darf nicht der Eindruck entstehen, als ob die Entwicklung des Verlagswesens in Leipzig den Trend zum zentralen Buchhandel spiegelte. Das Gegenteil war der Fall. Die Landkarte des deutschen Buchwesens war genau so scheckig wie das Bild der Kleinstaaten. Für das Verlagswesen des 18. Jahrhunderts waren die 110 Städte, an denen 1770 produzierende Verleger wirkten, Stützpunkte eines dezentralen Verlags- und Aufklärungssystems.

1790 gab es bereits 180 Verlagsorte in Deutschland. Das zeigt noch mehr als die absolute Zunahme in der Buchproduktion die Ausbreitung des Buchwesens in Deutschland. Nach Leipzig nahm Berlin als Hauptstadt Preußens und als Stätte deutscher Aufklärung im Buchwesen einen ähnlichen Aufschwung wie Leipzig. Die 12 bis 15 ansässigen Buchhändler verdreifachten ihre Verlagsproduktion zwischen 1764 und 1788 von 126 auf 298 Titel pro Jahr. Die Nicolai'sche Buchhandlung war wohl die bekannteste, aber Christian Friedrich Voß, die Dekkersche Hofbuchhandlung, die Firmen Wever, Haude, Himburg und Pauli waren an dieser Bücherproduktion entscheidend beteiligt. Andere Residenzstädte wie Wien und Dresden nahmen eine ähnliche

Entwicklung. Man hat auch auf die vielen kleinen Residenzorte hinzuweisen, die vor allem Lokales produzierten: Gotha und Altenburg, Weimar und Mannheim, später auch Hannover und Stuttgart. Die Walthersche Hofbuchhandlung in Dresden, die Richtersche Buchhandlung in Altenburg, die Firma Ettinger in Gotha und die Hofmannsche Buchhandlung in Weimar waren wesentlich an der Verbreitung der Literatur beteiligt.

Ebenso wichtig wie die Residenzstädte waren die großen Handelsplätze, nach Leipzig vor allem Hamburg, Nürnberg, Breslau, in dieser Zeit auch noch Ulm, Augsburg und Bremen. Eine Auswertung von Friedrich Nicolais Lagerkatalog von 1787, der 5072 Titel umfaßt, zeigt, daß 43 % der Aufklärungsliteratur in den Handelsstädten erschien; an zweiter Stelle mit 33 % stehen die Residenzstädte. In den Universitätsstädten dagegen, die in den früheren Jahrhunderten die Hauptorte der Bücherproduktion waren, ermittelt man nur 11,5 % Anteil an der Gesamtproduktion. Nach wie vor behauptete unter diesen Universitätsorten Halle mit mehr als 10 Verlagen und mehr als 100 Neuerscheinungen pro Jahr den ersten Platz, gefolgt von Göttingen, wo neben der Firma Vandenhoeck vor allem Johann Christoph Dieterich als Buchhändler wirkte. Am Ende des Jahrhunderts wurden Erlangen, Gießen und Tübingen wichtiger. Königsberg, Marburg, Helmstedt dagegen verloren immer mehr an Bedeutung, trotz des Wirkens einiger bedeutender Philosophen der Zeit.

Zusammenfassend läßt sich feststellen, daß es in den siebziger und achtziger Jahren fast 300 Buchhändler gab, die in mehr als 100 Verlagsorten im Dienst der Aufklärung Jahr für Jahr mehr Bücher produzierten. Noch liegen verläßliche statistische Angaben nicht vor. Wenn man aber die Titelzahlen allein der Messekataloge zugrundelegt, die zahllosen Nachdrucke und Neuauflagen außer acht läßt und von einer Auflage von 1000 Exemplaren ausgeht, so umfaßte die Gesamtproduktion an Büchern in einem Zeitraum von 20 Jahren etwa 50 Millionen Bücher. Pro Jahr kamen also mehr als 2 Millionen Bücher in den Handel! So ist es verständlich, wenn man in damaliger Zeit von einer Bücherflut sprach. In den angenommenen Zahlen spiegelt sich der Geschmackswandel und vor allem die Expansion des Buchhandels unter dem Einfluß der aufklärerischen Propaganda.

An Hand der Verlagsprogramme einzelner Verleger läßt sich das nachweisen. Es war üblich, daß man Bücher für alle Leserkreise und aus allen Fachgebieten in einem Verlag herausbrachte. Da findet man das gelehrte Werk neben dem billigen Unterhaltungsbuch, die anspruchsvolle wissenschaftliche Darstellung neben dem populären Lehrbuch. Man produzierte ja für breite Leserschichten. Waren früher nur die Gelehrten die Käufer, so eroberte nun das Buch größere Bevölkerungskreise. Das damals viel geäußerte Unbehagen über den Buchmarkt lag an dem noch ungewohnten breiten Sortiment an Büchern für gelehrte und ungelehrte Leser: man verglich dieses mit dem althergebrachten Bücherangebot.

Am auffälligsten war in den siebziger Jahren der sich immer vergrößernde Anteil an schöner Literatur. Die Zahl der Neuerscheinungen kletterte von 48 im Jahre 1740 auf über 400 im Jahre 1780. Hinzu kam, daß diese Bücher bei steigender Nachfrage sicherlich in höheren Auflagen erschienen als früher. Wie populär die Romane und Schauspiele, Erzählungen und Gedichte in diesem Jahrzehnt waren, läßt sich an dem Erfolg von Goethes Briefroman „Die Leiden des jungen Werthers" ablesen. Es war der erste Bestseller auf dem deutschen Buchmarkt, der bereits eine Flut von Nachahmungen um den Kult des Werther-Fiebers auslöste.

Daneben nahm der Anteil an populärphilosophischen, moralischen, vor allem auch an praktischen Büchern beträchtlich zu. Insbesondere kamen die pädagogischen Schriften in Mode, und Autoren wie Basedow, Iselin und Lavater wurden zu beliebten Schriftstellern der Zeit, deren aufklärerische, in der Sprache des einfachen Mannes geschriebenen Bücher in vielen Häusern gelesen wurden. Historische Werke las man damals genau so gern wie Reisebeschreibungen und Predigtsammlungen.

Dem Nutzen und der Unterhaltung dienten auch die vielen anspruchsvollen literarischen Zeitschriften, die ebenfalls nach 1764 in Mode kamen: Wielands „Teutscher Merkur" (1773) und Boies „Deutsches Museum" (1774) stehen stellvertretend für diese monatlich in Heften herausgegebenen Zeitschriften mit einer Fülle von Artikeln aus allen Lebensgebieten, mit historischen und statistischen Beiträgen, vor allem auch mit poetischen Texten, Gedichten, Fabeln, Erzählungen, Romanen in Fortsetzungen, vielfach auch in Übersetzungen aus dem Englischen und Französischen.

Die Zeit der Moralischen Wochenschriften war vorüber, aber für den einfachen Mann gab es nach wie vor Wochenschriften zu lesen. Auch die Intelligenzblätter dienten der Unterhaltung eines breiten Publikums.

Wenn man das bunte Bild eines solchen ständig wachsenden Bücherangebots vor Augen hat, so versteht man die Stoßseufzer der Buchhändler, die einst gewohnt waren, nur die gelehrten Kompendien und soliden religiösen Schriften, neben einigen Handbüchern für Haus und Hof, zu verlegen und zu verkaufen. Nun spielten in dem Sortiment die auch weiterhin erscheinenden, freilich auch für eine breitere Leserschicht geeigneten theologischen und juristischen, medizinischen und philologischen Neuerscheinungen, aufs Ganze gesehen, nicht mehr die dominante Rolle. Der Buchhändler mußte sich auf diese Veränderung einstellen, ob er wollte oder nicht. Die meisten dachten sicherlich wie jener, der am 13. Mai 1784 in einem Brief von der Leipziger Ostermesse schrieb:

„Wo will das hinaus? Aber überzeugen Sie sich doch endlich einmal, daß auch wir Buchhändler noch viel mehr rufen und seufzen: Wo will das hinaus? Mit Schrekken sehen wir die fürchterlichen Ballen bedrukten Papiers ankommen; wir wissen ja wohl, daß der größte Theil darunter Makulatur ist, und doch müssen wir nehmen. So sonderbar ist die Lage keines Kaufmanns. Aber was sollen wir thun? Was Predigten und Romane und Schauspiele und Reisebeschreibungen heißt, ist nun einmal kurrente Waare, wenn auch jedem vernünftigen Menschen davor ekelt."

Populäre und literarische Werke also veränderten den Buchmarkt. Gutes wurde neben vielem Schlechten verlegt. Um die Lesesucht zu befriedigen, die die Menschen in Deutschland heimsuchte, bedurfte es immer neuer Titel. Der Leipziger und der norddeutsche Buchhandel stellte sich in den siebziger Jahren auf diese Umschichtung der literarischen Nachfrage unter der Wirkung der Aufklärung ein. Man beschäftigte zur Verbreiterunq des eigenen Verlagsprogrammes mehr Autoren und verstand es, die Ware an den Mann zu bringen.

Was Norddeutschland auszeichnete, galt weniger für den süddeutschen Raum. Die Aufklärung setzte dort erst mit noch größerer Verspätung ein und fand mehr Gegner als Förderer. Das erschwerte die Arbeit der Verleger, die ohnedies durch den Verlust des nahen Frankfurt, des Hauptumschlagplatzes des Buchhandels in früherer Zeit, und durch die zunehmenden Kosten des Transports und Zolls bei umfangreicheren Warensendungen in Nachteil gerieten. Da die Zentren der Aufklärung in Norddeutschland lagen, waren Verlagsorte wie Leipzig, Berlin und Halle in beträchtlichem Vorteil. Um an der Produktion populärwissenschaftlicher und literarischer Werke zu partizipieren und den neugierigen Kunden den Zugang zu den modischen Schriften der Aufklärung zu ermöglichen, unterstützten die süddeutschen Buchhändler den dort, in Österreich und der Schweiz schnell um sich greifenden Nachdruck. Wenn sich auch die Verleger in Leipzig zur Wehr setzten, unterstützt von den Autoren, die sich um ihren Lohn gebracht sahen, so konnten sie diese unrechtmäßige, aber durch keine Bestimmung ungesetzliche Gefährdung des ordentlichen Buchhandels nicht verhindern. In zahllosen Artikeln wurde die Unsitte des Raubdrucks diskutiert, doch man war machtlos, zumal der Deutsche Kaiser in Wien den Nachdruck unterstützte, um sein ehrgeiziges Reformprogramm, die Aufklärung der Bevölkerung, zu ermöglichen. Sieht man ab von den Nachteilen, die vielen Autoren tatsächlich durch die Nachdrucker erwuchsen, so trug auf der anderen Seite die ungesetzliche Vervielfältigung entscheidend dazu bei, ein Werk populär zu machen und es weit zu verbreiten. Ohne den Nachdruck, so sollte man schließen, wäre die schöne Literatur nie so bekannt geworden, wie in jenem Jahrzehnt. Der Nachdruck förderte, auch wenn er moralisch nicht zu rechtfertigen ist, ganz entscheidend die Verbreitung des Aufklärungsgutes.

Die fehlende gesetzliche Grundlage, der Schutz des geistigen Eigentums, der uns heute als Urheberrechtsschutz selbstverständlich erscheint, fiel insbesondere zum Nachteil der wehrlosen, ungeschützten Autoren aus. Während der Originalverleger immer noch Wege finden konnte, den Gewinn aus der ersten Auflage einer Veröffentlichung abzuschöpfen, war es für den Schriftsteller viel schwieriger, sich zu behaupten. Das führte in den siebziger Jahren, in denen sich die Nachdruckskonkurrenz am stärksten auswirkte, zu Auseinandersetzungen zwischen Autoren und Verlegern. Manche Schriftsteller versuchten, ihre Werke auf eigene Kosten im Selbstverlag oder auf dem Wege der Subskription zu publizieren. Klopstocks Herausgabe seiner „Gelehrtenrepublik" (1774) ist ja das bekannteste Beispiel. Doch fast alle Versuche dieser Art, über die in den Zeitschriften damals diskutiert wurde, blieben ohne Erfolg. Nach dem Scheitern der Gelehrten-Buchhandlung in Dessau (1784) versuchten die Autoren, sich fortan mit den Verlegern zu verständigen.

Der Kampf der Schriftsteller um ihre Rechte, wie er in den siebziger Jahren oft leidenschaftlich geführt wurde, hatte eines sicherlich zur Folge: der neue Berufsstand der Schriftsteller wurde künftig von den Buchhändlern als Partner respektiert. Das waren nicht mehr die weltfremden, von den Verlagen abhängigen Gelehrten, sondern Autoren, die ihre Aufgabe in der Förderung des Allgemeinwohls sahen. Sie wollten an der Verbreitung des Wissens, an der Verbesserung menschlicher Zustände und an der Stiftung allgemeinen Nutzens mitwirken. Sie stellten ihre schriftstellerische Arbeit in den Dienst des Versuchs, durch moralische, belehrende oder unterhaltende Beiträge die Bürger aller Schichten an diesem Aufklärungsprozeß zu beteiligen.

Wie groß dieser Berufsstand war, kann man an Hand des ersten deutschen Schriftstellerlexikons ablesen, das bezeichnenderweise erst 1768-1770 zum ersten Mal herauskam. Erst die 2. Auflage von Johann Georg Meusel's Werk, betitelt „Das gelehrte Teutschland oder Lexikon der jetzt lebenden teutschen Schriftsteller", erschienen 1772, konnte einigermaßen vollständig sein. Es verzeichnete bereits über 3000 Autoren, eine Zahl, die in der folgenden Auflage von 1776 bereits mit 4306 angegeben wurde. Man muß sich diese Zahlen vergegenwärtiqen, um die Ausbreitung der Schriftstellerei nach dem Siebenjährigen Krieg abschätzen zu können.

Ein Heer von Schriftstellern war in den siebziger Jahren tätig und schrieb die populären und unterhaltenden Bücher für die Bürger aller Schichten, verfaßte die Tausende von Zeitschriftenartikel, die in den Monats- und Wochenschriften erschienen, redigierte, übersetzte und rezensierte die Bücher anderer Autoren. Da war es angesichts dieser Schreibsucht, die Schiller auf das ganze „tintenklecksende Säkulum" übertrug, kein Wunder, daß allzuoft die Quantität vor der Qualität rangierte, daß Triviales und Plattes produziert und gedruckt wurde und den Stand der Schriftsteller, besonders bei den Gelehrten und Buchhändlern, mehr in Mißkredit brachte, als dies aus der historischen Distanz gerechtfertigt erscheint. In der Pionierzeit der deutschen Spätaufklärung waren solche Entwicklungszüge kaum vermeidbar: dennoch war der Anteil solide arbeitender, unermüdlich für die Selbstbestimmung des Menschen tätiger Autoren beträchtlich groß.

Freilich: wir identifizieren die Zeit zwischen 1763 und 1790 vor allem mit der literarischen Oberschicht, die durch Sprache und Stil Niveau und Richtung der deutschen Literatur bestimmte. Schriftsteller wie Lessing und Klopstock, Hamann und Wieland standen im Zenit ihres Ruhms. Daneben formierte sich die erste literarische Jugendbewegung: die Verehrer Klopstocks bildeten zu Beginn der siebziger Jahre den „Göttinger Hain", und die mitteldeutschen Erzähler und Dramatiker wurden in der Gruppe als „Sturm und Drang" ein paar Jahre später zu

Erneuerern deutscher Dichtung. In dem Jahrzehnt, in dem die Aufklärungsschriftstellerei in Deutschland blühte wie nie zuvor, erlebte die poetische deutsche Literatur ihre erste folgenreiche Blütezeit: Goethe und Herder, Bürger und Claudius, Klinger und Lenz gaben ihr literarisches Debüt in dieser produktiven Phase eines Dezenniums, in dem Goethes „Götz" und „Werther", Wielands „Abderiten" und Lessings „Nathan" erschienen. Man verbindet mit diesen Jahren das Aufsehen, das Boies und Vossens Musenalmanache, der „Wandsbeker Bote" von Matthias Claudius, Lavaters „Physiognomische Fragmente", Basedows „Elementarwerk" und Herders „Ideen zu einer Philosophie der Geschichte der Menschheit" erregten.

Unter der Wirkung von Goethes „Werther" und Millers „Siegwart" wurde der Roman in diesen Jahren als fiktionale Form der Weltbeschreibung populär und zugleich vorbildlich. Es ist bemerkenswert, daß man in dieser Zeit der Lesewut mit großem Vergnügen Dramen, Erzählungen und Gedichte las. Die Wirkung der schönen Literatur übertrug sich offenkundig auf viele Leserschichten.

Vor diesem Hintergrund ist das Tagewerk der zahllosen Schriftsteller zu sehen, die in gemeinverständlicher Sprache in pädagogischen und moralischen, philosophischen und religiösen, historischen und ökonomischen Schriften Aufklärung betrieben, Tagesliteratur produzierten, die, längst vergessen, entscheidend die Bewußtseinsbildung des Bürgertums in den Städten und – in schwachen Anfängen – der Bauern auf dem Lande einleiteten. Über die Existenzbedingungen dieser Autoren wissen wir noch allzuwenig. Die Lebensformen Klopstocks und Wielands, Lessings und Goethes gelten als Musterbeispiele für die Grenzen des „freien Schriftstellers". Aber dies läßt sich kaum auf das ganze Heer der Aufklärungsschriftsteller übertragen: sie waren frei nur in der Freiwilligkeit ihres schriftstellerischen Tuns und in der Freiheit des Wortes, soweit es die sich allmählich lockernde Zensur zuließ. Von der Feder allein lebten wohl nur wenige, die man damals „privatisierende Gelehrte" nannte. Im übrigen gingen die Schriftsteller bürgerlichen Berufen nach. Einen großen Anteil hatten die an den Universitäten unterrichtenden Gelehrten, die sich nicht nur in der deutschen Sprache seit einer Generation übten, sondern sich sogar in der populären Sprache versuchten. Aktiv waren die Professoren an den Reformuniversitäten, die sicherlich oft auf Drängen und im Auftrage der ortsansässigen Buchhändler schrieben.

Selbstverständlich waren die Geistlichen, die Pfarrer und Prediger, die es gewohnt waren, jede Woche eine Predigt niederzuschreiben, an der Aufklärungsschriftstellerei beteiligt. Es entstand eine weltliche moralisierende Tagesliteratur aus der Feder dieser Theologen. Viele von ihnen brachten Jahr für Jahr ein neues Buch heraus.
Hinzuweisen ist auch auf den Stand der Pädagogen, der daran interessiert war, daß seine neuen Erziehungsmethoden und -ziele auch in Schriften Verbreitung fanden. Ohne diese pädagogische Aufklärungsliteratur hätte die philantropische Bewegung sicher nicht eine so große Popularität erhalten.

Im übrigen standen sehr viele Autoren im Dienste eines Fürsten oder eines Magistrats. Sie waren leitende Beamte in der Verwaltung und in den Gerichten, in den Konsistorien und auch in den Kabinetten: Hofräte und Kanzleiräte, Gerichtsassessoren und Advokaten, Kabinettsekretäre und Stadtschreiber. Sie verstanden es zweifellos am besten, über soziale und ökonomische, kameralistische und finanzielle Fragen zu schreiben und ihre Leser aufzuklären. Vielfach zogen es diese Autoren vor, ihre Manuskripte anonym drucken zu lassen, um ihre Ideen umso offener äußern zu können.

Insgesamt war es also die Schicht der akademisch gebildeten, in öffentlichen Ämtern wirkenden Professoren und Theologen, Beamten und Juristen, die den literarischen Markt belieferte und ihre Berufserfahrungen in ihre Publikationen einbrachte. An der literarischen Produktion waren auch einige Adlige und Offiziere, gelegentlich auch wohl Kaufleute und selbst Buchhändler beteiligt, doch dies waren Ausnahmen. Aufs Ganze gesehen schrieb eine geschlossene bürgerliche Oberschicht, die im Berufsleben stand, und wirkte so in der Spätphase des Absolutismus an der Verbreitung der Aufklärungsidee. Sie nahm ihre Emanzipation tatkräftig und wirkungsvoll in die Hand. Die Folge war das schon beschriebene vielgestaltige und reichhaltige Bücherangebot in den Buchläden der Städte. Die Bücher selbst waren in ihrem Äußeren gefälliger geworden, handlicher im Format. Das entsprach auch der Simplizität der Sprache. Viele Drucker bemühten sich um ein besseres Druckbild. Sie wählten mehr Durchschuß, verwendeten Kapitelüberschriften und suchten auch besseres Typenmaterial zu verwenden. Insbesondere waren die Kupferstiche als Illustrationen beliebt: es war die Zeit, in der nicht nur Daniel Chodowiecki berühmt war. Daß es daneben auch unansehnlich Gedrucktes gab, ist bei der Hektik und bei der Belastung der Druckereien allzuoft verständlich. Es zeichnet sich eine Krise ab. Das herkömmliche Druckergewerbe konnte schwerlich mit den steigenden Aufträgen fertig werden, und Neuerungen im technischen Bereich gab es nicht. Man setzte und druckte wie zu Gutenbergs Zeiten, also mit veralteten, den Erfordernissen der Zeit nicht mehr entsprechenden Praktiken. Es dauerte aber noch Jahrzehnte, ehe hier unter dem Druck der Verhältnisse eine Veränderung eintrat.

Autoren, Buchhändler und Drucker richteten sich auf eine veränderte Bewußtseinslage der Käuferschichten ein: ein offenkundig gegenüber früher erweiterter Kreis des Publikums erwartete von Jahr zu Jahr neue Bücher. Das Interesse und auch die Neugier der Öffentlichkeit mündete ein in die „Lesewut" und „Lesesucht" eines großen Publikums. Der Feldzug der Schriftsteller unter dem Banner der Aufklärung, so möchte man schließen, eroberte das Bürgertum. Die Auseinandersetzung um die Begriffe und Erscheinungsformen des Lesehungers und Lesefiebers, wie sie in den Zeitschriften und Büchern der siebziger und auch noch der achtziger Jahre in Deutschland geführt wurde, zeigt, daß die Leserevolution, von der man zu Recht spricht, ein ganz unerwartetes Phänomen in der gesellschaftlichen und kulturellen Situation jener Jahrzehnte darstellte.

Über Jahrhunderte waren Bibel und Postille, Kalender und Katechismus die einzige Lektüre in der Familie gewesen. Bücher waren für die Gelehrten da, aber nicht für jedermann. Nun änderten sich die Verhältnisse: die Hausfrau und die Dienstmagd, die Kinder und auch der Hausvater selbst fanden an der Lektüre neuer Bücher und Journale Gefallen, sie lernten aus den Schriften unbekannte Verhältnisse kennen, sie sahen sich in ihrem Tun bestätigt oder in ihrer Hoffnung gestärkt, sie sammelten Erfahrungen aus der Lektüre, sie sahen die Welt in den Büchern gespiegelt, sie erlebten Abenteuer und menschliche Schicksale, sie sahen ihre Phantasie geweckt und ihre Neugier befriedigt. Sie lernten aus den Büchern fremde Länder und Sitten kennen und sammelten Lebenserfahrungen aus dem Umgang mit den Büchern. Kurz, das Bürgertum des 18. Jahrhunderts wurde mit Hilfe der Bücher zum vernünftigen Denken erzogen. Was ihm im politischen Leben versagt war, konnte es in der Lektüre aufholen. Das Buch wurde also immer mehr zu dem verlockenden Unterhaltungsstoff und dem anregenden Lehrmittel einer rasch anwachsenden Leserschicht. Was früher nur dem Gelehrten als Handwerkszeug diente, wurde in den Händen der Bürger zu einem nützlichen und angenehmen Instrument der Bildung und der Unterhaltung.

Die im Berufsleben stehenden Beamten und Ärzte, Theologen und Juristen erweiterten mit Hilfe der Lektüre ihre Kenntnisse. Die führende Bürgerschicht war Produzent und Konsument des Buches zugleich. Aber auch Kaufleute und selbst Handwerker zogen immer mehr Bücher zu Rate. Ihnen war die Journallektüre besonders willkommen. Sie konnten die kurzen Artikel „am Abend eines in rastloser Tätigkeit verlebten Tages" bequemer zur Kenntnis nehmen als umfangreiche Bücher, zu deren Studium oft die Muße fehlte.

Gegenstand heftiger Kritik wurde die ungewohnte „Frauenzimmerlektüre". Die lesende Frau war dem Manne, der sich über die Romansucht ebenso moralisch entrüsten konnte, wie über die „Putzsucht" seiner Frau oder seiner Tochter, ein unangemessener Anblick und ein ständiges Ärgernis, was freilich nur eine kommerzielle Förderung des Angebotes an Frauenzimmerbibliotheken, an Romanen für Frauenzimmer und junge Mädchen in jener Zeit zur Folge hatte.

Der Streit zwischen überkommenem Brauch und neuer Mode betraf auch die Jugendlektüre. Seit den siebziger Jahren gab es nicht nur Almanache und Zeitschriften für das weibliche Geschlecht, sondern auch die ersten Wochenschriften für Kinder und Romane und Erzählungen für die heranwachsende Jugend. Joachim Heinrich Campes „Robinson", erschienen Ende der siebziger Jahre, ist das Musterbeispiel für diese Aufklärungsbewegung im Zeichen des Philanthropinismus.

Die Lesekritik, die in der damaligen Zeit angesichts der Auswüchse berechtigt war, kann nicht darüber hinwegtäuschen, daß die Lesefähigkeiten weiter Bevölkerungskreise eine Folge dieser stürmischen Entwicklung des Buchmarktes war. Wenn auch allzuoft betriebsame Autoren und geschäftstüchtige Buchhändler miserable Bücher herausgaben, so war dennoch, aufs Ganze gesehen, das Lektüreangebot, wie immer es inhaltlich war, eine Schule des Lesens, der Lernprozeß einer verspäteten Aufklärung in einem Land, das mittelalterliche Formen manchmal noch bis ins 18. Jahrhundert tradierte.

Das Lesen förderte die Gemeinschaft. Da Bücher teuer waren und das Interesse an extensiver Lektüre in weiten Kreisen groß war, schlossen sich in den siebziger Jahren Bürger mit gleichen Interessen zu Lesegesellschaften zusammen, einer Sozietätsform, die es vorher kaum gab.

Nach einigen Vorreitern entstanden in den siebziger Jahren in vielen Städten in größerer Zahl Lesezirkel und Lesebibliotheken, Lesegesellschaften also, in denen sich Bürger mit gleichen Interessen zur gemeinsamen Erwerbung von Büchern zusammentaten, die dann unter den Mitgliedern kursierten. Vielfach hatte man unter der Leitung eines Direkteurs, oft eines kundigen Buchhändlers, ein Lokal gemietet, so daß man in einem Lesezimmer auch die neuesten Zeitschriftenhefte einsehen und die Bücher ausleihen konnte, die nicht mehr in Umlauf waren. Man gab sich Statuten, in denen Ausleihe und Rückgabe der Bücher geregelt wurde. Die Bürger trafen sich zu gemeinsamen Gesprächen und Diskussionen. Man sah ganz neue Möglichkeiten, an den Weltereignissen teilzunehmen und sich vor allem Kenntnisse anzueignen und Erfahrungen zu sammeln. Aufklärung wurde in diesem Sinne durch bürgerliche Selbsthilfe gefördert.

Man hat bisher über 150 neue Lesegesellschaften in den siebziger und achtziger Jahren ermittelt. In einer Zeitschrift von 1782 heißt es: „Unsere Lesegesellschaften mehren sich von Tage zu Tage. Da ist keine Stadt, kein Städtchen, wenigstens in unserem Niedersachsen, so viel ich weiß ohne Lesegesellschaft".

Der Kreis der an einer Lesegesellschaft beteiligten Bürger war von Ort zu Ort verschieden. Es schlossen sich die Honoratioren verschiedener Interessen zusammen, oder man beschränkte sich auf die Lektüre von Fachliteratur; in manchen Lesegesellschaften las man nur Zeitschriften, in anderen schloß man Romanlektüre von vornherein aus. Umgekehrt aber konnte die schöne Literatur Anlaß zur Gründung einer Lesegesellschaft sein.

In jedem Fall förderte diese Form die Geselligkeit, das allgemeine Wissen, das gemeinsame Wirken, die politische Bildung. Die Lesegesellschaften wurden vorzügliche Instrumente zur Förderung bürgerlichen Selbstbewußtseins in einer Zeit des Ausgeschlossenseins von politischer Wirkungsmöglichkeit. Das Buch bewährte sich als Mittel der Aufklärung.

Vielfach entstanden in Städten und auf dem Lande Lesegesellschaften als Reaktion auf das Wirken von Leihbibliotheken, die, von Buchhändlern oder Buchbindern kommerziell betrieben, die Sucht vor allem nach dem Lesen von Romanen befriedigten. Sie wurden – ohne daß wir auch hierüber viel wissen – zeitlich wohl noch vor den Lesegesellschaften gegründet und dienten vor allem den Mittel- und Unterschichten, den Handwerkern und Krämern, den Soldaten und Dienstleuten als willkommene Möglichkeit, sich für wenig Geld der Mode des Lesens hinzugeben. Gerade die Lesewut des einfachen Mannes war etwas Neues und Ungewohntes im 18. Jahrhundert. Da heißt es bei unserem Gewährsmann von 1782: „Gelehrte und Ungelehrte, Handelsleute, Handwerker, Ökonome, Militärpersonen, Alte und Junge, männliches und weibliches Geschlecht sucht einen Teil der Zeit mit Lesen auszufüllen ... Alles will jetzt lesen, selbst Garderobemädchen, Kutscher und Vorreiter nicht ausgenommen".

In den Leihbibliotheken fanden sie Zugang zu den Büchern, die sie unterhielten und in denen sie eine bessere Welt vorgespiegelt sahen. Die Leihbibliotheken, im 18. Jahrhundert mehr geduldet als gefördert, wurden im 19. Jahrhundert nach dem Niedergang der Lesegesellschaften das vielseitige Instrument der Bürger zur Befriedigung von Lektürewünschen auf allen Gebieten des Wissens und der Unterhaltung.

Aus diesem Überblick läßt sich der Schluß ziehen, daß der Buchhandel an der Entfaltung der Aufklärung entscheidend beteiligt war. Der Siegeszug des Buches setzte sich in den neunziger Jahren fort. Um 1800 waren es bereits mehr als 4000 Neuerscheinungen, die im Messekatalog angezeigt wurden, und so versteht man die Sorge des Dortmunder Buchhändlers Arnold Mallinckrodt, der 1800 eine Schrift „Über Deutschlands Literatur und Buchhandel" veröffentlichte: „Wer erschrak nicht bei dem Anblick des diesjährigen Ostermess-Catalogen! Wird denn dieses Verzeichnis mit jedem Jahr wachsen? Wo finden wir die Grenzen dieses Wachstums?" Diese höchst modern anmutende Formel umschreibt die Lage am Ende der Periode der Bücherreform. Das Ende des Gutenbergzeitalters zeichnet sich ab. Die Buchdruckereien sind von der Kapazität her nicht mehr in der Lage, mit den bisherigen Methoden mit der Bücherproduktion Schritt zu halten.

Wenn nicht die napoleonischen Kriege einen entscheidenden Rückschlag in der Buchproduktion mit sich gebracht hätten, so wäre es wohl schon früher zu Produktionsschwierigkeiten gekommen. Der Ausweg war die Umstellung auf maschinelle Herstellung. Im graphischen Gewerbe zeichnete sich früh die Notwendigkeit der Rationalisierung und Mechanisierung ab und damit die Industrialisierung insgesamt. Was dann in Europa zwischen 1820 und 1830 einsetzte, war, verglichen mit der Periode der Bücherreform im Zeitalter der Aufklärung, nun wirklich eine Revolution in der technischen Herstellung der Bücher. Das Maschinenbuch löste das handgesetzte und handgedruckte Buch ab, das seine große Blüte in der Spätzeit der deutschen Aufklärung hatte. Wenn wir heute wiederum am Ende dieser zweiten Phase des Buchzeitalters stehen, lassen sich die Einschnitte besonders verstehen. Ohne die weltweiten Tendenzen von Aufklärung wäre es wohl kaum zu dieser Revolutionierung gekommen. Die Reformen des 18. Jahrhunderts waren eine Voraussetzung.

Auf der anderen Seite freilich muß man zum Schluß die Wandlungen und Repressionen in den neunziger Jahren bedenken. Nach der Französischen Revolution wurde in Deutschland die Zensur sehr verschärft. Das führte notwendigerweise zu einem Nachlassen der aufklärerischen Bemühungen, zu einer Verinnerlichung geistiger Bemühungen. Man wandte sich von den praktischen Bestrebungen der Aufklärung ab. Mit Goethes und Schillers Namen ist diese Wende markiert.

Im Rückblick freilich stellt man fest, daß der Aufbruch zwischen 1764 und 1790 von einem aufklärerischen Impuls beseelt war, wie er später nicht wieder möglich wurde. Die Aufklärung durch Bücher, heute leicht eine Selbstverständlichkeit, war eine der großen Taten des 18. Jahrhunderts in Deutschland: Sie brachte eine vom Buchhandel mitgetragene kulturelle Entfaltung mit sich, die gerade in Deutschland weittragende Folgen hatte.

IV

Bilder aus einem denkwürdigen Leben

Gotthold Ephraim Lessing im Alter von sieben Jahren. Anonymes Gemälde.

Lessing. Gemälde des Nürnberger Malers Ihle.

Lessing. Gemälde von Johann Heinrich Tischbein d. Ä., 1760.

Lessings Silhouette aus dem Jahre 1780 mit seinem Autogramm.

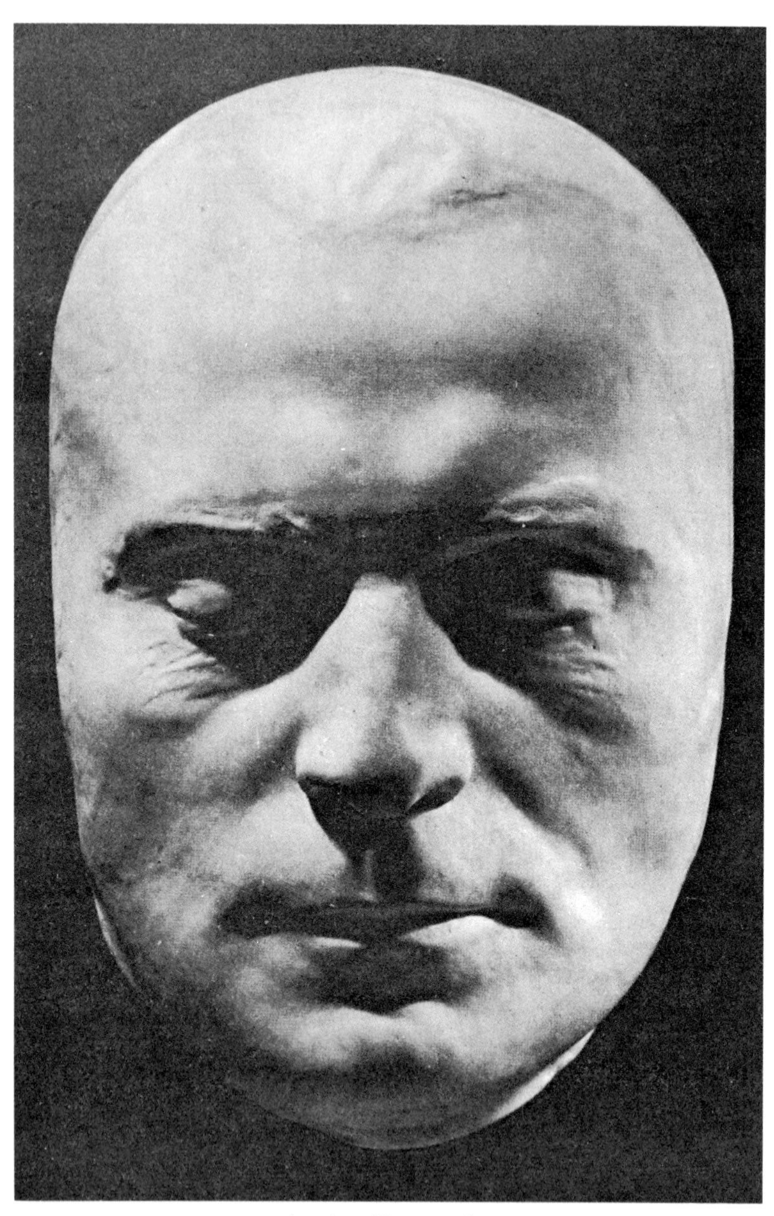

Lessings Totenmaske.

WILFRIED BARNER

Lessing als Dramatiker

Gotthold Ephraim Lessing ist der früheste unter den deutschsprachigen Dramatikern, mit dessen Werk uns eine sogenannte ‚lebendige' Theatertradition verbindet, der einzige vor Goethe, Schiller und Kleist, dessen Stücke noch Abend für Abend auf unseren Bühnen gespielt werden. Gryphius, Lohenstein, Weise, Gottsched, Gellert, Johann Elias Schlegel: sie alle bleiben dem vereinzelten, hier und da auch einmal gelingenden Experiment vorbehalten. *Minna von Barnhelm, Emilia Galotti, Nathan der Weise* erleben – zusammengenommen – in jeder Spielzeit ungefähr zwei Dutzend Neuinszenierungen.[1]) Die meisten öffentlichen Theater ‚machen' etwa alle vier Jahre ‚einen Lessing', in der zu füllenden Sparte ‚Klassiker' wechselt er ab mit Shakespeare (oder auch einmal Sophokles oder Calderón), mit Goethe, Schiller, Kleist, Hebbel oder Grillparzer. Das Fernsehen in beiden deutschen Staaten steht nicht zurück, es hat alle drei Standardstücke Lessings schon mehrfach gesendet.

Im Literaturunterricht der Schulen[2]) steht Lessing fast überall auf den Lektürelisten der Mittel- und Oberstufe, beginnend mit *Minna von Barnhelm;* einige Zeit später folgt dann zumeist *Nathan der Weise,* gelegentlich tritt *Emilia Galotti* hinzu, auch Ausschnitte aus der *Hamburgischen Dramaturgie* werden bisweilen gelesen. Zwar bleiben die davor liegenden Werke, wie die sogenannten ‚Jugendlustspiele', auch *Miß Sara Sampson* oder *Philotas,* eigentümlich im Schatten, meist nur den Fachwissenschaftler beschäftigend. Im übrigen bietet sich für die drei bekanntesten Stücke ein Bild von Stabilität und Kontinuität: durch Institutionen gesichert, wobei Schule und Theater zusammenwirken, scheint Lessing als Klassiker unbestritten. Aversionen oder gar Ver-

[1]) Hier und im folgenden wird zum Teil Bezug genommen auf eine im Entstehen befindliche Tübinger Dissertation von Gerhard Stadelmaier über Lessing auf der heutigen Bühne (seit 1968).

[2]) Näheres, mit weiterführenden Hinweisen, in: Barner, Grimm, Kiesel, Kramer, s. L., S. 377 ff.

dammungen, wie sie etwa dem Olympier Goethe gegenüber gerade im letzten Jahrzehnt immer wieder laut wurden, haben sich gegenüber Lessing kaum geregt. Ist es Verehrung des Anfangs, der Frühe, oder auch Schonung des verdienstvollen Wegbereiters? Als Schlüsselgestalt zu Beginn des bürgerlichen Zeitalters unserer Literatur und unseres Theaters hat er sich, auf Kosten Gottscheds, schon früh den Zeitgenossen wie den nachfolgenden Generationen eingeprägt. Ob Herder, Goethe, Heine oder selbst der gegenüber Lessing kritisch-kämpferisch eingestellte Friedrich Schlegel, Einigkeit besteht in der rückblickenden Einschätzung, er sei „der eigentliche Autor der Nation und des Zeitalters".[3])

Im Jahr seines 250. Geburtstags wetteifert man – nicht zum ersten Mal – in der Bundesrepublik Deutschland wie in der DDR um den ‚wahren' Lessing: um den Verkünder von Humanität und Toleranz, um den als verpflichtendes ‚Erbe' bewahrten Vorkämpfer des Bürgertums gegen absolutistische Willkür. Aber Wärme der Identifikation will für viele nicht aufkommen; es fehlt das ‚Interessante' der sich symbolisch inszenierenden Existenz, wie sie in Goethe verehrt wird. ‚Betrifft' Lessing aber vielleicht im Theater? Jedenfalls nicht mit gezieltem Pathos Schillerscher Prägung, das über die Rampe dringt. Und die politisch-sozialen Verhältnisse, die einem Stück wie *Emilia Galotti* zugrunde liegen, scheinen seltsam ferngerückt, von der utopischen Welt *Nathans des Weisen* ganz zu schweigen. Der seit 1969 sich abzeichnende Typus der Klassiker-Inszenierung gegen den Strich, mit Peter Steins Bremer *Tasso* als frühem, spektakulärem Beispiel, hat auch in die Lessing-Pflege einige neue Akzente gebracht; den Alltag der Abonnementstheater hat er nur wenig verändert.

Fritz Kortners Wiener *Emilia Galotti* (1970), ungewohnt komödiennah gespielt und, gewissermaßen von Hebbels *Maria Magdalene* her, als Kritik an einer bereits erstarrenden bürgerlichen Moral dargeboten, ist fast schon legendär; sie wurde mehrfach nachinszeniert und hat sogar – wie selten genug – auf die Forschung anregend gewirkt.[4]) Hansjörg Utzeraths Bonner *Nathan der Weise* (1973), mit einer Titel-

[3]) Friedrich Schlegel, zitiert nach Steinmetz: Lessing – ein unpoetischer Dichter, s. L., S. 169

[4]) Vgl. Klaus-Detlef Müller: Das Erbe der Komödie im bürgerlichen Trauerspiel. Lessings *Emilia Galotti* und die commedia dell'arte, DVjs. 46 (1972), S. 28 ff.

Gotthold Ephraim Lessing

Gotthold Ephraim Lessing

figur als Geschäftsmann „im besten Mannesalter", nicht als abgeklärter Greis, verzichtete ostentativ auf den bewährten Reiz des Orientalisch-Folkloristischen zugunsten einer kahlen, abstrakten, kauernden Meditation. Dieter Bitterlis Freiburger *Minna von Barnhelm* schließlich (1977), in Jeans, Boots und Overalls kostümiert, sucht ausgerechnet das explizitest zeitverbundene Stück Lessings aus dem beliebten Rokoko-Klischee herauszulösen, auch in der Dialogführung, um es als Problemstück wieder aussagekräftig zu machen.

Als ‚Klassiker' scheint Lessing – wie Goethe oder Kleist – nur noch Anlaß für die Demonstration des Unvereinbaren, auch im Hinblick auf den deutsch-deutschen Theaterkontrast. Das gleiche Lustspiel „von spezifisch temporärem Gehalt", das im Westen bis zur schockierenden Enthistorisierung getrieben werden kann, ist in der DDR seit Wolfgang Langhoffs berühmter Modell-Inszenierung von 1960 (erneuert durch Horst Smizek 1970 und Albert Hetterle 1972) die schneidende Satire auf das friderizianische Regiment: so wie Franz Mehring als Vorkämpfer der historisch-materialistischen Literaturdeutung das Exempel Lessing, die prussizistische „Legende" destruierend (1893), festgelegt hat[5]). Selbst die sächselnde Minna der DDR-Fernsehinszenierung dient noch der historisch, geographisch, sozial getreuen Rekonstruktion des Stückes, dessen Autor auch als Lustspielschreiber den bürgerlich-nationalen Emanzipationskampf verkörpern und vergegenwärtigen soll.

Je divergierender die historisch-politischen Deutungen sich entfalten und je weiter die Experimente der inszenatorischen Phantasie ausgreifen, desto auffälliger und zugleich problematischer wird die Einmütigkeit des handwerklich-theaterpraktischen Lobs. Lessing sei „eminent spielbar", wird von Ivan Nagel als communis opinio zusammengefaßt[6]), und Otto Falckenberg berichtet als bedeutsame Erfahrung, er habe in Lessings Text „fast keinen Satz streichen müssen"[7]). Ob der

[5]) Hierzu Manfred Möckel: Über Theaterarbeit an Klassikern. Was interessiert junge Zuschauer an *Minna von Barnhelm?*, WB 12 (1972), S. 121 ff. Das Fundament der historischen Deutung bildet, an Mehring (s. L.) anknüpfend, zugleich die Monographie von Rilla (s. L.), die Lessing als ein maßstäbesetzendes Beispiel der frühen DDR-‚Erbe'-Politik behandelt hatte.

[6]) Ivan Nagel: *Minna von Barnhelm* – unspielbar?, Theater heute 1970, Heft 12, S. 23. Nagel selbst freilich bezweifelt die These.

[7]) Zitiert nach: Programmheft zur Koblenzer Inszenierung der *Emilia Galotti*, Premiere am 6. 9. 1972.

früh schon hervorgehobene, heute in fast jedem Programmheft zitierte (im Schulunterricht mit Vorliebe analysierte) ‚Muster'-Charakter der Lessingschen Stücke, das bühnengerecht meisterhaft Gemachte einschüchtert oder beflügelt – dem Bücherwurm und Gelehrten Lessing wird immer wieder mit Verblüffung attestiert: daß er sich wie wenige aufs Theater versteht.

Theaterpraktiker, ja Theaternarr war Lessing von früher Zeit an, so ausgeprägt wie kaum einer seiner dichtenden Zeitgenossen. Diese frühe, hinter der Zeit der ‚großen' Werke meist verschwindende Periode ist in ihrer Konstellation derart charakteristisch und prägend, daß hier proportional ausführlicher darauf eingegangen sei. Geradezu paradigmatisch hat Lessing seine Theaterleidenschaft namentlich dem Vater gegenüber gerechtfertigt und verteidigt, dem sittenstrengen Kamenzer Pastor[8]), der, als Gotthold Ephraim gerade vierzehn Jahre alt war, eine Theateraufführung in der Stadtschule durch seinen Einspruch verhinderte und den Schulrektor Heinitz, Lessings einstigen Lehrer, schließlich aus der Stadt trieb. Über die Bücher, im geschützten Rahmen der humanistischen Klassikerlektüre, wurde derweil der Meißener Fürstenschüler vom Komödiengenre gefesselt. Er verschlang die ‚Muster' und erschloß sich lesend einen Bereich, der rasch seine Phantasie okkupierte: „Theophrast, Plautus und Terenz waren meine Welt", wie er einige Jahre später, die schulische Eingegrenztheit reflektierend, fast wehmütig feststellt.

Charaktere, Menschen, Verhaltensweisen beschäftigen den unruhig-frühreifen Alumnus, der in Briefen seine Schul-Umwelt und ihre Ereignisse mit auffallend wacher und präziser Beobachtungsgabe zu beschreiben versteht. Vom damals noch stark imitatorischen, auch auf die eigene Produktion gerichteten Grundzug der Musterlektüre her ist zunächst zu verstehen, wenn noch der Schüler Lessing sich an einem Komödien-Entwurf versucht. *Der junge Gelehrte* in seiner Leipziger Fassung mag Lessings späteren Bericht über die Meißener Versuche beeinflußt haben. Zweierlei jedoch ist charakteristisch: die Wahl der Komödiengattung – im Gegensatz etwa zu den stückeschreibenden oder bearbeitenden Gymnasiasten Gryphius, Lohenstein, Hallmann[9]) – und der Griff in die Gegenwart der ihm selbst erfahrbaren Welt.

[8]) Zu dem hier einschlägigen ‚Vaterproblem' vgl. Peter Horst Neumann: Der Preis der Mündigkeit. Über Lessings Dramen. Stuttgart 1977.

[9]) Verf.: Barockrhetorik. Untersuchungen zu ihren geschichtlichen Grundla-

Nicht die Verwandlung eines antiken Musters steht, soweit uns erkennbar, am Anfang des produzierenden Dramatikers Lessing, sondern die Gestaltung eines problematischen sozialen Typus, der zwar antike Anregungen ermöglicht und aufnimmt, jedoch primär von der eigenen Umgebung und Existenzform her interessiert. „Ein *junger Gelehrte* [!], war die einzige Art von Narren, die mir auch damals schon unmöglich unbekannt seyn konnte".

Das schreibende Sichauseinandersetzen mit „der Welt", „den Menschen" und mit „sich selbst" wird ein Hauptmotiv der vielerörterten Hinwendung Lessings vom „eingezogenen" Bücher-Leben zum Theater während der Leipziger Zeit, so wie er es namentlich in dem großen Rechenschaftsbrief an die Mutter vom 20. Januar 1749 dargestellt hat. Der Prozeß wird für die gesamte Entwicklung des Theaterautors Lessing ausschlaggebend. Mit seinem Bestreben, „Gesellschaft" zu suchen (und tanzen, fechten, voltigieren zu lernen), parallelisiert er selbst den Entschluß, „die ernsthafften Bücher" eine zeitlang beiseite zu legen und sich nach solchen umzusehen, „die weit angenehmer, und vielleicht eben so nützlich sind". „Die Comoedien kamen mir zur [!] erst zur Hand" – und jetzt zitiert Lessing geschickt aus dem alten Lernzielkatalog des protestantischen Schultheaters, mit dem Unterscheidenlernen von richtigem und falschem Benehmen, von Tugend und Laster, um das Ganze dann individuell zu wenden: „Ich lernte mich selbst kennen". Daß Lessing den Entschluß, „selbst Comoedien zu machen", als „Thorheit" einzugestehen versucht, ist Konzession an die Mutter und an die Familie; denn hier schreibt bereits ein junger Schriftsteller, der eine mögliche Gelehrtenexistenz entschlossen hinter sich gelassen hat[10]), die ‚bürgerliche' Bindung verabscheut und längst mit berechtigtem Stolz auf erste Theatererfolge zurückblicken kann.

Die Einmaligkeit der Leipziger Konstellation und ihrer besonderen Möglichkeiten, vom protestantisch-gelehrten Fundament aus sich zu einem eigenständigen Theaterautor und freien Schriftsteller durchzuarbeiten, hat Lessing selbst zu schätzen und zu nutzen gewußt: die reiche, ‚weltläufige' Handelsmetropole mit ihrer renommierten Universität; das spätestens seit 1730, dem Jahr der *Critischen Dichtkunst,* norm-

gen. Tübingen 1970, S. 315 ff.; zum Prinzip der imitatorischen Lektüre: S. 59 ff., S. 285 ff.

[10]) Verf.: Lessing zwischen Bürgerlichkeit und Gelehrtheit. *In:* Bürger und Bürgerlichkeit im Zeitalter der Aufklärung. Hrsg. v. Rudolf Vierhaus. Bremen/Wolfenbüttel 1979.

setzende Zentrum einer umfassenden Literatur- und Theaterreform; die ungewöhnliche, couragierte Allianz zwischen dem akademisch selbst- und machtbewußten Professor ordinarius publicus Gottsched mit der Schauspieltruppe der Neuberin; die seit der Mitte der 40er Jahre (Bremer Beiträge, Gellert) zunehmend aufgelockerte, vielfältiger werdende Leipziger belletristisch-publizistische Szene, mit Attraktion auch für eine Frühform literarischer Bohème.

Das familiäre enfant terrible Christlob Mylius, der gut sechs Jahre ältere ‚Vetter', Naturforscher und als Freigeist verschrien, und vor allem der drei Jahre ältere Christian Felix Weiße sind es, die den frischgebackenen Studenten Lessing in den Bannkreis des Theaters und der Schauspieler einführen. Häufige Anwesenheit bei den Proben, Übersetzungsarbeiten für den stets regen Stücke-Bedarf der Neuberin (als Belohnung gab es Freikarten), enger Kontakt mit der Truppe, bis hin zur Affäre des Achtzehnjährigen mit der gleichaltrigen Schauspielerin Christiane Friederike Lorenz, vermitteln dem lernbegierigen Lessing ein theaterpraktisches Erfahrungspotential, das ihn bis hin zu *Nathan dem Weisen* auszeichnen wird und noch heute die Praktiker besticht: weil er durch dieses Leipziger Theater, „welches in sehr blühenden Umständen war, [. . .] hundert wichtige Kleinigkeiten lernte, die ein dramatischer Dichter lernen muß, und aus der bloßen Lesung seiner Muster nimmermehr lernen kann".

Warum wird das gesamte Frühwerk des Dramatikers Lessing – immer noch zu Unrecht im Schatten der Forschung wie der heutigen Theaterpraxis stehend – durch das Lustspiel, die Komödie beherrscht? Nicht nur weil diese Gattung ihm von der Meißener Klassikerlektüre her am vertrautesten, möglicherweise auch ‚leichter' und ‚jugendgemäßer' ist, sondern von der Entwicklung der zeitgenössischen Dramatik[11]) und von Lessings Intentionen her betrachtet: weil hier, auch nach Gottscheds Doktrin, am meisten Bewegungsfreiheit gegeben war, die eigene Sozialerfahrung und scharf erfaßte persönliche Lebensproblematik als eine paradigmatische einzubringen und für ein anspruchsvoller konzipiertes Publikum auf der Bühne vorzuführen.

Ob *Der junge Gelehrte, Die Juden* oder *Der Freygeist,* überall wird erkennbar, wie bei aller Präsenz der verschiedenen Lustspieltraditionen Autobiographisches den Impetus der engagierten Darstellung bildet.

[11]) Vgl. den Beitrag von Jürgen Jacobs über das Drama der Frühaufklärung (in dem von Walter Hinck hrsg. Bd., s. Quellenhinweis des vorliegenden Beitrags).

Die satirische Abrechnung mit Meißener und Leipziger Gelehrten-Erfahrungen, die Konfrontation mit dem Berliner Judentum (später dem Freund Moses Mendelssohn), die persönliche Nähe des Freigeists Mylius und zugleich die Auseinandersetzung mit dem gottesgelehrten Vater (Brief an ihn vom 28. April 1749) belegen hinreichend, daß der „Nutzen" des Komödienschreibens zugleich ein sehr persönlicher ist. Das Können des jungen Theaterautors Lessing jedoch erweist sich nicht nur in der vielgepriesenen Bühnengerechtigkeit seiner Stücke, sondern in der phantasiereichen Vielfalt, mit der er die überlieferten Lustspielschemata akzentuiert, variiert, transformiert. Erst auf dem Hintergrund von Aristophanes und Menander, Plautus und Terenz, von commedia dell'arte und théâtre italien, sentimental comedy und comédie larmoyante, nicht zuletzt der sächsischen Typenkomödie erschließt sich das Besondere des Lessingschen Versuchs, ein „deutscher Molière" zu werden[12]).

Wenn Lessing im Hinblick auf den *Jungen Gelehrten* feststellt, er habe auf die gelehrten „Narren" als erste seine „satyrischen Waffen" gerichtet, so rückt er selbst das Stück andeutungsweise in den Zusammenhang der satirischen Typenkomödie Gottschedscher Observanz. Die Titelgestalt, vom Typus her bereits in der Tradition vielfältig belegbar, weist mit dem einen zentralen Laster der blinden Selbstüberhebung das Stück dem sogenannten ‚monomischen' Lustspielschema zu[13]). Mit der Figur des Valer, der auch studiert, dann aber in die „Welt" gefunden und sich dort bewährt hat, ist zugleich ein vermittelnder, positiv weiterführender sozialer Typus eingefügt, der das reine Verlachen der Hauptfiqur transzendiert. Nicht zuletzt jedoch in der Technik der Dialogführung, besonders dem reich variierten Mittel der Wiederholung, zeichnet sich eine neue, souveräne, ‚witzige' Form der dramatischen Wortbehandlung ab[14]), die das ungewöhnliche Talent verrät. Daß die Frauensperson Lisette, eine der „ungelehrten Bestien",

[12]) Walter Hinck: Das deutsche Lustspiel des 17. und 18. Jahrhunderts und die italienische Komödie. Stuttgart 1965, S. 256 ff.

[13]) Horst Steinmetz: Die Komödie der Aufklärung. Stuttgart 1966, S. 36 ff., S. 58 ff.

[14]) Paul Böckmann: Das Formprinzip des Witzes in der Frühzeit der deutschen Aufklärung, JbFDtHochst. 1932/33, S. 52 ff. Vgl. auch dens.: Formgeschichte der deutschen Dichtung, Bd. 1. Hamburg 1949, S. 471 ff., bes. S. 530 ff. Zum Prinzip der Wiederholung im *Jungen Gelehrten* s. Hinck (wie Anm. 12), S. 273 ff.

in dem Stück die schlagfertigste – um nicht zu sagen: intelligenteste – ist, besitzt im Hinblick auf Lessings dramatisches Gesamtwerk nachgerade programmatischen Charakter.

Den Glücksfall, an der Bühne der Neuberin lernen und dort das Theaterdebüt wagen zu dürfen (Januar 1748), auch die hilfreiche Kritik seines Lehrers Kästner, hat Lessing offen anerkannt. Der mit überdeutlicher Bescheidenheitstopik von Lessing selbst berichtete, stolze Publikumserfolg war die befreiende Bestätigung dafür, daß gelehrtes Studium der Muster und praktisch geübte Theaterbegabung einander in der schließlichen „Wirkung" ergänzten.

Der bereits 1747 in einer Zeitschrift gedruckte *Damon oder Die wahre Freundschaft,* deutlich vom Typus des ‚weinerlichen' Lustspiels nach Art des Marivaux beeinflußt, trat jetzt für Lessing selbst so sehr als ein nur halbgelungener Versuch in den Hintergrund, daß er dieses Stück wenige Jahre später nicht in seine *Schrifften* aufnahm. Der erfolgreiche Lustspieldichter wußte inzwischen, was er seinem Ruf schuldig war. Dagegen knüpft der 1748 konzipierte *Misogyn,* angeregt durch die Lektüre des entsprechenden Fragments von Menander, motivisch an eines der Teil-Laster des jungen Gelehrten Damis an. Das Jahre später noch für die *Lustspiele* (1767) zu einem Dreiakter ausgebaute Stück deutet mit dem Namen der Hauptfigur des Wumshäter (womans-hater) und mit manchen Details nun auf Elemente des englischen Lustspiels. Vor allem aber rückt auch hier eine zunehmend virtuos und locker gehandhabte Dialogsprache ins Zentrum des witzigen Stils. Und als Christian Heinrich Schmid 1775 in seiner *Chronologie des deutschen Theaters* auf die Lustspiele der Leipziger Zeit zurückblickte, hob er, die „Verdienste um unser Theater" musternd, nicht zufällig hervor, die Deutschen hätten Lessing „die echte komische Sprache zu danken"[15]).

Die kritisch-theoretische Selbstreflexion des Dramatikers Lessing vor der lesenden „Welt" setzt erst mit dem Überwechseln nach Berlin ein (seit 1747), wohin ihn Mylius ‚nachgezogen' hat. In einer Residenzstadt lebend, deren theatralische Bedürfnisse eher durch Oper und Ballett befriedigt werden, ohne den fast täglichen Kontakt zur Schauspielerpraxis, in bewußt gewählter Distanz zur akademischen Welt, fern auch vom engeren Wirkungs- und Einflußbereich Gottscheds, beginnt der Journalist und Kritiker sich ein neues Publikum abzustecken und zu erobern; das gelehrt-literarische Fundament verwendet er wie

[15]) Zitiert nach: Lessing, Werke. Hrsg. v. Göpfert, s. L., Bd. 2, S. 639.

selbstverständlich, doch mit der Forderung nach Geschmack, Witz und Urteilskraft strebt er über den gelehrten Kreis programmatisch hinaus.

Mündlichkeit des Geschriebenen, dezidierte Öffentlichkeit des Diskurses, dialogisches Einbeziehen des Publikums bestimmen zunehmend Lessings Berliner kritische Schriftstellerei. Immer häufiger ‚inszeniert' er seine Texte, namentlich aus Anlässen der Polemik, bei der der Gegner oder der Kritisierte vor ein als urteilsfähig gedachtes Publikum zitiert und examiniert wird. Erster Höhepunkt ist das *Vade mecum* für den Laublinger Pastor Samuel Gotthold Lange (1754). Ob Lessing die spezifischere Form des Kanzeldialogs wählt, die der akademischen Disputation oder der Gerichtsverhandlung, mit dem „Publikum als Richter", stets sind die Grenzen zum Bühnendialog fließend[17]). Wortklauberei, antizipierter Einwurf, Frage- und Antwortspiel, suggestive Zumutungen halten das Publikum in Spannung, drängen es zum Selberdenken und zum Urteilen. Kein Kritiker des 18. Jahrhunderts ist so sehr Dramatiker wie Lessing, und das Bild des Dramenschreibers, des Theaterautors Lessing wird für die Zeitgenossen mehr und mehr untrennbar von dem des Journalisten und Kritikers. Als ein „neuer Criticus", wie ihn Sulzer tituliert[18]), wird der in Leipzig erfolgreiche Lustspieldichter rasch zu einer gefragten und einflußreichen Autorität in der deutschsprachigen literarischen Welt.

Beyträge zur Historie und Aufnahme des Theaters: der Doppelausdruck in dieser zusammen mit Mylius 1749 begründeten ersten deutschen Theaterzeitschrift bezeichnet auf charakteristische Weise die beiden neuen Schwerpunkte von Lessings publizistischer Arbeit für das Theater. Gottscheds Leistung für das Aufarbeiten der theatralischen Überlieferung und für die „Aufnahme" (d. h. Zunahme, Förderung) des gegenwärtigen Theaters, von Lessing in Leipzig noch respektvoll-zurückhaltend gewürdigt, erscheint ihm aus Berliner Perspektive immer unzureichender. Die von Gottsched selbst am Ende der *Deutschen Schaubühne* (1745) angekündigte „Historie des Theaters" war

[16]) Verf.: Lessing und sein Publikum in den frühen kritischen Schriften. *In:* Harris u. Schade (Hrsg.), s. L. S. 323 ff.

[17]) Zu den genannten Einzelformen in Lessings Gesamtwerk vgl. Walter Jens: Feldzüge eines Redners: Gotthold Ephraim Lessing. *In:* W. J.: Von deutscher Rede. München 1969, S. 46 ff. Auch Schröder, s. L., passim.

[18]) Daunicht, s. L., S. 42.

nicht zustande gekommen, die hoffnungsvolle Verbindung mit der Truppe der Neuberin hatte sich nicht halten können. Noch anerkennt Lessing Gottscheds „Verdienste, die er unwidersprechlich um das deutsche Theater hat", aber schon kritisiert er vorsichtig die einseitige Bevorzugung der Franzosen, die Vernachlässigung der anderen „Ausländer", der englischen und spanischen, und vor allem „der Alten".

Daß Plautus an der Spitze der theatralischen Erschließungsarbeit der *Beyträge* steht, ist nicht nur plausibel durch Lessings eigenen Zugang zu Drama und Theater, sondern zugleich programmatisch, da Gottsched den ‚ungehobelteren' Plautus stets hinter Terenz zurückgesetzt hatte. Lessing analysiert *Die Gefangnen* vom Theater her und fürs Theater, mit der hyperbolischen These, sie seien „das schönste Stück [. . .], das jemals auf die Bühne gekommen ist". Erschließung einzelner Bühnentexte und Aufarbeitung der Theatertheorie gehen Hand in Hand. Der Gelehrte und der Theaterpraktiker bleiben untrennbar. Schon in Leipzig hatte Lessing, wohl angeregt durch aktuelle Kinderballett-Aufführungen, über die *Pantomimen der Alten* gearbeitet und die hohe mimische Kultur auch des antiken Schauspiels gepriesen. In Berlin beginnen jetzt systematische Studien über „den Schauspieler" und über „die Grundsätze der ganzen körperlichen Beredsamkeit". Der theatererfahrene Lessing versucht, auf der Basis der ihm vertrauten rhetorischen Tradition Mimik, Gestik und „Aussprache" des Schauspielers schematisch zu fassen und in Regeln zu bringen. Einschlägige Schriften von Riccoboni d. J., von Sainte Albine und anderen werden aufgearbeitet und bieten detaillierte Anregungen.

Der Dramatiker Lessing, erfolgreicher Lustspielautor, jetzt Kritiker, Publizist, Historiker und Theatertheoretiker, hat eine neue Stufe erreicht. Nahezu auf der vollen Breite der Gottschedschen Aktivitäten für das Theater engagiert sich Lessing. Er ist nicht nur der festen Überzeugung, daß er mehr vom Metier verstehe, sondern auch, daß Gottscheds einseitige französisch-klassizistische Orientierung zu Sterilität und Isolation geführt habe. Das „Naturell eines Volks" wird als zentrale Orientierungskategorie entdeckt. Und Johann Elias Schlegels *Gedanken zur Aufnahme des dänischen Theaters* (1747) bestätigen ihn darin, daß ein dem „Volk" gemäßer Spielplan die Grundbedingung für ein dauerhaft florierendes, moralisch nützliches Theaterwesen sei. Geschmack, Witz und Urteilsfähigkeit des anwachsenden und sich regenden Publikums – so postuliert der Buchkritiker wie der Theaterprogrammatiker Lessing – sind entwickelbar, bildbar, sie benötigen vor allem die richtigen und nicht zu einseitig ausgerichteten Muster. Lessing setzt sich hiermit nicht nur gegen Gottsched ab, sondern zugleich gegen den Verächter der littérature allemande, den Preußenkönig, in dessen näherem politisch-kulturellen Umkreis der junge Schriftsteller jetzt seine Existenz versucht.

Was aber trägt, bei aller Theorie und Programmatik, der Stückeschreiber Lessing zur notwendigen „Aufnahme" des Theaters bei? Er bleibt zunächst beim Lustspiel als der bereits erfolgreich erprobten Gattung. Wie er in Leipzig mit gefährlichen Tendenzen des erstarrenden Gelehrtentums satirisch abgerechnet hatte, so bringt er in Berlin, wo jeder Zehnte ein Franzose oder ein Jude ist, wiederum seine Sozialerfahrungen typisierend in die Komödienform ein. *Die Juden* und *Der Freygeist,* beide 1749 entstanden, lassen schon von der Problemkonstellation her einen neuen Ansatz erkennen. Nicht mehr das lasterhafte Verhalten einer sozial isolierten Hauptfigur wird decouvriert, sondern das Vorurteil einer ganzen Gesellschaft; so jedenfalls zunächst bei den *Juden.* Sie sind „das Resultat einer sehr ernsthaften Betrachtung über die schimpfliche Unterdrückung" dieses Volkes, also von der Genese her ein ausgesprochenes Problemstück. Es folgt dem Prinzip der demonstrativ-anklagenden Umkehrung: der vermeintlich Lasterhafte erweist sich als der eigentlich Tugendhafte, dessen Tun von „Menschenliebe" bestimmt wird und die Christen in ihrer Vorurteilsgebundenheit beschämt. Der von *Nathan dem Weisen* her oft rasch für *Die Juden* reklamierte Begriff der ‚Toleranz' erstreckt sich hier noch nicht auf den Wahrheitsgehalt der Religionen selbst. Lessings Mut aber und die Neuartigkeit des Stücks, die über die edle jüdische Episodengestalt in Gellerts Leben der *Schwedischen Gräfin von G**** (erste Fassung 1747) hinausgeführt, wird durch die öffentliche Kontroverse mit Michaelis noch hervorgehoben.

Das Lustspielhafte des Stücks ist zwar vom Text her wesentlich in der Bedienten-Ebene angesiedelt[19]). Helfried Forons glänzende Tübinger Inszenierung (1977/78) zeigt jedoch, daß beispielsweise auch der moralisch vorbildliche Baron, der Landadlige, in einer an Odoardo Galotti gemahnenden steifen Gebundenheit gespielt werden kann. ‚Gebunden' bleiben die Figuren in dem realistisch-offenen Schluß, der die Vorurteile als solche zwar offenlegt, aber nicht beseitigt. Gerade hierin liegt die auffällige Aktualität dieser Typenkomödie. Statt ‚Juden'

[19]) Rempel, s. L., S. 13 ff.

– so Forons Konzept – kann man auch ‚Gastarbeiter' oder ‚Radikale' sagen.

Daß man im *Freygeist* möglicherweise „nicht zu lachen genug [. . .] findet", hat Lessing selbst geäußert. Zwar ist der Schluß insofern ‚positiver', als sich nach mannigfachen Selbsttäuschungen und Irrwegen die komplementären Paare zusammenfinden: der „Fromme" bekommt die „Lustige", und der „Lustige" die „Fromme". Auch ist das Vorurteil des Freigeists Adrast gegen die „Pfaffen" durch die Person Theophans besiegt. Aber der bornierte Rationalismus als solcher, wie ihn Adrast verkörpert, bleibt in seiner sozialen Gefährlichkeit erhalten. Und was die „Pfaffen" an Vorurteilen über die Freigeister (und die Komödienschreiber) von den Kanzeln aus verbreiten – ein autobiographisch brisantes Seitenthema des Lessingschen Stücks –, ist ebensowenig aus der Welt geschafft. Wäre Adrast nicht im Grunde eine edelmütige Gestalt, so wäre die Versöhnung mit Theophan überhaupt versperrt. Die „Halsstarrigkeit" der Titelfigur führt, auf den ehrfixierten Major Tellheim vorausweisend, mehrfach an den Rand des Tragischen. Im Unterschied zu den *Juden* spiegelt sich der konflikttragende Gegensatz zwischen den Hauptfiguren sogar in den Dienern, wenngleich auf karikierende Weise. Und im *Freygeist* geht es tatsächlich um Probleme des Glaubens, der Religion; die Verbindungslinien zu *Nathan dem Weisen* werden deutlicher.

„Meine Lust zum Theater war damals so groß, daß sich alles, was mir in den Kopf kam, in eine Komödie verwandelte", schreibt Lessing 1754 im Rückblick auf die Zeit der *Juden.* Die subjektiv-psychologische Selbstdiagnose des Theaterbegeisterten Lessing ist zu ergänzen durch die gattungsgeschichtliche Feststellung, daß Lessing mit den beiden Problemstücken bereits an die Grenze der Lustspiel-Möglichkeiten gelangt war, dorthin, wo nach den Trauerspielen *Miß Sara Sampson, Philotas* und *Emilia Galotti* das „Schauspiel" *Nathan der Weise* ansetzt. Die beiden anderen Lustspiele der Jahre 1749/50, *Die alte Jungfer* und *Der Schatz* (nach Plautus) dürfen, wo es um die Wiedergewinnung des Lessingschen Frühwerks für die Bühne geht, zurückstehen. Sie zeigen in weiteren Typenvarianten Lessings „Lust zum Theater", wurden zu seinen Lebzeiten auch gelegentlich aufgeführt[20]), bleiben jedoch blassere Nebenprodukte.

[20]) Die Daten nennt Schulz, s. L., S. 173, S. 194.

Für die Bühne verloren, weil Fragment geblieben, ist Lessings früher Versuch, auch im tragischen Genre ein brennendes Zeitproblem zu gestalten (und damit zugleich zur „Aufnahme" des Theaters beizutragen). *Samuel Henzi* aus dem für die Lustspielgattung so produktiven Jahr 1749 ist freilich bemerkenswert schon mit seinem zeitgeschichtlichen Sujet, dem Schicksal des republikanisch-patriotischen Journalisten, der sich gegen die Willkür der Berner Patrizieroligarchie auflehnt. Noch wagt es Lessing nicht, die durch Gottsched sanktionierte Form der Alexandrinertragödie zu verlassen. Das ‚Allzuviel' an Tugend, das den Helden auszeichnet, führt den Experimentator Lessing vor ein kaum lösbares Problem: was an moralischer Vorbildhaftigkeit in den *Juden* und im *Freygeist* durch die Mischform aufgefangen und theatralisch aufgelockert werden kann, tendiert hier zu Passivität und Pathetik. Daß Lessing das *Henzi*-Fragment schon 1753 publiziert hat, unter ausdrücklichem Hinweis auf den Versuchscharakter, ist symptomatisch für Lessings Mut wie für die historische Übergangssituation zum bürgerlichen Trauerspiel.

Als 1754 das erste Stück der *Theatralischen Bibliothek* erscheint, die allein verantwortete Fortsetzung der *Beyträge*, wird auch auf dem Gebiet des Trauerspiels der untrennbare Zusammenhang von gelehrthistorischer Aufarbeitung, theaterpraktischer Analyse und theoretischer Reflexion erkennbar. Die breit angelegte Erschließung der Seneca-Tragödien (1754), als Pendant zur Plautus-Abhandlung gedacht, zielt bereits dezidiert auf „Wirkung", ja auf eine Verabsolutierung der „Leidenschaften", die im Schutz des antiken Musters über Gottsched hinausführt[21]). Die Beschäftigung mit modernen, vor allem englischen Trauerspielen (Thomson, Lillo) läßt ihn dies noch zuspitzen: er wolle „unendlich lieber der Urheber des *Kaufmanns von London,* als des *sterbenden Cato* seyn", da bei Lillo „auch von den Unempfindlichsten" Tränen vergossen worden seien. „Und nur diese Thränen des Mitleids, und der sich fühlenden Menschlichkeit, sind die Absicht des Trauerspiels, oder es kann gar keine haben".

Der Weg zum bürgerlichen Trauerspiel ist jetzt deutlich. Lessing selbst hat mit Übersetzung und Kommentierung der Schriften Chassirons und Gellerts über das ‚Weinerlich-Komische' und über das ‚rührende' Lustspiel eine wichtige Brücke der Gattungsentwicklung ins

[21]) Verf.: Produktive Rezeption. Lessing und die Tragödien Senecas. München 1973, S. 20 ff.

Bewußtsein gebracht (1754). Tränen und Rührung sind die überwältigende Wirkung, als *Miß Sara Sampson* am 10. Juli 1755 in Frankfurt a.d. Oder durch die Ackermannsche Truppe uraufgeführt wird, in Anwesenheit Lessings und Ramlers. Die Zeugnisse für die Resonanz sind vielzitiert: „die Zuschauer haben 3 1/2 Stunde zugehört, stille gesessen wie Statuen und geweint", berichtet Ramler[22]); und von der bloßen Lektüre schreibt Michaelis: „Wir haben nicht leicht etwas so rührendes gelesen als dieses Trauerspiel, so uns mit Schauder und Vergnügen erfüllt hat"[23]).

Das Stück, das im Februar/März 1755 in Potsdam während weniger Wochen, angeblich aufgrund einer Wette, entstanden war, wurde zu Lessings sensationellstem Theatererfolg[24]). Christian Leberecht Martinis *Rhynsolt und Sapphira* liegt zwar, als ebenfalls ‚bürgerliches Trauerspiel', zeitlich etwas früher. Für die Zeitgenossen jedoch signalisierte *Miß Sara Sampson* den Durchbruch, mit Symptomen der Resonanz, die an massenpsychologische Erscheinungen von ‚Bedürfnisstau" und ‚Entladung' erinnern. Die heutige Bewertung des Stücks, bei Theaterleuten wie bei Literarhistorikern, ist eigentümlich kontrovers. Ästhetische Geschlossenheit, differenzierte Charaktergestaltung, kalkulierte Handlungsführung heben die einen hervor, Tränenseligkeit, Wortreichtum und Statik die anderen. *Emilia Galotti* hat als ‚gelungenes' deutsches Originaltrauerspiel schon zu Lebzeiten Lessings den frühen Versuch in den Schatten gestellt.

Vom Aspekt der Gattungen und Traditionen aus betrachtet, trägt *Miß Sara Sampson* noch alle Anzeichen des Übergangs. „Die bewährte Tugend" als Folie von Saras Selbstverständnis (V,10), ihre vielfältig gebrochene Kennzeichnung als „Engel", als „Heilige", die durch „Prüfungen" hindurchgehen muß, erinnern mit kalkulierter Deutlichkeit an das zu ‚überwindende' Modell der stoizistischen Märtyrertragödie. Das Eingebundensein in den familiären Zusammenhang der empfindsamen Seelenaussprache jedoch hebt von vornherein den Abstand

[22]) Ramler an Gleim, 25. Juli 1755, zitiert nach: Lessing, Werke. Hrsg. v. Göpfert, s. L., Bd. 2, S. 693. Zur Wirkungsgeschichte ausführlich auch: Gotthold Ephraim Lessing, *Miss Sara Sampson.* Ein bürgerliches Trauerspiel. Hrsg. v. Karl Eibl. Frankfurt a. M. 1971, S. 161 ff.

[23]) *Göttingische Anzeigen von Gelehrten Sachen,* 2. Juni 1755, zitiert nach Eibl, s. Anm. 22, S. 216.

[24]) Schulz, s. L., S. 189 ff. sowie die Dokumente bei Eibl.

einer möglichen heroischen Isolierung auf. Die Figur der Marwood, als „eine neue Medea" (II,7), wiederum fast überdeutlich in eine von Seneca herkommende Traditionslinie gestellt, ist als Beleidigte und Verlassene zugleich momenthaft (besonders IV,5) auf Mitleiden hin angelegt. Die außerbürgerliche Welt, in die sich Mellefont begeben hat, wo es „Titel", darunter „Ritter und dergleichen" gibt, erscheint zwar unter der scharfen Abqualifizierung einer „nichtswürdigen Gesellschaft von Spielern und Landstreichern", wo die höfische „Verführung" regiert. Saras Vater aber ist nicht Stadtbürger, Kaufmann, wie bei Lillo oder z.T. in Richardsons Romanen, sondern „Sir", Landadliger und in dieser Position an die Figur des Barons im *Freygeist* erinnernd, wo die Stadt geradezu als Inbegriff von Verderbtheit und Unnatur erscheint. Der Schauplatz des Stücks, in dem „elenden Wirthshause" des Landstädtchens (I,1), verweist von vornherein weniger auf die Gattungserwartung eines Trauerspiels, sondern der Komödie. Vor allem aber eine Fülle von Merkmalen des Mienenspiels – besonders bei Marwood –, der Verstellung, Verwandlung und „Nachahmung"[25]) sind in ihrer theatralischen Qualität eminent lustspielhaft und stehen in eigentümlichem Kontakt gegen die langgezogenen Tugendaussagen wie gegen die großen Ausbrüche des Pathos.

Von „indeklamabeln Stellen" war schon bei kritischen Zeitgenossen die Rede[26]), insbesondere in den Partien der Marwood. Mag es hier von der Fähigkeit der Schauspielerin abhängen, eventuell doch die gelegentlich behauptete „Bombenrolle" daraus zu machen, so treffen die mit dem epochalen Abstand zunehmenden Vorwürfe der Handlungsarmut, der Tugendmonotonie und der Tränenseligkeit die Substanz des Stücks. In der neueren Forschung dagegen hat man sich vereinzelt bemüht, von der besonderen Historizität dieses „Schwellenwerks" aus einen positiven Zugang zu finden. Aus der Analyse von ‚innerer' und ‚äußerer' Handlung wurden gewichtige Gründe für die These einer „ästhetischen Geschlossenheit" vorgebracht[27]), und vom historisch-materialistischen Standpunkt aus wurde die auf dem Gegensatz von

[25]) Hierzu besonders Schröder, s. L., S. 162 ff.; auch Rempel, s. L., S. 35 ff.

[26]) Die Zeugnisse bei Eibl, s. Anm. 22, S. 214 ff.

[27]) Manfred Durzak: Äußere und innere Handlung in *Miß Sara Sampson*. Zur ästhetischen Geschlossenheit von Lessings Trauerspiel, DVjs. 44 (1970), S. 47 ff.; auch *in:* M. D.: Poesie und Ratio. Vier Lessing-Studien. Bad Homburg v. d. H. 1970, S. 44 ff.

privater und öffentlicher Sphäre beruhende Bedeutung dieses Trauerspiels für die bürgerliche Selbstverständigung über das Menschenbild hervorgehoben[28]). Gerade aus der – zugleich ästhetisch sich manifestierenden – Begrenztheit dieses ‚Bürgerlichen' könnte vielleicht ein genialer Regisseur ein Inszenierungskonzept entwickeln, das noch eine Stufe hinter die Kortnersche *Emilia Galotti* zurückginge und so das Stück für die Bühne wiedergewönne.

Lessing selbst wurde durch die breite und intensive Resonanz darin bestärkt, daß seine Grundüberzeugung von Möglichkeit und Notwendigkeit eines „rührenden", „Mitleiden" erregenden Trauerspiels nicht nur historisch und theoretisch fundiert war, sondern sich auch auf der Bühne wie beim Lesen realisierte (bezeichnend ist, daß erst jetzt, 1756, das ‚vermittelnde' Lustspiel *Der Freygeist* uraufgeführt wird)[29]). Im Briefwechsel mit den Freunden Mendelssohn und Nicolai (1756/57), anknüpfend an Mendelssohns Schrift *Über die Empfindungen* (1755) und Nicolais *Abhandlung vom Trauerspiele* (1757), verteidigt Lessing das Mitleid als vorrangigen Affekt gegenüber Schrecken und Bewunderung, die durch das Trauerspiel auch erregt werden könnten, jedoch aus dem Mitleid abgeleitet seien. Wirkung und Zweck des Trauerspiels werden jetzt deutlicher als zuvor anthropologisch und zugleich gesellschaftlich verankert: das Trauerspiel „soll unsre Fähigkeit, Mitleid zu fühlen, erweitern", soll „fühlbar", „mitleidig" machen. Denn: „*Der mitleidigste Mensch ist der beste Mensch*, zu allen gesellschaftlichen Tugenden, zu allen Arten der Großmuth der aufgelegteste"[30]).

Das auf die *Hamburgische Dramaturgie* vorausweisende Konzept, durch den Erfolg der *Miß Sara Sampson* gestärkt, bildet nun auch die Grundlage für das fast überscharf persönliche Engagement des Dramatikers Lessing in den *Briefen die neueste Litteratur betreffend*, die er seit 1759 mit Mendelssohn und Nicolai zusammen herausgibt. Den „gesellschaftlichen Tugenden" dienend, gewinnt das Theater – als exemplarisches Feld der literaturpädagogisch ausgerichteten *Literaturbriefe* – eine neue, deutlicher gefaßte nationale Bedeutung. Diese Hochwertung und ein auch die persönliche Schärfe nicht meidendes Selbstbe-

[28]) Peter Weber: Das Menschenbild des bürgerlichen Trauerspiels. Entstehung und Funktion von Lessings *Miß Sara Sampson*. Berlin 1970.

[29]) Schulz, s. L., S. 179.

[30]) Lessing, Mendelssohn, Nicolai: Briefwechsel über das Trauerspiel. Hrsg. u. kommentiert v. Jochen Schulte-Sasse. München 1972, S. 55.

wußtsein des erfolgreichen Theaterautors bestimmen den vielerörterten *17. Literaturbrief*, in dem nun auf einer neuen Stufe mit Gottscheds franzosenorientierter, klassizistischer Theaterarbeit abgerechnet wird; dies zu einem Zeitpunkt, als die normative Geltung des Leipziger ‚Diktators' längst ihren Gipfel überschritten hat. Lessing verfährt mit Gottsched ähnlich – notwendigerweise – ungerecht[31]), wie Gottsched selbst die umfassende Literatur- und Theaterpädagogik Christian Weises abgekanzelt hatte, auf die er konkret aufbaute. Über Gottsched hinaus, freilich nicht ohne Erwähnung von dessen Mitschuld, nimmt Lessing nun auch die Grundverschiedenheit der Theatersituation in Deutschland und Frankreich generell in den Blick, vor allem im *81. Literaturbrief*:

> „Wir haben kein Theater. Wir haben keine Schauspieler. Wir haben keine Zuhörer. [. . .] Der Franzose hat doch wenigstens noch eine Bühne; da der Deutsche kaum Buden hat. Die Bühne des Franzosen ist doch wenigstens das Vergnügen einer ganzen grossen Hauptstadt; [. . .] da der Deutsche sehr zufrieden seyn muß, wenn ihm ein Paar Dutzend ehrliche Privatleute, die sich schüchtern nach der Bude geschlichen, zuhören wollen" (7. Februar 1760).

Es ist die Zeit, als er sich mit dem *Theater des Herrn Diderot* beschäftigt (entstanden 1759, gedruckt 1760), des Dramatikers, der Lessing in so manchen wichtigen Zügen ähnlich ist: in der Breite und Vielfalt seiner wissenschaftlichen Kenntnisse, seinem historischen und theoretischen Interesse am Theater, der Neigung zum ‚bürgerlichen', ‚empfindsamen' Drama, dem dialogischen Kritikergestus. Die Mobilisierung eines nichtklassizistischen französischen Theaterautors als eines Anregers für die Deutschen – wodurch schon der mögliche Vorwurf eines bornierten Nationalismus widerlegt ist – wird auf charakteristisch Lessingsche Weise ergänzt durch die Erschließung eines weiteren, von Gottsched vernachlässigten ‚musterhaften Alten', *Sophokles* (1760). Die Tradition des heroischen Trauerspiels ist nicht verabschiedet, sondern wird in den Jahren 1756 bis 1759 zum Anlaß einer großen Zahl dramatischer Experimente, durchgängig auf der Grundlage antiker, mythologischer wie historischer Modelle[32]). Das „Modernisieren", wie Lessing es nennt, ist von der Seneca-Abhandlung (1754) bis hin zu *Emilia*

[31]) Joachim Birke: Der junge Lessing als Kritiker Gottscheds, Euphorion 62 (1968), S. 392 ff.

[32]) Verf.: Produktive Rezeption, s. Anm. 21, S. 53 ff.

Galotti ein Hauptanreiz seiner Trauerspielpläne. Das kämpferische Moment im Dramatiker Lessing, das produktive, ‚bessermachen' wollende Aneignen gerade der antiken Muster für die ‚Moderne', wird hier vielleicht am deutlichsten erkennbar.

Philotas (1759), der Einakter, ist als einziges dieser Experimente auch abgeschlossen worden. Das Stück von dem monomanischen patriotischen Jüngling, der in feindlicher Gefangenschaft lieber den Tod wählt, als sein „Heldentum" aufzugeben, stellte eines der eigentümlichsten und zugleich reizvollsten Produkte Lessingscher Phantasie dar. Zu denken gibt, daß schon Freunde Lessings das Drama als patriotische Verherrlichung mißverstanden; so Gleim, der den – zunächst anonym veröffentlichten – Prosatext versifizierte und die vaterländischen Momente noch verstärkte (1760). Der Siebenjährige Krieg als Entstehungskontext des *Philotas* dürfte die Rezeption erheblich gebunden haben. Um so bemerkenswerter ist, bei genauerer Analyse, Lessings kritische, widerständige Intention. Dem versteinerten Heldenpathos des indoktrinierten jungen Mannes, der „fast noch ein Kind" ist (3. Auftritt), muß der König Aridäus, in dessen Gewalt er sich befindet, das Maß des Menschlichen entgegenhalten: „was ist ein König, wenn er kein Vater ist! Was ist ein Held ohne Menschenliebe!" Und schließlich: „Ich bin ein Mensch, und weine und lache gern" (7. Auftritt).

Die Dialektik dieses Trauerspiels ist gewiß vielfach vermittelt, das Anachronistische im heldischen Verhalten des „schönen Ungeheuers" Philotas[33]) nur historisch *und* typologisch erfaßbar. Der sinnlose, verzweifelte Selbstmord des indoktrinierten, fanatisierten jungen Mannes in Gefangenschaft ist von erschreckender Aktualität. Das eigentümlich Zusammengesetzte, Undefinierte des Geschehensraumes könnte den Versuch erleichtern, dem Stück noch einmal Bühnenwirklichkeit zu geben. Als düsteres Vorspiel zum Nachkriegsstück *Minna von Barnhelm*? An der Courage und intelligenten Phantasie eines Regisseurs, der das ‚Musterlustspiel' nicht mehr zelebrieren möchte, würde sich Gelingen oder Mißlingen entscheiden.

Viele Einzelzüge der frühen Lustspiele wie der *Sara* treffen in *Philotas* zusammen: die unreife Selbstüberhebung (Damis), die tugendbestimmte Halsstarrigkeit (Adrast), die „Menschenliebe" (der Reisende), aber auch das „Väterliche" des alten Sampson, und vieles andere. Die

[33]) Conrad Wiedemann: Ein schönes Ungeheuer. Zur Deutung von Lessings Einakter *Philotas,* GRM. 48 (1967), S. 381 ff.

gängige Ansetzung einer großen ‚Lücke' zwischen den sogenannten Jugendlustspielen und *Minna von Barnhelm* ist unangemessen. Des Wiederbeginns auf einer neuen Stufe, auch der erhöhten Anforderung an das eigene dramatische Talent und Renommee freilich war Lessing sich durchaus bewußt. „Wenn es nicht besser, als alle meine bisherigen dramatischen Stücke wird", schreibt er am 20. August 1764 an Ramler, „so bin ich fest entschlossen, mich mit dem Theater gar nicht mehr abzugeben".

Wie eine öffentliche, bestätigende und bestärkende Antwort auf Lessings privaten Brief liest sich, was am 4. Juli 1767 in den Greifswalder *Neuen Kritischen Nachrichten* über das eben im Druck erschienene neue Lustspiel steht: „Es ist die glücklichste Vorbedeutung für das Theater der Deutschen, daß Herr Lessing wieder anfängt, für dasselbe zu arbeiten"[34]). Eben dieser, nach dem *Jungen Gelehrten* und *Miß Sara Sampson*, dritte erfolgbestimmte Markierungspunkt auf dem Weg des nationalen Dramatikers Lessing bedeutet, als Wendepunkt, zugleich eine eminente Schwierigkeit für den historischen Zugang zu *Minna von Barnhelm*. Das erste ‚lebendig' gebliebene deutsche Lustspiel, der Beginn der ‚eigentlichen' Komödientradition in Deutschland, das ‚Musterlustspiel', das erste wirkliche ‚Zeitstück': diese und Dutzende von Etiketten nur leicht abgewandelter Art füllen seit Generationen die Handreichungen für Lehrer, die Theaterprogrammhefte, die Aufführungskritiken, die Literaturgeschichten und die Nachschlagewerke verschiedenster Zweckbestimmung[35]).

Hinter dem schier erdrückenden formalen Konsens über das Epochemachende des Stücks taucht ein nicht nur fachwissenschaftlicher, sondern auch etwa das Theater berührender Deutungsstreit auf, der gerade in den letzten Jahren auffällig oft Gegenstand methodenkritischer Erörterungen wurde[36]). Das ‚Zeitstück' steht gegen das ‚überzeitliche' Lust-

[34]) Zitiert nach: Werke. Hrsg. v. Göpfert, s. L., Bd. 2, S. 676. Weitere Zeugnisse dort und in den beiden Dokumentenbänden von Dieter Hildebrandt (= Dichtung und Wirklichkeit Nr. 30). Frankfurt a. M.-Berlin 1969 und von Jürgen Hein (Reclams Universal-Bibliothek Nr. 8108). Stuttgart 1970.

[35]) Vgl. die in Anm. 34 genannten Bändchen. Programmhefte sind aufgearbeitet in der Untersuchung von Stadelmaier, s. Anm. 1.

[36]) Horst Steinmetz: *Minna von Barnhelm* oder die Schwierigkeit, ein Lustspiel zu verstehen. *In:* Festschr. f. Herman Meyer. Tübingen 1976, S. 135 ff.; Jürgen Schröder: Lessing, *Minna von Barnhelm. In:* Die deutsche Komödie. Hrsg. v. Walter Hinck. Düsseldorf 1977, S. 49 ff.

spiel, die politische Deutung gegen das Drama des ‚Menschlichen', die sozialgeschichtliche Situierung gegen die Interpretation der ästhetischen Qualitäten als ‚Spiel', und so fort. Auch innerhalb der hier vereinfachend als polar gefaßten Methodenrichtungen gibt es erhebliche Divergenzen, ja kontradiktorische Auslegungen wie friderizianisch und antifriderizianisch, oder bürgerlich und antibürgerlich oder ‚über'-bürgerlich, und ein breites Spektrum erstreckt sich selbst zwischen den Gattungspolaritäten Komödie und (verhinderte) Tragödie. Wohl bei keinem Stück Lessings ist der Versuch verfehlter, in Kürze – und sei es mit einem Gestus ex cathedra – eine Deutung vorzutragen. Für den, der vom Theater und von der Spielbarkeit her sein Interesse begründet, ist die angesprochene Vielfalt der Deutungsmöglichkeiten nicht nur Anreiz zur Diskussion möglicher Regiekonzepte, sondern zugleich rezeptionsästhetische Grundlage zum Nachdenken über ‚Spielräume' der geschichtlichen Ausfaltung.

Die vermutlich geschichtsmächtigste, vorstrukturierende Einordnung wurde für *Minna von Barnhelm*, noch klarer als für viele andere Texte der Aufklärungsepoche, Goethes Charakterisierung im 7. Buch von *Dichtung und Wahrheit* (1812)[37]). Daß dieses Lustspiel „eine nie zu berechnende Wirkung" ausübt, ist durch die lange und kontinuierliche Theatergeschichte, von den frühen, über zweihundert ‚Soldatenglück'-Werken bis in die Fernsehära immer wieder bestätigt worden. Goethes Wort von „der wahrsten Ausgeburt des Siebenjährigen Krieges", dem ersten Theaterstück „von spezifisch temporärem Gehalt" erfaßte den Aspekt ‚Zeitstück'. Auf den Charakter eines nationalliterarischen Wendepunkts weist die Formulierung „von vollkommenem norddeutschen Nationalgehalt" hin. Und schließlich wird der überzeitliche, ‚ideale' Gehalt durch die These angesprochen, daß dieses Stück „den Blick in eine höhere, bedeutendere Welt aus der literarischen und bürgerlichen [. . .] glücklich eröffnete".

Weniger bekannt als Lessings Schwierigkeiten mit der Zensur und auch weniger respektvoll als der Großteil der späteren interpretierenden Forschung ist die früh von Zeitgenossen geäußerte Kritik an den dramaturgischen Qualitäten des Lustspiels. Das heute bis in kleinste Feinheiten analysierte komödiantische Spiel Minnas etwa[38]) wird immerhin

[37]) Die folgenden Zitate nach Hein, s. Anm. 34, S. 67.

[38]) Peter Michelsen: Die Verbergung der Kunst. Über die Exposition in Lessings *Minna von Barnhelm*, SchillerJb. 17 (1973), S. 192 ff.; Ingrid Stroh-

von Johann Joachim Eschenburg als „zu verwirrend" und „zu weit getrieben" kritisiert[39]). Die nach neueren Interpretationen[40]) vielfältig mit der Haupthandlung verknüpfte Figur des Riccaut erscheint manchen als aufgesetzt, entbehrlich, und nicht in erster Linie aus politischen oder nationalen Gründen. Was die frühen Rezipienten bei allem ihrem Respekt vor den Qualitäten des Stücks und vor dem Renommee Lessings fast beneidenswert auszeichnet, ist die Unmittelbarkeit des Eindrucks und des Urteils – so wie Lessing selbst mit ‚Mustern' und Autoritäten umzugehen pflegte. Heute bleibt es nahezu ausschließlich Theaterleuten wie etwa Ivan Nagel[41]) vorbehalten, die „eminente Spielbarkeit" der *Minna von Barnhelm* jedenfalls für die Gegenwart als eine Legende anzuzweifeln – und eben dadurch vielleicht den Anstoß zu einer reflektierteren Bestätigung zu geben.

Daß die Komödie, mit der Lessing seine frühen Lustspiele nicht ‚überwand', sondern nur in den Hintergrund drängte[42]), im Rahmen des Hamburger Nationaltheaters ihre Uraufführung fand (am 30. September 1767), erscheint im nachhinein von geschichtslogischer Konsequenz. Das erste deutsche „Originalstück" wurde in die gleiche nationalliterarische Legendenbildung eingewoben wie die *Hamburgische Dramaturgie* (1767-1769) als Dokument eines theaterinstitutionellen Neubeginns. Genauere Untersuchung der Spielpläne, auch der realen Spielpraxis im Vergleich mit Lessings Besprechungstendenzen, weiterhin die Analyse der Gründe, die zu dem baldigen Scheitern der „Entreprise" führten, haben ein nüchterneres, historisch differenziertes Bild ergeben[43]). Lessings berühmte Klage am Schluß der *Hamburgischen Dramaturgie*: „Ueber den gutherzigen Einfall, den Deutschen ein National-

schneider-Kohrs: Die überwundene Komödiantin in Lessings Lustspiel. *In:* Wolfenbütteler Studien z. Aufkl., Bd. 2. Bremen/Wolfenbüttel 1975, S. 182 ff.

[39]) Zitiert nach: Werke. Hrsg. v. Göpfert, s. L., Bd. 2, S. 674.

[40]) Emil Staiger: Lessing: *Minna von Barnhelm. In:* E. St.: Die Kunst der Interpretation. Zürich 1955, S. 75 ff.; Fritz Martini: Riccaut, die Sprache und das Spiel in Lessings Lustspiel *Minna von Barnhelm* (1964). *In:* Bauer, s. L., S. 376 ff.

[41]) Wie oben Anm. 6.

[42]) Hinck, s. Anm. 12, S. 287 ff.

[43]) Horst Steinmetz: Literaturgeschichte und Sozialgeschichte in widersprüchlicher Verschränkung: Das Hamburger Nationaltheater (1978, noch unveröffentlichter Beitrag für eine Bielefelder Tagung).

theater zu verschaffen, da wir Deutsche noch keine Nation sind!", auch der Vorwurf an „das Publicum", es habe „nichts" für das Theater getan, sind an den konkreten Möglichkeiten und Grenzen sowohl der Theaterleitung wie der Zuschauer zu messen. Nicht nur Eitelkeit, Intrigen und kaufmännische Unfähigkeit der Initiatoren werden dem Unternehmen zum Verhängnis. Die Idee des Nationaltheaters eilte dem Entwicklungsstand und der Bewußtwerdung des anzusprechenden Bürgertums voraus. Mannheim – das später (1776/77) noch einmal für Lessing eine Möglichkeit zu bieten schien –, Wien und vor allem Gotha und Weimar boten als fürstliche Zentren die Basis, die längerfristig trug.

Für den Dramatiker Lessing bedeutet die Arbeit an der *Hamburgischen Dramaturgie* zunehmend die exemplarisch-induktiv ansetzende, exkursartige Möglichkeit zur Verständigung über die neue Dramentheorie. Das Kernstück, die Auseinandersetzung mit der *Poetik* des Aristoteles – die an anderer Stelle dieses Handbuchs gewürdigt wird[43a]) –, knüpft an den Briefwechsel mit Mendelssohn und Nicolai über das Trauerspiel und an die „Mitleids"-Diskussion aus dem *Laokoon* (1. Teil 1766) unmittelbar an. Die „menschliche" Schmerzäußerung des Helden, wie sie Philoktet zeigt, ermöglicht Mitleiden des Zuschauers. Die Verschärfung, der Held des Trauerspiels müsse „von gleichem Schrot und Korne" sein, kommt jetzt hinzu und wirft ebenso neue Probleme der Deutung Lessingscher Dramatik auf wie die These von der Verwandlung der erregten Leidenschaften „in tugendhafte Fertigkeiten".

Für *Emilia Galotti* als das auf die *Hamburgische Dramaturgie* folgende Trauerspiel ist die Frage nach ‚Theorie' und ‚Praxis' immer wieder gestellt worden[44]). Auf *Minna von Barnhelm* ließ sich etwa der Satz „Die Komödie will durch Lachen bessern; aber nicht eben durch Verlachen" gewissermaßen nach rückwärts überzeugend anwenden. Aber mit welcher Figur der *Emilia Galotti* soll der Zuschauer „Mitleiden" haben, und welche „tugendhaften Fertigkeiten" werden durch dieses Stück, noch dazu angesichts des nicht eindeutigen Schlusses, gefördert?

Fragen dieser Art wären in ihrer direkten Bezugsetzung bei einer Regelpoetik Gottschedscher Observanz berechtigt. Lessing der Dramatiker dagegen ‚verstößt' nicht einfach gegen ein selbstaufgestelltes ‚System', sondern er ‚unterläuft' den Dramaturgen. Dies ist zunächst nur eine Metapher für das Vorhandensein einer Fülle von Fragen, deren

[43a]) Wie oben Anm. 11.

[44]) Beispielsweise Fred Otto Nolte: Lessings *Emilia Galotti* im Lichte seiner *Hamburgischen Dramaturgie* (1937). *In:* Bauer, s. L., S. 214 ff.

Schwierigkeit über die Deutungsprobleme bei *Minna von Barnhelm* wohl hinausführt: die Streichung des Adjektivs „bürgerlich" in der Gattungsbezeichnung des Trauerspiels, die Entpolitisierung der seit 1754 interessierenden Virginia-Fabel, Emilias Verhältnis zum Prinzen (liebt sie ihn?), dessen schillernder Charakter, die eigentümliche Starrheit der moralischen Zentralgestalt Odoardo, der ‚offene' Schluß mit der Berufung auf den „Richter unser aller", nicht zuletzt die Uraufführung des Stücks ausgerechnet zum Geburtstag der braunschweigischen Herzogin (13. März 1772).

Die frühe Anerkennung des ‚Originalstücks', die Anerkennung der theatralisch-dramaturgischen Meisterschaft, freilich auch erste Kritik an allzu Kalkuliertem verbinden *Emilia Galotti* mit der Rezeption der *Minna von Barnhelm*. Auffällig sind vereinzelte Berichte über die „Kälte", mit der das Publikum da und dort reagierte[45]), auch Äußerungen der bloßen „Bewunderung", die gewiß den Postulaten der *Hamburgischen Dramaturgie* nicht genügen wollten. Friedrich Schlegel hat mit seiner folgenreichen, ambivalenten Kritik hier angesetzt: „ein großes Exempel der dramatischen Algebra", ein zu bewunderndes „Meisterstück des reinen Verstandes"[46]).

Politische Aspekte, auf zeitgeschichtliche Realitäten bezogen, haben dagegen – verglichen mit *Minna von Barnhelm* – erst relativ spät eine Rolle gespielt. Herder spricht 1794 im Zusammenhang der Orsina von der „Sphäre der Willkür"[47]) und Goethe dann 1827 von den „Piken auf die Fürsten"[48]); an anderer Stelle hebt er hervor, in der Kritik der höheren Stände habe Lessing mit *Emilia Galotti* den „entschiedensten Schritt" getan[49]). So ‚unpolitisch' die frühe Rezeption dieses Stückes war[50]), so sehr hat sich gerade in der Gegenwart eine wichtige Deutungskontroverse hierauf konzentriert. Fritz Kortners eingangs angesprochene Regiekonzeption nimmt eben dieses Politische, Sozialpolitische auf, um es ostentativ gegen das Bürgertum zu wenden; der Prinz wird geradezu ‚entlastet'. Versuche der Ästhetisierung, wie sie etwa

[45]) Zeugnisse in dem Band von Jan-Dirk Müller (= Reclams Universal-Bibliothek Nr. 8111/11a). Stuttgart 1971, S. 51 ff.

[46]) Jan-Dirk Müller, s. Anm. 45, S. 73.

[47]) A. a. O., S. 70.

[48]) A. a. O., S. 72.

[49]) A. a. O., S. 64.

[50]) Barner, Grimm, Kiesel, Kramer, s. L. S. 174 f.

Werner Schroeter 1972 in Hamburg unternahm, mit einer Bühne als ‚schwarzem Kasten', mit marionettenhaften Schauspielern hinter einem Gazevorhang, scheitern offenbar an der zu expliziten Sozialproblematik des Stücks.

Welche ‚Botschaft' freilich den aufgezeigten Konflikten entgegengesetzt wird, bleibt so verdeckt wie Odoardos Nennung des obersten „Richters". Erst Lessings letztes Stück, vielfältig als ‚Summe' seines Lebens gedeutet, *Nathan der Weise*, bietet einen in seinem Gehalt formulierbaren, von „Umarmungen" und „Rührung" gekennzeichneten positiven – für manche Interpreten zu positiven – Schluß[51]). Gleichsam kompensierend aber hat Lessing mit einer kühnen Konzeption die sinntragende, mehrdeutige Ringparabel in die Mitte des Stücks gerückt (III,7).

Überdies erschließt erst der Kontext des seit Ende 1777 geführten Fragmentenstreits[52]) den Sinnhorizont der Frage nach der „Wahrheit" der Religionen in seinem ganzen Umfang. Der utopische Charakter des Schlußentwurfs einer universalen Menschheitsfamilie, mit den vielberufenen Zentralbegriffen der „Menschlichkeit" und der „Toleranz", hat wiederum gerade wegen ihres positiv erst einzulösenden Anspruchs der Usurpation Tür und Tor geöffnet. Keines der anderen Stücke Lessings ist so sehr „Lehrgedicht"[53]) wie dieses „dramatische Gedicht" und ist mit seiner „Lehre" so sehr der Einspannung für heterogene Zwecke ausgeliefert.

Als Wiedergutmachungsstück mit einer aktualisierten Pogrom-Erzählung hat *Nathan der Weise* auch denen ein gutes Gewissen geben müssen, die von der Position des Patriarchen nie wirklich hatten freikommen können. Ernst Deutsch als prägende Figur einer Epoche von *Nathan*-Pflege verkörperte geradezu als Garant die beruhigende Überzeugung, daß man ja bereits auf dem guten Wege sei. Die Gestalt des weisen, alten Mannes jenseits von Gut und Böse schien überdies der Lebenssituation ‚organisch' zu entsprechen, in der das Schauspiel entstanden war. Lessing war fünfzig Jahre alt, als er sein letztes Werk

[51]) Die Vielfalt der Deutungen zeigen die Dokumente in den Bänden von Peter Demetz (= Dichtung und Wirklichkeit Nr. 25). Frankfurt a. M.–Berlin 1966 und von Peter von Düffel (Reclams Universal-Bibliothek Nr. 8118/18a). Stuttgart 1972.

[52]) Übersicht: wie Anm. 50, S. 257 ff.

[53]) So Johann Jakob Engel 1783, zitiert nach Braun, s. L., Bd. 3, S. 108.

schrieb, nicht an die achtzig wie Goethe, als er *Faust II* abschloß, mit dem *Nathan der Weise* gelegentlich gern verglichen wird. Trotzdem enthält das Werk charakteristische Züge einer späten Synthese, mit der Wiederaufnahme früher Themen und Figuren (insbesondere aus *Die Juden*), einem eigentümlich ‚zusammengesetzten' Schauplatz[53]), einer Schauspielform jenseits von Tragödie und Komödie – trotz Schillers einseitig mißverstehender Kritik[54]). Und zum ersten Mal, nach dem Alexandriner-Fragment *Samuel Henzi* (1749) und dem Blankvers-Fragment *Kleonnis* (1758), gelingt der dramatische Vers, freilich ein lockerer, oft gesprächshafter, der Prosa naher Vers.

Dem Bruder Karl schreibt Lessing am 18. April 1779, daß sein *Nathan* wohl „im Ganzen wenig Wirkung thun würde, wenn er auf das Theater käme, welches wohl nie geschehen wird". Ähnlich lautet es in einem Entwurf Lessings zu einer Vorrede. Gegenüber Elise Reimarus aber verwendet er, nachdem ihm in Sachen Fragmentenstreit Publikationsverbot auferlegt worden ist, am 6. September 1778 die berühmt gewordene Formulierung: „Ich muß versuchen, ob man mich auf meiner alten Kanzel, auf dem Theater wenigstens, noch ungestört will predigen lassen".

Der Kamenzer Pastorensohn, der seine Theaterleidenschaft dem Vater gegenüber mit eigentümlicher Insistenz verteidigt und dann konsequent Stufe um Stufe, bis zum „nationalen" Dramatiker emporgeführt hatte, war Theatraliker in einem umfassenden Sinn wie kein anderer seiner schreibenden Zeitgenossen. Nicht nur, daß er das Theater von der Pike auf beherrschte, die theatralische Überlieferung gelehrt zu erschließen verstand und durch epochale Erfolge in seiner produktiven Fähigkeit bestätigt wurde. Lessing erkannte vor allem das Paradigmatische des Theaters, neben der Predigt als dem Ort, wo ‚Interessierendes' mündlich und öffentlich verhandelt wird. Dieses Öffentliche aber ist zugleich nationales Forum, Vehikel und Spiegel der jeweiligen Entwicklung. Mit Johann Elias Schlegel war er sich einig: „Ein gutes Theater tut einem ganzen Volke eben die Dienste, die der Spiegel einem Frauenzimmer leistet, das sich putzen will. [. . .] Es verbreitet den Geschmack an Künsten und Wissenschaften; es lehrt auch den geringsten Bürger"[55]).

[54]) Zitat bei von Düffel, s. Anm. 51, S. 124 f.

[55]) Johann Elias Schlegel, *Gedanken zur Aufnahme des dänischen Theaters* (1747), zitiert nach: J. E. Schl., *Canut.* Hrsg. v. Horst Steinmetz (Reclams Universal-Bibliothek Nr. 8766/67). Stuttgart 1967, S. 75 ff.; hier S. 88 f.

Für Lessing aber ist auch die öffentliche Schriftlichkeit Theater, Dialog, Disput, ob es sich um kritische, theoretische oder polemische Texte handelt. Mündlichkeit als Maxime des Stils ist freilich unabdingbar. „Schreibe wie Du redest, so schreibst Du schön", belehrt der knapp Fünfzehnjährige seine Schwester Dorothea Salome. Alles, was später an ‚Natürlichkeit', ‚Lebhaftigkeit', ‚Klarheit' in Lessings Prosa gelobt wurde, geht im Kern auf dieses ‚Reden' zurück, das als öffentliches Reden theatralisches Reden ist. Die alte Metapher von der Welt, vom Leben als Theater gilt für Lessing in mehr als einer Hinsicht. In seinem letzten Brief an Moses Mendelssohn (19. Dezember 1780) formuliert er, auf die Jugendzeit zurückblickend: „Ach, lieber Freund! diese Scene ist aus!". Mendelssohn aber schreibt nach Lessings Tod an dessen Bruder Karl Gotthelf Lessing, im Blick auf *Nathan den Weisen*: „Er ist in der Tat mehr als *ein* Menschenalter seinem Jahrhunderte zuvorgeeilt"[56]). Der Dramatiker Lessing ist sogar – bis heute – als einziger unter seinen Zeitgenossen lebendig geblieben.

[56]) Zitiert nach Steinmetz: Lessing – ein unpoetischer Dichter, s. L., S. 123.

T:

Sämtliche Schriften. Hrsg. v. Karl Lachmann. 3., auf's neue durchges. u. vermehrte Aufl., besorgt durch Franz Muncker, 23 Bde. Stuttgart (–Leipzig) 1886 – 1924. Nachdr. 1968 (Kritische Ausgabe, nach der hier zitiert wird. Abk.: LM)

Gesammelte Werke. Hrsg. v. Paul Rilla, 10 Bde. Berlin/Weimar 1954 – 1958, ^{2}1968

Werke. Hrsg. v. Kurt Wölfel, 3 Bde. Frankfurt a. M. 1967

Werke. In Zusammenarbeit mit Karl Eibl, Helmut Göbel, Karl S. Guthke, Gerd Hillen, Albert von Schirnding u. Jörg Schönert hrsg. v. Herbert G. Göpfert, 8 Bde. München (auch Darmstadt) 1970 ff.

L:

Schmidt, Erich: Lessing. Geschichte seines Lebens und seiner Schriften, 2 Bde. Berlin 1884/92, ^{4}1923

Braun, Julius W. (Hrsg.): Lessing im Urtheile seiner Zeitgenossen, 3 Bde. Berlin 1884 – 1897. Nachdr. 1969

Mehring, Franz: Die Lessing-Legende. Stuttgart 1893. Neudr. Berlin 1963, Frankfurt a. M. usw. 1974

Oehlke, Waldemar: Lessing und seine Zeit, 2 Bde. München 1919, ^{2}1929

Rempel, Hans: Tragödie und Komödie im dramatischen Schaffen Lessings. Berlin 1935. Nachdr. 1967

Kommerell, Max: Lessing und Aristoteles. Untersuchung über die Theorie der Tragödie. Frankfurt a. M. 1940, ^{4}1970

Rilla, Paul: Lessing und sein Zeitalter. Berlin 1958, ^{2}1968. Neudr. München 1973

Guthke, Karl S.: Der Stand der Lessing-Forschung (Referate aus der DVjs). Stuttgart 1965

Brock-Sulzer, Elisabeth: Gotthold Ephraim Lessing (Friedrichs Dramatiker der Weltliteratur. 11). Velber b. Hannover 1967

Bauer, Gerhard u. Sibylle (Hrsg.): Gotthold Ephraim Lessing (Wege der Forschung. CCXI). Darmstadt 1968

Steinmetz, Horst (Hrsg.): Lessing – ein unpoetischer Dichter. Dokumente aus drei Jahrhunderten zur Wirkungsgeschichte Lessings in Deutschland. Frankfurt a. M./Bonn 1969

Daunicht, Richard (Hrsg.): Lessing im Gespräch. Berichte und Urteile von Freunden und Zeitgenossen. München 1971
Dvoretzky, Edward (Hrsg.): Lessing. Dokumente zur Wirkungsgeschichte 1755–1 968, 2 Tle. Göppingen 1971/72
Schröder, Jürgen: Gotthold Ephraim Lessing. Sprache und Drama. München 1972
Seifert, Siegfried: Lessing-Bibliographie. Berlin/Weimar 1973
Guthke, Karl S.: Gotthold Ephraim Lessing (Sammlung Metzler. 65). Stuttgart 1973
Barner, Wilfried u. Gunter Grimm, Helmuth Kiesel, Martin Kramer: Lessing. Epoche – Werk – Wirkung. München 1975, [3]1977
Schulz, Ursula: Lessing auf der Bühne. Chronik der Theateraufführungen 1748 – 1789. Bremen u. Wolfenbüttel 1977
Harris, Edward P. und Richard E. Schade (Hrsg.): Lessing in heutiger Sicht. Beiträge zur Internationalen Lessing-Konferenz Cincinnati, Ohio 1976. Bremen u. Wolfenbüttel 1977

V

Die Schaubühne als moralische Anstalt betrachtet

Hamburgische

Dramaturgie.

Erster Band.

Hamburg.

In Commission bey J. H. Cramer, in Bremen.

Erstausgabe des ersten Bandes der ,,Hamburgischen Dramaturgie", 1767.

Der Opernhof am Gänsemarkt in Hamburg.

Tellheim und die Dame in Trauer; er wehrt die Bezahlung der Schuld ab: „Nicht doch Madame! Marloff mir schuldig? Das kann schwerlich sein."

Dieser und der folgende Stich aus: Daniel Chodowiecki, „Zwölf Blätter zu Lessings ‚Minna von Barnhelm'. Aus dem genealogischen Kalender auf das Jahr 1770".

Minna führt Tellheim ihrem Oheim und Vormund, dem Grafen von Bruchsal, zu.

Minna im Kuhstall

Der Sonderling Siegfried, eine Art Don Quixote von Hinterpommern, führt auf seinem Gute Lessings „Minna" im Kuhstall auf. Sie sind bereits in der letzten Szene. Er selbst liest die Rolle des Grafen von Bruchsal aus dem Buche ab: vor ihm steht das „junge Paar": die 60jährige französische Mademoiselle als Minna und der Jäger Paul mit dem Stelzfuß als Tellheim. Die alte Haushälterin steht als Franziska dahinter; ringsherum die andern. Chodowiecki parodiert hier seinen letzten Minna-Kupfer.

Daniel Chodowiecki aus:
Joh. Gottwerth Müller [von Itzehoe] „Siegfried von Lindenberg."

DOMINIQUE BOUREL

Moses Mendelssohn: Aufklärung in zwei Welten

Was heute an Moses Mendelssohn so faszinieren kann, ist die Tatsache, daß er am Kreuz zweier verschiedener Wege steht: Als vorzüglicher Schriftsteller gilt er als die Inkarnation der Aufklärung par excellence. Freund Lessings und Nicolais, Akademiepreisträger, ein von Kant hochgeschätzter Philosoph und als Kritiker ein sehr gesuchter Autor, steht er an der Spitze der Geistesgeschichte Deutschlands. Als Jude – den nie sein Glaube verlassen hat – weist er den Weg der – heute für immer abgeschlossenen – Bewegung, die unsere Modernität so stark geprägt hat: Das äußerst fruchtbare Miteinanderleben und -denken zwischen Abendland und Judentum, dessen Markstein die Namen Marx, Freud, Einstein oder Schönberg trägt. Alle haben Mendelssohn das Herauskommen aus dem Ghetto zu verdanken. Daß diese beiden Komponenten in einer Gestalt zu finden sind, stellt ja ein unerhörtes Moment der Geschichte überhaupt dar.

Mendelssohn ist am 6. September 1729 in Dessau geboren, im gleichen Jahr wie Lessing und Reimarus jr. Als Sohn eines Thoraschreibers genoß er in diesem damaligen Zentrum des jüdischen Lebens eine eingehende jüdische Bildung. Es ist bemerkenswert, daß er die hebräisch verfaßten Briefe sein Leben lang mit *Mosche mi Dessau* (Moses aus Dessau) oder einfach *Mosche Dessau* unterschrieben hat. Die Bibel, die er zum Teil hebräisch auswendig konnte, sowie *Halacha, Talmud, Tosafot* und nach 1742 Maimonides' *Führer* waren für ihn tägliche Nahrung.

In einem so weiten Maß durch seinen Lehrer, den dortigen Rabbiner David Fränkel, beeinflußt, folgte ihm der Vierzehnjährige, als dieser 1743 nach Berlin berufen wurde. Die Berliner Juden – großenteils

Diesen Text schrieb ich als Stipendiat der Arthur Sachs Foundation (Harvard). Für die Gastfreundschaft während dieses Forschungsjahres habe ich dem Department of Near Eastern Languages and Civilizations sehr herzlich zu danken. Für das Durchlesen des Textes bin ich Herrn Dr. Manfred Th. Heiermeier zu besonderem Dank verpflichtet.

Nachkommen der aus Wien vertriebenen Gemeinde – lebten von der Regierung toleriert in einer festgesetzten Ordnung, die der kameralistischen Politik der Hohenzollern diente. Eine andere geistlich prägnante Minderheit bildeten die Hugenotten, so daß man in Berlin, eine der wichtigsten Städte der deutschen Aufklärung, in einer recht freien Atmosphäre atmen konnte. Das Leben in einer so bunten Stadt wird Mendelssohns Persönlichkeit durchaus bestimmen. Die durch Friedrich den Großen wieder ins Leben gerufene Akademie der Wissenschaften, die gelehrten Gesellschaften und die Gruppen um Zeitschriften wie die *Allgemeine Deutsche Bibliothek* und die *Berlinische Monatsschrift* – teilten sich das geistige Leben. Mendelssohns Schaffen wird sich in allen diesen Kreisen entfalten, obwohl er nur als Geschäftsmann tätig war! Er half Fränkel bei seiner wissenschaftlichen Arbeit und wurde 1750 Lehrer im Hause des Seidenfabrikanten Isaac Bernhard, 1754 dessen Buchhalter und 1761 Mitdirektor. 1764 versuchte sogar die preussische Regierung eine neue Manufaktur in Potsdam unter seiner Leitung zu errichten; 20 000 Thaler wurden ihm als Zuschuß gewährt. Aus Fairneß seinem Protector gegenüber lehnte er ab. Der Schweizerische Theologe Lavater schildert seine Begegnung mit Mendelssohn so: „Den Juden *Moses*, den Verfasser der philosophischen Gespräche und Briefe über die Empfindungen, fanden wir in seinem Comtoir mit Seide beschäftigt. Eine leutselige, leuchtende Seele im durchdringenden Auge und einer äsopischen Hütte; schnell in der Aussprache, doch plötzlich durch ein Band der Natur im Laufe gehemmt. Ein Mann von scharfen Einsichten, feinem Geschmack und ausgebreiteter Wissenschaft. Ein großer Verehrer denkender Genies und selbst ein metaphysischer Kopf; ein unpartheyischer Beurtheiler der Werke des Geistes und Geschmacks; vertraulich und offenherzig im Umgange; bescheidener in seinen Reden als in seinen Schriften, und bey'm Lobe unverändert, ungezwungen in seinen Gebehrden, entfernt von ruhmbegierigen Kunstgriffen niederträchtiger Seelen, freygäbig und dienstfertig. Ein *Bruder* seiner Brüder, der Juden, gefällig und ehrerbietig gegen sie, auch von ihnen geliebt und geehrt. – Aber wie wenig entsprechen seine äußern Umstände seinen Talente ... Er ist Fabrikinspektor bey einem reichen Juden Bernhard, der ihm jährlich 300 Thlr. giebt, dafür muß er die meiste Zeit im Comtoir zubringen, und hat wenige Muße seinem Geist eine würdige Ausbreitung zu geben." Mit Israel Samoscz (ca. 1700-1772) Aaron Gumpertz (1723-1769) und Abraham Kisch (1728-1803) erwarb er weit mehr als die

Grundlegung der „profanen Wissenschaften": Mathematik, Latein, Französisch und später Griechisch und Philosophie; sein ganzes Oeuvre verrät eine außergewöhnliche Gelehrsamkeit.

Die Wirkungen der Begegnung Mendelssohns, Schüler Maimonides' und Wolff's, mit Lessing (1754) können nicht hoch genug eingeschätzt werden. In Gotthold Ephraim Lessing, sowie in Friedrich Nicolai, fand er nicht nur einen Freund oder sogar einen „Bruder in Leibniz", sondern auch einen Initiator, der als literarischer Mentor und philosophischer Gesprächspartner fungierte. Vor der romantischen Aera findet hier ein wirkliches „Symphilosophieren" statt.

Die ersten philosophischen Notizen brachte Mendelssohn im März 1753 zu Papier. Ein Jahr später schreibt Lessing an den Göttinger Orientalisten Johann David Michaelis: „[Moses Mendelssohn ist] ein Mensch von etlichen und zwanzig Jahren, welcher ohne alle Anweisung, in Sprachen, in der Mathematik, in der Weltweisheit, in der Poesie, eine große Stärke erlangt hat. Ich sehe ihn im Voraus als eine Ehre seiner Nation an. Seine Redlichkeit und sein philosophischer Geist lassen mich ihn im voraus als einen zweiten Spinoza betrachten, dem zur völligen Gleichheit mit dem ersten nichts als seine Irrtümer fehlen werden".

Als der junge Philosoph 1755 die *Philosophische*(n) *Gespräche* und die *Briefe über die Empfindungen* veröffentlichte rief dieses Buch Erstaunen in und über Berlin hinaus hervor. Der skeptische Michaelis schrieb dieses tief gedachte und stilistisch reife Werk Lessing zu, und der Dichter Johann Peter Uz bat wissensbegierig Johann Wilhelm Gleim: „Schreiben sie mir doch, was Sie von dem angeblichen Juden wissen, der die philosophische Gespräche und die Schrift über die Empfindungen gemacht haben soll". Als Zeichen einer frühen Anerkennung verdient seine Antwort zitiert zu werden: „Der Verfasser der philosophische Gespräche und des Werckchens über die Empfindungen, ist kein erdichteter sondern ein würcklicher Jude, noch sehr jung und von einem trefflichen Genie, der es, ohne Lehrer, in allen Wissenschaften sehr weit gebracht hat, die Algebre zum Zeitvertrieb gebraucht, wie wir die Poesie und doch von Jugend auf, in einer jüdischen Handlung sein Brod verdient hat . . . Sein Nahme ist Moses". So wird also *Moses* oder auch *Moyse, grand savant juif à Berlin* in die République des Lettres eingeführt. In den beiden ersten Werken zeigt sich Mendelssohn als ein sehr subtiler Kenner der vielfarbigen Leibniz-Wolffschen Philosophie. Die *Philosophische Gespräche* brechen in der

Geschichte der Philosophie Bahn für die Rehabilitierung Spinozas. Mit einer bewunderungswürdigen Kühnheit – sogar gegen Pierre Bayle selbst – versucht Mendelssohn eine „Rettung" Spinozas, seines Mitbruders, dem die Paternität des „wesentlichen Teils" der Philosophie Leibniz', die vorausbestimmte Harmonie zugeschrieben wird. Als Leibnizianer nimmt er jedoch radikalen Abstand von der französisch denkenden und schreibenden Akademie der Wissenschaften. Schon sehr früh kündigt er seine Abneigung gegen den Materialismus und die Oberflächlichkeit des französischen *Siècle des Lumières* an; drastisch sagt er: „Die Franzosen philosophieren mit dem Witze, die Engländer mit der Empfindung, und nur die Deutschen haben kaltes Blut genug, mit dem Verstande zu philosophieren" (an Lessing 27. Februar 1758). Die *Briefe über die Empfindunqen* behandeln ästhetische sowie ethische Probleme: Meier, Sulzer, Baumgarten und Maupertuis sind die Hauptfiguren, mit denen Mendelssohn sich auseinandersetzte. Dies war übrigens die erste Schrift Mendelssohns, die die Grenze überschritt, denn sie wurde ins Französische, Holländische und Italienische übersetzt. In jenem Jahr drückte er noch seine Mißachtung der Akademie gegenüber aus, indem er mit Lessing ein gegen die Fragestellung des Preises gerichtetes anonymes Pamphlet, *Pope ein Metaphysiker*! schrieb. Auf Rat seines Freundes veröffentlichte er 1756 seine Übersetzung der Rousseauschen *Abhandlung von dem Ursprunge der Ungleichheit unter den Menschen und worauf sie sich gründe*. Wir werden noch eine weitere Beschäftigung mit dem *Citoyen de Genève* feststellen können. Mendelssohn ist derjenige Denker seiner Generation, der über Rousseau am meisten meditiert hat.

Nach Lessings Abreise gewann seine Freundschaft mit Nicolai an Intensität; in seinen Erinnerungen schreibt er: „Mein Trieb zur spekulativen Philosophie nahm nun durch den fast täglichen Umgang mit einem so spekulativen Kopfe sehr zu. Moses Mendelssohn lebte damals hauptsächlich nur in spekulativen Ideen". Seine schon längst gewürdigten literaturkritischen Talente entfalten sich u. a. in der *Bibliothek der schönen Wissenschaften und der freyen Künste*, in den *Briefen die neueste Litteratur betreffend* und in der *Allgemeinen deutschen Bibliothek*. Als belesener und scharfsinniger Kritikus ragte er jahrelang hervor. Die immer sehr beachteten Beiträge Mendelssohns umfassen alle führenden Gestalten der Aufklärungszeit: Basedow, Klopstock, Gottsched, Meier, Gleim, Baumgarten, Wieland (in der *Bibliothek*), sie umfassen ungefähr ein Drittel der Rezensionen in den

„Briefen" – darunter die von Hamann heftig kritisierte eingehendste Untersuchung über die *Nouvelle Héloise* –, und kritisieren Lambert, Iselin, Kant, Mérian, Crusius (in der *Allgemeine(n) Deutsche(n) Bibliothek*). Nie gab Mendelssohn seine Beschäftigung mit der eigenen Kultur auf. Schon früh beteiligte er sich an einer ephemerischen Zeitschrift, *Koheleth Mussar*, die z.T. der Pflege der hebräischen Sprache gewidmet war und setzte sein Maimonidesstudium mit *Bi'ur Millot Ha-Higgajon* (1761) fort, einem Kommentar der ursprünglich arabisch geschriebenen Abhandlung über die „Wörter der Logik". Nach einer ersten Ausgabe der *Philosophische*(n) *Schriften* (1761) kehrt er in glänzender Weise zur Metaphysik zurück. 1763 erhielt er den ersten Preis der philosophischen Klasse der Akademie der Wissenschaften mit der *Abhandlung über die Evidenz in Metaphysischen Wissenschaften* (1764, gleichzeitig französisch, deutsch und lateinisch veröffentlicht). Kant begnügte sich mit einem Accessit!

Mit Thomas Abbt führt Moses Mendelssohn einen intensiven Briefwechsel über die *Betrachtung über die Bestimmung des Menschen*, ab 1748 mit 13 Auflagen einer der Bestseller der Aufklärung, von dem Berliner lutherischen Oberkonsistorialrat Johann Joachim Spalding. Briefe, Notizen und Aufsätze, die um dieses Thema kreisen, machen einen Teil der Urgeschichte – die eigentlich 1760 beginnt – der weltberühmten Schrift, *Phädon oder über die Unsterblichkeit der Seele in drey Gesprächen* (1767) aus. Daß dieses Büchlein ein Ereignis war, zeigt die große Zahl der Übersetzungen: ins Dänische (1779), ins Englische (1789) ins Französische (1772, 1773, 1805, 1830), ins Hebräische (1787, 1862), ins Holländische (1769), ins Italienische (1772, 1806), ins Polnische (1842), ins Russische (1779, 1837, 1841, 1854, 1857), ins Serbische (1866) und ins Ungarische (1793, 1881). Es fehlt in keiner Bibliothek, Goethe, Hegel und Mozart haben es gelesen und gewürdigt. In der zweiten Auflage seiner *Kritik der reinen Vernunft* wurde Kant veranlaßt, eine Widerlegung zu liefern.

Das eigentliche Anliegen des *Phädon* bestand und besteht darin, ein „Gegengift" gegen den Atheismus zur Verfügung zu stellen. Die Vorrede explizierte sein Vorhaben: „Nach dem Beyspiel des Plato, habe ich den Sokrates in seinen letzten Stunden die Gründe für die Unsterblichkeit der menschlichen Seele seinen Schülern vortragen lassen. Das Gespräch des griechischen Schriftstellers, das den Namen *Phädon* führet, hat eine Menge ungemeiner Schönheiten, die, zum Besten der Lehre von der Unsterblichkeit, genutzt zu werden verdienten. Ich habe mir die Einkleidung, Anordnung, und Beredsamkeit desselben zu Nutze gemacht, und die metaphysichen Beweisthümer nach dem Geschmacke unserer Zeiten einzurichten gesucht. In dem *ersten Gespräche* konnte ich mich etwas näher an mein Muster halten. Verschiedene Beweisgründe desselben schienen nur einer geringen Veränderung des Zuschnitts, und andere einer Entwicklung aus ihren ersten Gründen zu bedürfen, um die Ueberzeugungskraft zu erlangen, die ein neuerer Leser in dem Gespräche des Plato vermisset ... Im Folge sahe mich genöthiget, den Plato völlig zu verlassen. Seine Beweise für die Immaterialität der Seele scheinen, uns wenigstens, so seichte und grillenhaft, daß sie kaum eine ernsthafte Widerlegung verdienen. Ob dieses von unserer bessern Einsicht in die Weltweisheit, oder von unserer schlechten Einsicht in die philosophische Sprache der Alten herrühret, vermag ich nicht zu entscheiden. Ich habe in dem *zweyten Gespräche* einen Beweis für die Immatrialität der Seele gewählet, den die Schüler des Plato gegeben, und einige neuere Weltweisen von ihnen angenommen. Er schien mir nicht nur überzeugend, sondern auch am bequemsten, nach der Sokratischen Methode vortragen zu werden.

In dem *dritten Gespräche* mußte ich völlig zu den Neuern meine Zuflucht nehmen, und meinen Sokrates fast wie einen Weltweisen aus dem achtzehnten Jahrhunderte sprechen lassen. Ich wollte lieber einen Anachronismus begehen, als Gründe auslassen, die zur Ueberzeugung etwas beytragen können. Auf solche Weise ist folgendes Mittelding zwischen einer Uebersetzung und eigenen Ausarbeitung entstanden". Widerlegungen, Fragen und Addenda von allen Seiten beantwortete er in der zweiten und dritten Auflage; Herder schrieb eines der schönsten Komplimente: „In Ihrem ganzen Phädon redet nicht ein Demonstrante, sondern ein Weiser der andere überzeugen will" (April 1769). Der „Deutsche Plato" war also ein Jude! Interessanterweise schrieb er nach seinem Erfolg an den ehemaligen Sekretär Leibniz' Raphael Levi: „Ich wünsche eine Abhandlung über die Unsterblichkeit der Seele in hebräischer Sprache schreiben zu können. Übersetzen läßt sich der Phädon nicht: wenigstens würde er im Hebräischen aufhören verständlich zu seyn, davon bin ich überzeugt; deswegen möchte ich gern eine andere Einkleidung wählen, in welcher ich die Sachen unsern Glaubensgenossen verständlich machen könnte" (Ende 1767). Infolgedessen existiert – posthum von David Friedländer herausgegeben – ein *Sefer ha-Nefesch* (Buch über die Seele): Eine Abhandlung und eine lange Antwort an Hartog Leo, den Sekretär der Berliner Gemeinde, die diesem Thema gewidmet sind. Es liegt auf der Hand, daß die Lehre der Unsterblichkeit der Seele eine zentrale Säule der spiritualistischen Philosophie sowie der Thora ist.

Daß ein überzeugter Jude Mitgestalter der Aufklärung würde, war für einige so schockierend, daß Gerüchte einer eventuellen Bekehrung Mendelssohns die Runde machten. Es ist inzwischen bekannt geworden, daß ein Teil der Berlinischen Geistlichkeit dabei mitspekulierte! Höhepunkt war eine öffentliche Aufforderung zur Konversion und das inmitten der Aufklärung!

Im August 1769 widmete ihm der schon oben erwähnte Lavater seine Übersetzung der *Philosophische*(n) *Untersuchung der Beweise für das Christenthum* des Schweizers Charles Bonnet mit folgenden Worten: „Ich kenne Ihre tiefen Einsichten, Ihre standhafte Wahrheitsliebe, Ihre unbestechliche Unpartheylichkeit, Ihre zärtliche Achtung für Philosophie überhaupt, und die *Bonnetischen* Schriften besonders: Und unvergeßlich ist mir jene sanfte Bescheidenheit, mit welcher Sie, bey aller Ihrer Entfernheit von dem Christenthum, dasselbe beurtheilen; und die philosophische Achtung, die Sie in einer der glücklichsten Stunden meines Lebens über den *moralischen* Charakter seines Stifters bezeugt haben; so unvergeßlich und dabey so wichtig, daß ich es wagen darf, Sie zu bitten, Sie vor dem Gotte der Wahrheit, Ihrem und meinem Schöpfer und Vater zu bitten und zu beschwören: Nicht, diese Schrift mit philosophischer Unpartheylichkeit zu lesen; denn das werden Sie gewiß, ohne mein Bitten, sonst thun: Sondern, dieselbe öffentlich zu widerlegen, wofern Sie die *wesentlichen* Argumentationen, womit die Thatsachen des Christenthums unterstützt sind, nicht richtig finden: Dafern Sie aber dieselben richtig finden, zu thun, was Klugheit, Wahrheitsliebe, Redlichkeit Sie thun heißen; – was Sokrates gethan hätte, wenn er diese Schrift gelesen, und unwiderleglich gefunden hätte." Widerlegung oder Bekehrung? Mendelssohn, zur Zeit mit technischen talmudischen Fragen beschäftigt, war wie andere Aufklärer nicht wenig überrascht und sogar empört. „Jedermann, sogar alle hiesigen Theologen, mißbilligen Lavaters Schritt" schrieb Nicolai an Lessing (13. Januar 1770). Als Mendelssohn seine Antwort überlegte, kam der Erbprinz Karl Wilhelm Ferdinand von Braunschweig-Wolfenbüttel nach Berlin und verbrachte manche Stunde mit ihm. Das Gespräch konzentrierte sich auf den *Phädon* und das Wesen des Judentums. Ein besseres Zeichen der Anerkennung könnte man nicht finden. Die erste schriftliche Reaktion trägt die Spuren der Betroffenheit: „Was ihn zu diesem Schritte bewogen? Nicht Freundschaft. Unter allen Irrgläubigen seiner Bekentschaft kan ich nicht sein einziger Freund seyn. Nicht das Beste seiner Religion. Ein Christ, der sich beschneiden läßt, beweiset mehr für das Judenthum, als 100 Juden, die sich taufen lassen, für die Wahrheit des Christenthums. Die Unterredung, die er mit mir gepflogen, kan ihm auch dazu nicht Anlaß gegeben haben. Er hat es gesehen, welchen Widerwillen ich bezeugte, mich auf meiner Stube, in einer Privatunterredung, über diesen Punkt zu erklären, wie sehr ich es verbat, und durch Winkelzüge ausweichen suchte. Nach den feyerlichsten Versicherungen, daß man von meinen Worten nie öffentlichen Gebrauch machen wolle, folgte ich endlich meine Erklärung, davon ich nunmehr das Wesentlichste öffentlich gedrukt lese. – Meine Entfernung gegen die Christliche R(eligion) hat sich bisher noch nicht vermindert, und so lange mir Gott den Gebrauch meiner V(ernunft) läßt, kan sie nicht vermindert werden. – Hochachtung gegen den Stifter habe ich bezeugt. Ja, aber mit der Einschränkung, wenn J(esus) v(on) N(azareth) nichts mehr als ein tugendhafter Mann hat seyn wollen. Warum hat Hr. L(avater) diese Einschränkung weggelassen? Da ich aber einmal öffentl(ich) aufgefordert bin; so erfordert die Schuldigkeit, mich öffentlich zu erklären, aber ich rufe G(ott) zum Zeugen an, daß es mit dem größten Widerwillen geschiehet, und daß ich von mir selbst nie diese Frechheit gehabt haben würde. Ich hasse alle Religionsstreitigkeiten, und vornehmlich die vor den Augen des Publikums geführet werden. Die Erfahrung lehrt, daß sie keinen Nutzen haben, sie würken mehr Menschenhaß als Erleuchtung. Meine Religion legt mir die Pflicht nicht auf andre zum Judenthum zu bekehren; ja der Bekehrungsgeist ist offenbar den Grundsätzen meiner Religion zuwider. S(iehe) Majem(onides). Die Beobachtung der Ceremonialgesetze wird nur von uns, die wir in dem Mosaischen Gesetze gebohren sind, gefordert. Alle übrige Völker der Erde könen nach unsern Grunsätzen seelig werden, wenn sie das Naturgesetz beobachten. Wir sind zu allen Pflichten der Liebe gegen ihnen verbunden; so bald sie dieses thun. So gar befielt uns das Gesetz, wenn sie das Judenthum annehmen wollen, sie Anfangs durch Gegenvorstellungen davon abzuhalten. – Wozu sollten wir also Religionsstreitigkeit führen? Etwas unser Z(eremonial) G(esetz) zu rechtfertigen? J(esus) v(on) N(azareth) und die Apostel selbst, haben uns davon nicht befreyet".

Um eine offizielle Stellungnahme in dieser *altercatio* liefern zu können, fragte er – wir zitieren die Erinnerungen seines Sohnes Joseph –: „bei dem Consistorium an, welchem von dessen Räthen er die einzelnen Blätter seiner Antwort an Lavater vorzulegen habe, oder ob man ihm erlauben wolle, das Ganze nach seiner Vollendung dem *pleno* des Consistorii zur Beurtheilung vorzulegen". Darauf erhielt er folgenden Bescheid: ‚Herr Moses Mendelssohn könne seine Schriften drucken lassen, ohne sie einzeln oder vollendet dem Consistorium zur Censur vorzulegen, weil man von seiner Weisheit und Bescheidenheit überzeugt sei, er werde nichts schreiben, das öffentliches Aergerniss geben könnte –' ein Bescheid, der uns zeigt, in welcher hohen Achtung Mendelssohn bei den erleuchteten geistlichen Behörden der Residenz stand". Er verfaßt also eine würdige und unzweideutige Replik, *Schreiben an den Herrn Diaconus Lavater zu Zürich* (1770): " ... läugnen", beginnt er, „kann ich es nicht, dieser Schritt von Ihrer Seite hat mich außerordentlich befremmdet. Ich hätte alles eher erwartet, als von einem *Lavater* eine *öffentliche* Aufforderung. Wenn wir bei diesem Text kurz verweilen so ist es nur um zu zeigen, wie man sich irrt, wenn man sich Mendelssohn als Fackelträger der Assimilation vorstellt. Man darf ihn nie entweder mit seiner berühmten Tochter Dorothea Schlegel, die (zweimal!) konvertierte, oder mit seinen „Schülern" – wie Friedländer, der den Rationalismus viel weiter ausgedehnt hat – gleichsetzen. Wir werden feststellen können, daß Mendelssohn zwischen Emanzipation und Assimilation scharf trennte; „Da Sie Sich der vertraulichen Unterredung noch erinnern, die ich das Vergnügen gehabt, mit Ihnen und Ihren würdigen Freunden auf meiner Stube zu halten; so können sie unmöglich vergessen haben, wie oft ich das Gespräch von Religionssachen ab, und auf gleichgültigere Materie zu lenken gesucht habe; wie sehr Sie und Ihre Freunde in mich dringen mußten, bevor ich es wagte, in einer Angelegenheit, die dem Herzen so wichtig ist, meine Besinnung zu äußern. Wenn ich nicht irre; so sind Versicherungen vorhergegangen, daß von den Worten, die bey der Gelegenheit vorfallen würden, niemals öffentlich Gebrauch gemacht werden sollte. – Jedoch, ich will mich lieber irren, als Ihnen Uebertretung dieses Versprechens Schuld zu geben ... Allein die Bedenklichkeit, mich in Religionsstreitigkeiten einzulassen, ist von meiner Seite nie Furcht oder Blödigkeit gewesen; Ich darf sagen, daß ich meine Religion nicht erst seit gestern zu untersuchen angefangen. Die Pflicht, meine Meinungen und Handlungen zu prüfen, habe ich gar frühzeitig erkannt, und wenn ich, von früher Jugend an, meine Ruh- und Erholungsstunden der Weltweisheit und den schönen Wissenschaften gewiedmet habe; so ist es einzig und allein in der Absicht geschehen, mich zu dieser so nöthigen Prüfung vorzubereiten. Andere Bewegungsgründe konnte ich hierzu nicht gehabt haben. In der Lage, in welcher ich mich befand, durfte ich von den Wissenschaften nicht den mindestens zeitlichen Vortheile erwarten. Ich wußte gar wohl, *dass für mich* ein *glückliches Fortkommen* in der Welt auf diesem Wege nicht zu finden sey. Und Vergnügung? – O mein werthgeschätzter Menschenfreund! Der Stand, welcher meinen Glaubensbrüdern im bürgerlichen Leben angewiesen worden, ist so weit von aller *freyen* Uebung der Geisteskräfte entfernt, dass man seine Zufriedenheit gewis nicht vermehret, wenn man die Rechte der Menschheit von ihrer wahren Seite kennen lernt ... Wäre nach diesem vieljährigen Forschen die Entscheidung nicht völlig zum Vortheile *meiner* Religion ausgefallen; so hätte sie nothwendig durch eine öffentliche Handlung bekannt werden müssen. Ich begreiffe nicht, was mich an eine, dem Ansehen nach so überstrenge, so allgemein verachtete Religion fesseln könnte, wenn ich nicht im Herzen von ihrer Warheit überzeugt wäre. Das Resultat meiner Untersuchungen mochte seyn, welches man wollte, so bald ich die Religion meiner Väter nicht für die *wahre* erkannte; so mußte ich sie verlassen. Wäre ich im Herzen von einer anderen überführet; so wäre es die verworfenste Niederträchtigkeit, der innerlichen Ueberzeugung zum Trotz, die Warheit nicht bekennen zu *wollen*. Und was könnte mich zu dieser Niederträchtigkeit verführen? Ich habe schon bekannt, daß in diesem Falle Klugheit, Warheitsliebe und Redlichkeit mich denselben Weg führen würden. Wäre ich gegen beide Religionen gleichgültig, und verlachte oder verachtete in meinem Sinne alle Offenbarung; so wüßte ich gar wohl, was die Klugheit räth, wenn das Gewissen schweiget. Was könnte mich abhalten? Furcht für meine Glaubensgenossen? – Ihre weltliche Macht ist allzu geringe, als daß sie mir fürchterlich seyn könnte; – Eigensinn? Trägheit? Anhänglichkeit an gewohnte Begriffe? – Da ich den größten Theil meines Lebens der Untersuchung gewiedmet; so wird man mir Ueberlegung genug zutrauen, solchen Schwachheiten nicht die Früchte meiner Untersuchungen aufzuopfern". Lavaters Aufforderung erreichte also das Gegenteil von dem, was beabsichtigt war: Weder einer Bekehrung noch eine verwässerte theistische Glaubenserklärung sondern ein philologisch-historisch begründetes und ein vom Herzen kommendes, sonnenklares Bekenntnis Mendelssohns. En passant deutete es sogar an, daß das Judentum viel *toleranter* als das Christentum à la Lavater sei und infolgedessen mehr der *Vernunft* entspreche.

Der Traum eines respektvollen Miteinanderlebens und -denkens war jedoch zerbrochen, und Mendelssohn trug im Geist sowie im Körper sein Leben lang Spuren dieser Wunde. Das Echo der Kontroverse verhallte nur sehr langsam. Gleichzeitig erschien ein weiterer Beitrag Mendelssohns zu jüdischen Themen, ein in hebräisch verfaßter *Kommentar zum Prediger Salomonis*. Seit der Zeit arbeitete er an seiner Übersetzung der Psalmen, die erst 1783 der Öffentlichkeit zugänglich gemacht wurde. In der zweiten Auflage der *Philosophische*(n) *Schriften* (1771) sollte sich sogar Platz für Arbeit über hebräische Poetik finden. Anfang 1771 wurde Mendelssohn, ohne selbst das Geringste dafür getan zu haben, von der „grösste(n) Mehrheit" der philosophischen Klasse der Berliner Akademie zum *membre ordinaire de la classe de philosophie spéculative* ernannt und dem König zur Bestätigung vorgeschlagen. Der sonst recht aufgeklärte König Friedrich der Große lehnte die Wahl ab, nicht nur weil die Kaiserin von Rußland das letzte aufgenommene Mitglied war und eine solche Reihe unwürdig erscheinen könnte, sondern auch weil Mendelssohn eine spitzzüngige Besprechung der königlichen *Poésies Diverses* in den *Briefe*(n) *die neueste Litteratur betreffend* unterzeichnete; wir hören die humorvollen Worte, die von einem Juden stammend, Wellen in *Sans Souci* schlugen: „Welcher Verlust für unsere Muttersprache, daß sich dieser Fürst die französische geläufiger gemacht" (Br. XVII, 24. April 1760). Es ist der Aufklärung nie gelungen, einen Juden, auch nicht den begabtesten Schüler Kants, Markus Herz, in die Akademie zu bringen. „Ein Plato lebt in seinem Lande/Und diesen kennt er nicht" dichtete treffend Kästner, nicht gerade ein Freund Mendelssohns! Eine Krankheit, die ihm bis 1777 zu schaffen machte, hinderte ihn daran, ein hohes Amt in der Berliner Gemeinde zu bekleiden, obwohl man 1771 ausnahmsweise für ihn die dazu erforderlichen strengen Regelungen aufgehoben hatte. Erst 1783 wurde er zu einem der fünf *tovim* ernannt; seit 1763 war er auch von Steuergesetzen befreit.

Nach einer einzigen Begegnung mit Herder in Pyrmont (1774) traf er in Königsberg Hamann und Kant. Ein zeitgenössischer Bericht schildert uns eine rührende Szene: „Ein kleiner verwachsener Jude mit Spitzbart und starkem Höcker trat, ohne viel sich um die Anwesenden zu bekümmern, doch mit ängstlich leisem Schritte in den Hörsaal und blieb unfern der Eingangstüre stehen. Wie gewöhnlich, begannen Hohn und Spott, die zuletzt in Schnelzen, Pfeifen und Stampfen übergingen; aber zum allgemeinen Erstaunen blieb der Fremde auf seinem Platze wie festgebannt, mit einer eisigen Ruhe, und hatte sich sogar, um seinen Willen, den Professor zu erwarten, deutlich an den Tag zu legen, eines leerstehenden Stuhles bedient und darauf Platz genommen. Man näherte sich ihm, man fragte, er antwortete kurz und artig: er wolle dableiben, um Kants Bekanntschaft zu machen . . . [Am Vorlesungsende] Die Studierenden bemerkten ihn kaum, als wieder das höhnische Gelächter erschallte, das aber sogleich einer stummen Bewunderung wich, da Kant, nachdem er einen Augenblick den Fremden bedeutend betrachtet, und dieser einige Worte gesagt hatte, ihm mit Herzlichkeit die Hand drückte und dann in seine Arme schloß. Wie ein Lauffeuer ging es durch die Menge: ‚Moses Mendelssohn! es ist der jüdische Philosoph aus Berlin!' und ehrerbietig bildeten die Schüler eine Gasse, als die beiden Weltweisen Hand in Hand den Hörsaal verließen". Schon in seinem Brief vom 8. April 1766 hatte ihm Kant seine Hochachtung mit folgenden Zeilen zum Ausdruck gebracht: „Solchen genies wie Ihnen mein Herr kommet es zu in dieser Wissenschaft [der Metaphysik] eine neue Epoche zu machen, die Schnur gantz aufs neue anzulegen und den Plan zu dieser noch immer aufs bloße Gerathewohl angebauten disciplin mit Meisterhand zu zeichnen".

Das letzte Jahrzehnt brachte aber die schönsten Früchte hervor: Die Übersetzung der Bibel erschien zwischen 1780 und 1783. In der Einleitung umschreibt er seine Urgeschichte und seine Absicht: „Als Gott mir nun Knaben verlieh, und die Zeit herankam sie in der Thorah zu unterrichten, und ihnen einzuschärfen die lebendigen Worte Gottes, wie sie in der heiligen Schrift gegeben sind; fing ich an die fünfe Bücher (Mose) in ein reines, regelrechtes Deutsch zu übersetzen, wie es in unsern Tag gebräuchlich ist: zum Nutzen dieser kleinen Knaben. Ich legte ihnen die Übersetzung in den Mund neben der Lectüre des Textes, bald wörtlich, bald nach dem Inhalte und Zusammenhange: um sie so in den Geist der heiligen Schrift, in die Feinheit der Sprache und in ihre Poesie einzuweihen; bis sie groß werden, und dann von selber es verstehen können. Gott führte mir zu den Rabbinen Salomon aus Dubno, um den einzigen Sohn, welcher mir damals übrig blieb (Gott möge sein Herz stärken zu seinem Dienst und seiner Ehrfurcht!), täglich eine Stunde in der hebräischen Grammatik zu unterrichten. Als dieser Rabbiner die Übersetzung der Thorah in meinen Händen sah, fand sie Wohlgefallen in seinen Augen, und er hielt sie für angemessen. Er verlangte von mir sie drucken zu lassen, zum Nutzen der Studierenden, denen Gott Fähigkeit für Sprache und Ausdruck verliehen hat".

Unter Mitwirkung seines Bruders Saul, Salomon Dubno, Aron Jaroslav, Naphtaly Wessly und Herz Homberg und mit der vollen Erlaubnis des Oberlandrabbiners Hirschel Lewin wurde also eine neue Übersetzung der Bibel auf Deutsch mit hebräischen Lettern und Kommentar gedruckt, *Sefer Netivot ha-Schalom*, das *Buch der Wege des Friedens* (vgl. Prov: 3.17). Der erste Schritt zur Aufklärung war nach Mendelssohns Meinung die Erlernung der Sprache der Umwelt: „Nur keine Vermischung der Sprache" war sein Motto. Er hatte richtig eingesehen, daß der Gebrauch des in Polen entstandenen Jiddisch keine geringe Rolle bei der Entfremdung und Ausschließung der Juden spielte. Konnte er ein besseres Mittel finden, als die Heiligen Bücher selbst! Daß ein solches Unternehmen eine hitzige Debatte verursachen würde, lag auf der Hand. In Prag und Altona wurde die Gegnerschaft am aggressivsten und die Benutzung dieser Übersetzung wurde sogar von Rabbinern selbst verboten. Daß sich Mendelssohn dessen bewußt war, zeigt sein Brief an Rabbi Hanoch: „Wenn meine Übersetzung von allen Israeliten ohne Widerrede angenommen werden sollte, so wäre sie überflüssig. Je mehr die sogenannten Weisen der Zeit widersetzen, desto nöthiger ist sie. Ich habe sie Anfangs nur für den gemeinen Mann gemacht, finde aber, daß sie für Rabbiner noch viel nothwendiger ist;" Es darf nicht vergessen werden, daß diese Ausgabe im XIX. Jahrhundert die übliche war; es ist also falsch zu behaupten, daß Mendelssohn mit seiner Übersetzertätigkeit etwas gegen die hebräische Sprache getan hätte; genau das Gegenteil ist der Fall: „rein deutsch, oder rein hebräisch"! Eine der erwähnungswürdigen Neuheiten ist wohl die Übersetzung des Tetragramms YHWH mit *der Ewige* oder *das ewige Wesen*, was nur in der Übersetzung oder bei Calvin geläufig war.

1783 war also ein ereignisreiches Jahr: es erschienen ferner die *Psalmen*, Ramler gewidmet, und die epochemachende Schrift: *Jerusalem oder über religiöse Macht und Judentum*. Mendelssohn – der mit Christian Wilhelm von Dohm, dem Verfasser von *Über die bürgerliche Verbesserung der Juden* in Verbindung stand – hatte schon, 1782, anläßlich der letztgenannten Schrift eine wichtige und streitbare Vorrede zur Übersetzung von Manasseh ben Israëls *Rettung der Juden* verfaßt, in der er unter anderem die Bannrechte der Rabbiner ablehnte. Aus der Abhandlung „Jerusalem", die nicht ohne Echo blieb – man denke an Hamanns *Golgatha und Scheblimini* – wollen wir nur die Kardinalsätze hervorheben, da sie bis heute Anlaß vieler anderer Schriften sind. Er selbst schrieb an Herz Homberg: „Jerusalem ist ein Büchlein von einer besondern Art ... So viel ist sicher, es ist von einer Beschaffenheit, wie es weder Orthodoxe noch Heterodoxe beyder Nationen erwartet haben" (14 Junius 1783).

„*Ich erkenne keine andere ewige Wahrheiten, als die der menschlichen Vernunft nicht nur begreiflich, sondern durch menschliche Kräfte dargethan und bewährt werden können*" schreibt er peremptorisch; um Mißverständnisse zu vermeiden, fügte er aber diese oft überlesenen Erklärungen hinzu: „Ich glaube, das Judentum wisse von keiner Geoffenbarten Religion, in dem Verstande, in welchem dieses von den Christen genommen wird. Die Israeliten haben göttlich *Gesetzgebung*, Gesetze, Gebote, Befehle, Lebensregeln, Unterricht vom Willen Gottes, wie sie sich zu verhalten haben, um zur zeitlichen und ewigen Glükseligkeit zu gelangen; dergleichen Sätze und Vorschriften sind ihnen durch Mosen auf eine wunderbare und übernatürliche Weise geoffenbaret worden; aber keine Lehrmeinungen, keine Heilswahrheiten, keine allgemeine Vernünftsätze". Endlich der berühmte Satz: „Das Judentum rühmet sich keiner *ausschließenden* Offenbarung ewiger Wahrheiten, die zur Seligkeit unentbehrlich sind; keiner geoffenbarten Religion, in dem Verstande, in welchem man dieses Wort zu nehmen gewohnt ist. Ein anderes ist geoffenbarte Religion; eine anderes geoffenbarte *Gesetzgebung*". Als Würdigung dieses Buches darf hier Kants Urteil herangezogen werden: „Herr *Friedländer* wird Ihnen sagen, mit welcher Bewunderung der Scharfsinnigkeit, Feinheit und Klugheit ich Ihren *Jerusalem* gelesen habe. Ich halte dieses Buch vor die Verkündigung einer großen, obzwar langsam bevorstehenden und fortrückenden Reform, die nicht allein Ihre Nation, sondern auch andere treffen wird ... Sie haben zugleich die Nothwendigkeit einer unbeschränkten Gewissenfreyheit zu jeder Religion so gründlich und so hell vorgetragen, daß auch endlich die Kirche unserer Seits darauf wird denken müssen, wie sie alles, was das Gewissen belästigen und drücken kan, von der ihrigen absondere, welches endlich die Menschen in Ansehung der wesentlichen Religionspuncte vereingen muss" (16. August 1783).

Am Ende seines Lebens mußte der schon als *Nathan der Weise* immortalisierte Philosoph feststellen, daß die Aufklärung noch weitere Schritte zu machen habe. Lessing starb im gleichen Jahr, in dem die *Kritik der reinen Vernunft* eine Revolution in der Geschichte des Geistes verursachte. Eine Seite war aufgeschlagen, und Mendelssohn sollte mehr und mehr als ein Fremdkörper angesehen werden – sei es von der Seite der kantianischen Idealisten, sei es von der Seite der Romantik. Es war übrigens immer noch nicht „denkbar", um die Worte Wizenmanns zu benutzen, „wie ein Mann, *ohne Vorurtheile* das Judenthum so rein darstellen, und das Christenthum leugnen kann" (an Jacobi 12. Dezember 1784)! Mendelssohn selbst gestand in dem unten genannten Werk: „Ich weiß, daß meine Philosophie nicht mehr die Philosophie der Zeiten ist ... Die besten Köpfe Deutschlands sprechen seit kurzem von aller Spekulation mit schnöder Wegwerfung. Man dringet durchgehends auf Thatsachen, hält sich blos an Evidenz der Sinne, sammelt Beobachtungen, häuft Erfahrungen und Versuche, vielleicht mit allzugroßer Vernachlässigung der allgemeinen Gründsätze. Am Ende gewöhnet sich der Geist so sehr ans Betasten und Begucken, daß er nichts für wirklich hält, als was sich auf diese Weise behandlen läßt. Daher der Hang zum *Materialismus*, der in unsren Tagen so allgemein zu werden drohet, und von der andern Seite, die Begierde zu sehen und zu betasten, was seiner Natur nach nicht unter die Sinne fallen kann, der Hang zur *Schwärmerey*." Ein letzter Schlag wurde ihm nicht erspart: Duch Jacobi erfuhr Mendelssohn, daß der verstorbene Freund Lessing ein Spinozist war, was damals als eine Verurteilung galt. Mendelssohn konnte seine Empörung nicht verstecken: „Ueber alle Bedenklichkeiten hinweg, wirft er [Jacobi] den Zankapfel in das Publikum und klagt unsern Freund, *Gotthold Ephraim Lessing, den Herausgeber der Fragmente, den Verfasser des Nathan*, den großen bewunderten Vertheidiger des Theismus und der Vernunftreligion, bei der Nachwelt als Spinosisten, Atheisten und Gotteslästerer an! ... *Lessing* und *Heuchler*, der *Urheber Nathans* und Gotteslästerer – Wer dieses zusammen denken kann, der allein vermag das Unmögliche, der kann eben so leicht *Lessing* und *Dummkopf* zusammen denken!" In einem verwickelten Szenario entspann sich der sogenannte Spinozastreit, der gleichzeitig in einem „pro und contra Aufklärung" gipfelte.

In seinem ausgereiftesten und wohl von der bereits angedeuteten Anklage beeinflußten Werk, *Morgenstunden oder Vorlesungen über das Daseyn Gottes* (1785) findet man eine elegante und einfallsreiche Rettung Lessings, indem Mendelssohn die Fiktion eines „geläuterten Pantheismus" aufbaut. Dieser auf XVII Vorlesungen bestehende Text wurde durch Kant folgendermaßen charakterisiert: „Man kan dieses letzte Vermächtniß einer dogmatisierenden Metaphysik zugleich als das vollkommenste Produkt derselben, sowohl in Ansehung des kettenförmigen Zusammenhanges, als auch der ausnehmenden Deutlichkeit in Darstellung derselben ansehen, und als ein nie von seinem Werthe verlierendes Denkmal der Scharfsinnigkeit eines Mannes, der die ganze Stärke einer Erkenntnisart, der sich annimt, kennt, und sie in seiner Gewalt hat" (an Schütz, Ende November 1785).

Am 4. Januar 1786 stirbt nicht nur die erhabenste Figur der Aufklärung, sondern auch der charismatische Vater der *Haskalah*, der jüdischen Aufklärung. Bis an sein Ende trägt sein Werk den Charakter dieser genialen Zweideutigkeit, dieser verheißungsvollen Ambivalenz. In der *Sache Gottes* (um 1784 geschrieben aber erst 1843 veröffentlicht) – angeblich eine Paraphrase des gleichnamigen Leibniztraktats – ersetzen talmudisch-biblische Sprüche in subtiler Weise die Sätze der christlichen Religion. Deutscher Philosoph und gleichzeitig Jüdischer Denker!

Am Ende dieser kurzen Betrachtung sollen noch die Worte seines Sohnes zitiert werden: „Als seine Leiche zur Erde bestattet wurde, fanden sich viele Gelehrte und Staatsmänner, die ihn kannten und verehrten, und fast alle jüdische Hausväter in Berlin zur Begleitung ein. Die Kaufläden der Juden blieben den ganzen Tag geschlossen wie es Sitte ist, wenn ein Oberrabiner beerdigt wird". Mendelssohn war der erste deutsche Jude, der wie Franz Rosenzweig gesagt haben könnte:

> „Seien wir also Deutsche Und Juden. Beides, ohne uns um das ‚uns' zu sorgen, ja ohne viel zu reden, – aber wirklich *beides*".

Moses Mendelssohn

Moses Mendelssohn

Literaturhinweise:

a) Moses Mendelssohn: *Gesammelte Schriften Jubiläumsausgabe,* beg. von I. Elbogen, J. Guttmann, E. Mittwoch, in Gemeinschaft mit F. Bamberger, H. Borodianski (Bar Dayan) S. Rawidowicz, B. Strauss, L. Strauss, fort. von A. Altmann mit H. Bar Dayan, E. Engel, S. Lauer, L. Strauss, Berlin – Breslau 1929 – 1938, Stuttgart 1971 – bis jetzt 12 Bände erschienen. Die ältere, aber nicht immer zuverlässige, und unvollständige Ausgabe ist:

Moses Mendelssohn's *gesammelte Schriften,* hg. von G. B. Mendelssohn, 7 bzw. 8 Bd Leipzig 1843 – 1845, Nachdr: Hildesheim 1972 – 1975. Dazu: A. Altmann, „Moses Mendelssohn's *gesammelten Schriften,* neuerschlossene Briefe – Zur Geschichte ihrer Ausgabe" in *Bulletin des Leo Baeck Instituts,* Tel Aviv 1968, S. 73 – 175.

Moses Mendelssohns *Schriften zur Philosophie, Aesthetik und Apologetik,* mit Einl. Anm. usw. hg. von M. Brasch, 2 Bd Leipzig 1880, Nachdr: Hildesheim 1968.

Unsere Ausgaben, *Morgenstunden,* Stuttgart UB. Reclam 1979 und *Phädon,* Hamburg F. Meiner 1979, gelten nur als *Editio minor* und *Propädeutica* zur vorzüglichen Jubiläumsausgabe.

b) Kayserling, M.: *Moses Mendelssohn, Sein Leben und seine Werke,* Leipzig 1862, 1888[2]; die erste Ausgabe ist in Hildesheim 1972 nachgedruckt worden.

Meyer, H. M. Z.: *Moses Mendelssohn Bibliographie,* Berlin 1965.

Altmann, A.: *Moses Mendelssohns Frühschriften zur Metaphysik, Tübingen 1969.*

Altmann, A.: Moses Mendelssohn, a biographical study, U. of Alabama press London 1973.

c) *Lessing Yearbook,* hg. von J. Glen (Lessing Society Cincinnati) München 1969 –.

Mendelssohn Studien, hg. von C. Loewenthal-Hensel (Mendelssohn Gesellschaft) Berlin 1972 –.

Wolfenbütteler Studien zur Aufklärung, hg. von G. Schulz (Lessing-Akademie) Bremen Wolfenbüttel 1974 –.

VI

Lessing und Mendelssohn – Oder Einübung der Toleranz

Lessing und Mendelssohn vor dem Lessinghaus. Lavierte Zeichnung von Friedrich Werner.

Lessing und Lavater bei Moses Mendelssohn.

Nathan der Weise.

Ein

Dramatisches Gedicht,

in fünf Aufzügen.

Introite, nam et heic Dii sunt!

APVD GELLIVM.

Von

Gotthold Ephraim Lessing.

1779.

Erstausgabe von Lessings ,,Nathan der Weise''. Mit diesem Theaterstück setzte er seinem Freund Mendelssohn ein unvergängliches Denkmal, oder besser, es ist eine Huldigung für diesen milden, klugen Mann.

Kostümentwurf für ,,Nathan der Weise", Zeichnung von Wilhelm Henschel.

Jerusalem

oder

über religiöse Macht

und

Judentum.

Von

Moses Mendelssohn.

Mit allergnädigsten Freyheiten.

Berlin,

bey Friedrich Maurer, 1783.

Erstausgabe von Mendelssohns ,,Jerusalem – oder über religiöse Macht und Judentum''.

PAUL HAZARD

*Die Herrschaft der Vernunft**

Das Licht, *la lumière* – oder noch besser, die Lichtstrahlen, *les lumières*[1]), da es sich ja nicht um einen einzigen Lichtstrahl, sondern um ein ganzes Strahlenbündel handelt, das sein Licht auf die großen Schattenmassen warf, die noch auf der Erde lagen, – war das Zauberwort, das die Epoche, zusammen mit einigen andern, die wir noch kennen lernen werden, liebte und ständig wiederholte. Wie lieblich schienen diese Lichtstrahlen, diese „lumières", den Augen der Weisen, die sie selbst entzündet hatten; wie schön und wie mächtig waren sie; wie wurden sie von den Abergläubischen, den Betrügern, den Bösartigen gefürchtet! Endlich leuchteten sie: sie entströmten den erhabenen Gesetzen der Vernunft; sie begleiteten die Philosophie, die mit Riesenschritten vorwärts drang, und folgten ihr! Erleuchtet, aufgeklärt, das waren sie, die Kinder des Jahrhunderts; denn das ergötzliche Bild ließ sich endlos ausmalen. Die Lichtstrahlen waren die Fackeln, die Leuchten, deren Schein die Menschen bei ihrem Denken und Handeln lenkte; sie waren die den Tag ankündende Morgenröte, waren der Tag selbst und die beständige, gleichmäßige, dauernde Sonne. Bevor sie leuchteten, waren die Menschen in die Irre gegangen, weil sie, in Dunkelheit eingehüllt, inmitten von Finsternissen, von Nebeln der Unwissenheit und von Wolken leben mußten, die ihnen den rechten Weg verbargen; man hatte ihnen die Augen verbunden. Die Väter waren blind gewesen, die Söhne aber sollten nun Kinder des Lichts sein.

Es machte ihnen wenig aus, daß dies Bild ebenso alt wie die Welt und vielleicht schon in dem Augenblick entstanden war, als die Söhne Adams, welche die Nacht mit Furcht erfüllte, sich durch den Anblick

* Den hier abgedruckten Aufsatz entnahmen wir dem gleichnamigen, im Verlag Hoffmann und Campe, Hamburg, 1949 erschienenen Werk. Die Übertragung aus dem Französischen besorgten Harriet Wegener und Karl Linnebach.
Die Originalausgabe erschien unter dem Titel „La Pensée au XVIIIe siècle de Montesquieu à Lessing" 1946 in Paris bei Boivin.

[1]) Die Lichtstrahlen, *les lumières*, ist gleichzeitig das französische Wort für Aufklärung. Anm. d. Übers.

des heraufdämmernden Tages beruhigt gefühlt hatten. Es machte ihnen sogar wenig aus, daß es ein theologisches Bild war: „Ich bin das Licht der Welt, und wer mir nachfolgt, wird nicht wandeln in der Finsternis." Sie bemächtigten sich des Bildes und machten es zu ihrem Eigentum, als ob sie es zuerst entdeckt hätten. Das Licht, die Lichtstrahlen, *les lumières,* das war die Devise, die sie auf ihre Fahnen schrieben; denn es geschah zum erstenmal, daß eine Epoche ihren Namen selbst wählte. Es begann *le siècle des lumières, das Jahrhundert der Aufklärung.*

Was ist Aufklärung? hat sich Kant gefragt, als die Zeit erfüllt war und er für gut hielt, eine rückschauende Gewissensprüfung vorzunehmen. Seine Antwort lautete, daß es für den Menschen eine Wachstumskrise und der Wille sei, aus der Kindheit herauszukommen. Daß der Mensch in den früheren Epochen unter Vormundschaft blieb, sei seine eigene Schuld gewesen; denn er habe nicht den Mut gehabt, sich seiner Vernunft zu bedienen; immer habe er äußere Gebote nötig gehabt. Jetzt aber habe er sich ermannt und selbst zu denken begonnen: *sapere aude!* „Faulheit und Feigheit sind die Ursachen, warum ein so großer Teil der Menschen... zeitlebens unmündig bleibt, und warum es andern so leicht wird, sich zu deren Vormündern aufzuwerfen... Habe ich ein Buch, das für mich Verstand hat, einen Seelsorger, der für mich Gewissen hat, einen Arzt, der für mich die Diät beurteilt usw., so brauche ich mich ja nicht selbst zu bemühen." Andere werden das „verdrießliche Geschäft" des Nachdenkens schon für mich übernehmen. „Daß der bei weitem größte Teil der Menschen... den Schritt zur Mündigkeit... auch für sehr gefährlich halte, dafür sorgen schon jene Vormünder." „Nachdem sie ihr Hausvieh zuerst dumm gemacht haben... zeigen sie diesen ewig unmündigen Geschöpfen nachher die Gefahr, die ihnen droht, wenn sie es versuchen allein zu gehen." „Es ist also für jeden einzelnen Menschen schwer, sich aus der ihm beinahe zur Natur gewordenen Unmündigkeit, die sie schließlich lieb gewinnen, herauszuarbeiten." Und doch ist es möglich, ja unausbleiblich, daß sich ein Kreis von Leuten bildet, der zur Philosophie der Aufklärung Zugang gewinnt; denn einige starke Seelen machen sich frei und wirken als Vorbild; ein Vorbild, dessen Kraft freilich nur langsam wirken kann. Durch eine Revolution aber kann man zwar einen Despotismus niederschlagen oder einer Unterdrückung ein Ende bereiten,

[2]) Kant, *Beantwortung der Frage: Was ist Aufklärung?* 1784.

aber man erreicht dadurch nichts Dauerhaftes und schafft sogar neue Vorurteile; dagegen bewirkt man eine tiefgreifende Reform durch eine Evolution. Die Freiheit ist ihre Seele, und zwar die Freiheit in der gesündesten Form von all dem, was man mit diesem Namen bezeichnet: die Freiheit nämlich, öffentlichen Gebrauch von seiner Vernunft zu machen. – Aber hier werden Zurufe laut; der Offizier sagt zu seinen Soldaten: räsoniert nicht, sondern exerziert; der Steuerbeamte: räsoniert nicht, sondern zahlt; der Geistliche: räsoniert nicht, sondern glaubt! Tatsächlich ist auch eine gewisse Begrenzung notwendig, die, weit entfernt, der Aufklärung zu schaden, sie vielmehr fördert. Die Freiheit zu denken und zu reden ist für den kultivierten Menschen, für den Gelehrten unbegrenzt; sie ist jedoch begrenzt für die, welche eine Funktion im Gesellschaftskörper ausüben und sie ohne Diskussionen ausüben müssen. „Es wäre äußerst gefährlich, wenn ein Offizier, dem im Dienst von seinen Obern etwas anbefohlen wird, im Dienste über die Zweckmäßigkeit oder Nützlichkeit dieses Befehls laut vernünfteln wollte"; oder wenn ein Geistlicher, der seinen Konfirmanden das Glaubensbekenntnis erklärt, ihnen dessen Mängel auseinandersetzte. Kurz, das Zusammenwirken der einzelnen Teile des gesellschaftlichen Apparates darf nicht durch plötzliche Veränderungen gestört werden; zur selben Zeit muß aber im Geiste derer, die ihn lenken, ein Wandel vor sich gehen, der sich in ihnen als denkenden Wesen vollzieht, und der allmählich an die Stelle des Zustandes der Vormundschaft einen Zustand der Freiheit setzt. Es sind also zwei Ebenen zu unterscheiden: die des Handelns, die vorläufig unberührt bleibt, und die der Vernunft, in der sich die Evolution vorbereitet, die schließlich das Handeln beeinflussen wird; denn diese Denkarbeit darf nie Halt machen.

Die Bahn zur Freiheit steht jetzt offen; wir sind noch nicht am Ziele, und wir werden niemals stillstehen, aber wir sind auf dem rechten Wege dazu... – So war die Aufklärung, wie sie in ihrer edelsten Gestalt und als Ideal gesehen sein wollte.

In Deutschland führte eine verspätete Entwicklung zum gleichen Ziel, wenn es stimmt, daß sie erst im Jahre 1780 ihre wesentlichen Erfolge erreichte. Sie war auch komplizierter, denn sie war doppelter Art. Die eine Strömung war weltlich und ging zu einem guten Teil auf Einfluß vom Ausland zurück; die andere griff sehr tief und hing mit dem innersten Wesen des Luthertums zusammen.

Der erste Appell, den der Kronprinz von Preußen an Voltaire richtete, indem er ihn in seinem Briefe vom August 1736 bat, sein Führer und Lehrer zu sein, erschiene recht seltsam, wenn es sich um einen vereinzelten Fall gehandelt hätte. In der allgemeinen Gärung aber und bei dem besonderen Erneuerungsbedürfnis, das Deutschland empfand, hatte sich Berlin tatsächlich schon Frankreich zugewandt, als dem Lande, das die Zivilisation in ihrem Allermodernsten repräsentierte. Und nicht Berlin allein, sondern die Fürsten und der Adel im ganzen Land blickten voll Bewunderung nach Paris, wie ihre Väter nach Versailles geschaut hatten. Denken wir an die Wendung in der Laufbahn des jungen Wieland. Er entwickelte sich nach der Seite der Empfindsamkeit, gab sich ihren Wonnen und Herzensergießungen hin und ging bei den Schweizern in die Schule, welche die Liebe zur Natur und die Poesie des Herzens empfahlen. Wenn er sich nun wandelt, seinen alten Freunden den Rücken kehrt und sich der Aufklärung zuwendet, so geschieht es, weil er im Schloß Warthausen verkehrt hat, dessen Besitzer, Graf Stadion, ihn den modischen Ton gelehrt und ihm gesagt hat, wenn man auch nur ein wenig auf der Höhe des Tagesgeschmacks stehen wolle, müsse man so denken und schreiben, wie es in Frankreich geschehe. Unter diesem Einfluß hat der wahre, der voltairische Wieland sich selbst gefunden.

Wenn man das Buch eines *Aufklärers* liest, hat man manchmal den Eindruck, ein bloßes Echo zu hören; die Reden, die der deutsche Verfasser wiederholt, sind vorher in London und in Paris gehalten worden. So verhält es sich auch mit dem Buche, das Michael von Loen, der Sohn eines reichen Kaufmanns und ein Mann von Welt, im Jahre 1750 veröffentlicht hat. Den Übersetzern mißtrauend, machte er sich im Jahre 1751 die Mühe, sein Buch selbst ins Französische zu übersetzen: *La véritable religion, unique dans son espèce, universelle dans ses principes, corrompue par les disputes des théologiens, divisée par plusieurs sectes, réunie en Christ.* „Man sei nicht überrascht, daß ich, ohne der Kirche anzugehören, die religiöse Frage behandle; denn der Gegenstand geht jeden Christen, das öffentliche Wohl und das Glück der Menschen an. Wenn ich die Geschichte der ältesten Völker prüfe, finde ich überall einfache und allgemein gültige Begriffe sowohl in bezug auf die Tugend wie auf das, was man Gott nennt. Gott gibt sich durch die Natur und durch die Offenbarung kund; ein und dieselbe Wahrheit bewirkt den Einklang der einen mit der andern; zwischen den beiden kann es keinen Widerspruch oder Unterschied geben; denn wenn die Offenbarung dem Naturgesetz widerspräche oder von ihm abwiche, wäre sie außerhalb der Wahrheit. Ebenso ist die Tugend nur von einer

Art und beschränkt sich auf ein niemals geändertes Gebot: „Liebe Gott von ganzem Herzen und von ganzem Gemüte und deinen Nächsten wie dich selbst. . ." Diese Art zu argumentieren bringt nichts wesentlich Neues; ein beliebiger Deist von den Ufern der Themse oder der Seine hätte diese Ausführungen unterzeichnen können.

Was wir aber noch nicht gesehen haben und auch nicht sehen konnten, das ist die geduldige Arbeit von Gelehrten, die den Text der Heiligen Schrift untersuchen und sich dabei immer mehr von der orthodoxen Auffassung der Offenbarung entfernen. Wieviele Pfarrerssöhne, die dem Unterricht auf dem Gymnasium in der Nähe ihres Heimatdorfes gefolgt sind, sich an der Universität eingeschrieben haben, Doktoren und Professoren geworden sind, haben nicht von der Auslegung der Bibeltexte die Bestätigung oder die Zerstörung ihrer Überzeugung gefordert. Sie verstanden Hebräisch und obendrein einige andere orientalische Sprachen; sie schrieben Dissertationen, Thesen und dicke Wälzer für ihre Brüder, die Fachgelehrten. Die Religion ist bei ihnen nicht *a priori* verworfen; wir bemerken im Gegenteil eine gewisse unentwegte Ehrfurcht, ein Heimweh, ja sogar die Hoffnung, daß die Vernunft angesichts der Menge der Dissidenten und der Zunahme der Gottlosen ein entscheidendes Prinzip liefern könne, das zur verlorenen Einheit zurückführen werde.

So ist die Aufklärung an den deutschen Universitäten gelehrter und gemäßigter als die englische Auflehnung, der sie zwar gewisse Grundsätze entnimmt, deren Heftigkeit sie aber mißbilligt; weniger unehrerbietig als die der Franzosen, deren Hilfe sie annimmt, deren Witz und Spott ihr aber unpassend erscheinen. Siegmund Jacob Baumgarten wird im Jahre 1730 außerordentlicher, im Jahre 1743 ordentlicher Professor der Theologie an der Universität Halle. Die Studenten hören bei ihm, nicht weil sein Unterricht so reizvoll ist – denn sein Vortrag ist eintönig, seine Stimme schwach, seine Vorlesung ermüdend –, sondern sie hören bei ihm wegen der seiner Person eigenen Würde und der erstaunlichen Ausdehnung seiner Gelehrsamkeit. Er steht zwischen dem Pietismus und dem Rationalismus. Wie Wolff spricht er mit Entzücken das Wort „Vernunft" aus, das ihm den Schlüssel zum reinen Christentum geben soll. Ich wende mich, sagt er, an vernünftige und christliche Leser. Er trägt Kirchengeschichte vor und schreibt dann eine solche; und was sollte sie wohl anderes sein als „eine Erzählung, die sich auf Texte stützt"? Der Text so wie er ist, und nicht so, wie man annimmt, daß er sein müßte – das ist Baumgartens Gesetz.

Ohne zu einer Vorliebe für die Ketzer zu kommen, wie Gottfried Arnold sie gezeigt hatte, bekundete er doch für sie ein beständiges Interesse. Er schrieb auch ihre Geschichte unter dem Titel: *Abriß einer Geschichte der Religions-Partheyen, oder Gottesdienstlichen Gesellschaften, und derselben Streitigkeiten sowohl als Spaltungen, außer und in der Christenheit* (1775). Er untersucht sie in zwei von ihm herausgegebenen Zeitschriften: *Nachrichten von einer Hallischen Bibliothek* (1748 bis 1751) und *Nachrichten von merkwürdigen Büchern* (1752 bis 1758), im ganzen zwanzig Bände. Und was sind diese von ihm ausgegrabenen Bücher anderes als größtenteils gottlose Bücher? Gewiß, er widerlegt sie und weist auf die guten Autoren hin, die man den Feinden der Religion entgegenstellen müsse; trotzdem lebt er in der geistigen Gemeinschaft derer, welche die Religion verderben wollen. Es ist, als ob ihm die Gefahr dieses Kampfes mit der Versuchung Freude mache.

Stellen wir uns nun vor, daß wir den Saal betreten, in dem sein Kollege *Christian Benedikt Michaelis liest und den Propheten Jeremias erklärt*[3]). Er sagt, um Jeremias gut zu verstehen, müsse man ihn vor allem in seine Zeit zurückversetzen; denn die zeitlichen Umstände seien das Licht, das seine Prophezeiungen erkläre. Von hier ist es nicht mehr weit bis zur Betrachtung der Prophezeiungen als einfache geschichtliche Tatsachen, die ohne Einmischung der Vorsehung entstanden sind: *etenim historia, uti temporum, sic vaticiniorum lux est, qua demta, tenebris et caligine plena sunt omnia*[4]). Oder Michaelis erklärt das Neue Testament so, als ob es sich um Herodot oder Polybius handle[5]). Das Neue Testament bietet verschiedene Lesarten, was sehr natürlich ist, wenn man bedenkt, daß zwar seine Verfasser zweifellos inspiriert waren, aber nicht diejenigen, die ihren Text abgeschrieben haben; die Folge davon sind viele Fehler, unabsichtliche und absichtliche, und diese können bis zur Betrügerei gehen. Um zwischen diesen Lesarten richtig wählen zu können, braucht man eine Methode, und zwar folgende: die Lesarten der Kirchenväter haben geringeren Wert als die der

[3]) *Ch. B. Michaelis S. Theologiae ac Ph. Prof. Halensis prolegomena in Jeremiam,* Halae Magdeburgicae, 4. Ausg. 1733.

[4]) Es ist nämlich die Geschichte das Licht der Zeiten und der Weissagungen, nach dessen Eröschen alles in Nacht und Finsternis versinkt.

[5]) *D. Ch. B. Michaelis . . . Tractatio critica de Variis lectionibus Novi Testamenti caute colligendis et dijudicandis,* Halae Magdeburgicae, 1749; d. h. die Kritische Abhandlung über die sorgsam zu sammelnden und zu beurteilenden verschiedenen Lesarten des Neuen Testaments.

Übersetzer, und die Lesarten der Übersetzer geringeren Wert als die der Handschriften. Dieselben wissenschaftlichen Gesetze, die für die weltlichen Autoren maßgebend sind, gelten auch für die Heilige Schrift.

Das sagte *Johann August Ernesti,* der Leipziger Philologe; er war ein so berühmter Lateiner, daß man ihn *Germanorum Cicero* nannte, und ein kaum minder berühmter Exeget. Ausdrücklich erklärt er: ein Text hat nur *einen* Sinn und nicht mehrere. Es gibt keinen allegorischen, sondern nur den genauen Sinn, der vom Sprachgebrauch abhängt; denn schließlich ist doch die Beziehung zwischen den Schriftzeichen und dem Sinn eine menschliche Einrichtung und menschlichen Gebräuchen unterworfen, keinen anderen. Es ist also eine Frage der Grammatik: *nullus alius sensus est nisi grammaticus, eumque grammatici tradunt*[6]). Menschliche und göttliche Bücher müssen auf die gleiche Art behandelt werden. Die Heilige Schrift kann theologisch nicht verstanden werden, wenn sie nicht vorher grammatikalisch verstanden worden ist; die Kritik ist entweder philologisch oder sie ist überhaupt nicht[7]).

Es sieht merkwürdig aus in den Köpfen dieser Gelehrten! Ohne es sich zu gestehen, bereiten sie Kühnheiten vor, die über die ihrigen hinausgehen; sie selbst hängen noch an der Tradition; wohin ihre Arbeit führt, wird erst von ihren Nachfolgern klar erkannt werden. So läßt sich zum Beispiel S. J. Baumgarten durch seine Wißbegierde, seine geschichtliche und wissenschaftliche Arbeit nicht dazu bringen, mit der offenbarten Religion zu brechen. Er war aus Gewohnheit, aus Temperament und nach seiner ganzen Willensrichtung konservativ, Neuerer dagegen nur durch die außerordenliche Überspitzung seines Verstandes. Und J. A. Ernesti befürwortet zwar energisch, wie wir gesehen haben, die Anwendung der strengsten philosophischen Methode, meint aber, in einem gewissen Widerspruch dazu, daß man darüber weder die göttliche Inspiration noch die sich aus ihr ergebende Unfehlbarkeit vergessen dürfe. Er hat uns den vollkommenen Theologen definiert: dieser ist ein Mann, der zwei Rollen zugleich spielt; die eine ist dieselbe, wie die der Grammatiker, die andere ist ihm einzig und allein eigen. Nichts verrät so sehr wie dieser Ausspruch das Streben nach

[6]) Es gibt keinen anderen Sinn als den grammatischen, und diesen vermitteln die Grammatiker.

[7]) *Joh. Augusti Ernesti Institutio Interpretis Novi Testamenti ad usum lectionum,* 1761; d. h. Joh. Aug. Ernestis Anweisung zur Auslegung des Neuen Testaments zum Gebrauch bei Vorlesungen.

einem Gleichgewicht, das aufrecht zu erhalten andere schon für unmöglich hielten.

Denn die von neuem entfesselte Kritik hält nicht ein auf ihrem Weg. *Johann David Michaelis,* der Sohn des Christian Benedikt, wurde Professor in Göttingen, wie es sein Vater in Halle gewesen war, aber Professor der Philosophie, nicht der Theologie. Als Professor der Theologie hätte er nämlich die Augsburger Konfession unterschreiben müssen, und das wollte er nicht. Gewissenhaft bis zur Ängstlichkeit, so unabhängig, daß er alle wissenschaftlichen Disziplinen selber neu aufbauen wollte, hat er als Grammatiker, Sprachforscher, Historiker und Exeget den orientalischen Forschungen einen neuen Antrieb gegeben und zugleich ganz klar festgelegt, was seine Schule für die Wissenschaft forderte. Im Jahre 1750 läßt er eine Einführung in die Lektüre des Neuen Testaments drucken[8]). Er nimmt sie wieder vor, bearbeitet und erweitert sie und bringt sie 1787–1788 bis zu einer vierten Auflage. Die göttliche Inspiration der Bücher des Neuen Testaments, so lehrt er, sei weniger wichtig als ihre Echtheit; selbst wenn die Gottheit auch nicht ein einziges dieser Bücher inspiriert, und wenn die Apostel und die Evangelisten keine andere Hilfe gehabt hätten als die Gabe, das zu schreiben, was sie wußten, ihre Werke aber als echt und hinreichend glaubwürdig gelten dürften, so würde das Christentum immer noch die wahrhafte Religion sein. Denn man könne an der göttlichen Inspiration des Neuen Testaments zweifeln, sie sogar verneinen und doch von seiner Wahrheit überzeugt sein; tatsächlich bleibe deswegen die geschichtliche Tatsache nichtsdestoweniger bestehen; mehrere Personen hätten diese Meinung öffentlich bekundet oder hegten sie im stillen, und es wäre ungerecht, sie zu den Ungläubigen zu rechnen. Zu der Zahl der kanonischen Bücher dürften ausschließlich die gerechnet werden, von denen man überzeugend beweisen könne, daß sie von den Aposteln geschrieben worden seien. Unter dieser Voraussetzung unterscheidet er zwei Gruppen: die Schriften der ersten Gruppe tragen die Namen der Apostel Matthäus, Johannes, Paulus, Jakobus und Judas; die Schriften der andern Gruppe sind nicht von den Aposteln selbst, sondern von ihren Gehilfen und Begleitern geschrieben, nämlich die Evangelien des Markus und des Lukas sowie die Apostelgeschichte. Nachdem er sich an die Untersuchung der Bücher dieser zweiten

[8]) J. D. Michaelis: *Einleitung in die göttlichen Schriften des Neuen Bundes.*

Gruppe gemacht hatte, schloß er sie nicht aus; aber – als ob wir eines weiteren Beweises bedürften, wie unerbittlich ein solches Denken auf seinem Weg fortschreiten muß – je mehr er sich in den Gegenstand vertiefte, je mehr er diese Schriften mit denen der ersten Gruppe verglich, um so stärker nahmen seine Zweifel zu. In der dritten Ausgabe seines Werkes gab er, zweifelnd, welchen Schluß er ziehen sollte, noch die Gründe und die Gegenstände an; in der vierten aber neigt er zur Verneinung. Wenn diese Werke nicht echt seien, müsse man sie verwerfen. Weder auf die Autorität der Kirche, die, wie er sagt, auf der Voraussetzung beruhe, daß man wisse, was ketzerisch sei, noch auf eine innere Gewissensregung, noch auf den ihnen eigenen moralischen Nutzen könne man sich berufen. Es sei vielmehr nur eine Frage des Textes, der Philologie, der Geschichte; beweiskräftig sei allein eine lükkenlose Ableitung aus einem authentischen Text. Johann David Michaelis verwirft daher später den Text des Evangeliums nach Lukas und Markus und glaubt dadurch dem Christentum einen guten Dienst zu erweisen. Sein Gedankengang ist dabei der folgende: die hauptsächlichsten Einwände, welche die Gegner der Religion gegen das Evangelium erheben, richten sich gegen Lukas. Gebt also Lukas auf und ebenso Markus, der den gleichen Einwänden ausgesetzt ist, dann entwaffnet ihr diese Gegner, indem ihr ihnen die Möglichkeit nehmt, Widersprüche hervorzuheben, die man in der Tat nicht völlig beheben kann.

Aber nun sind wir an dem Punkt angelangt, wo das innerste Wesen des Christentums angegriffen wird, und zwar von einem Theologen, der sich verleumdet und beleidigt glaubte, wenn man ihm vorwarf, er sei kein wirklicher Christ mehr. Wir meinen *Johann Salomon Semler*. Er war der Lieblingsschüler Baumgartens, dem er immer wieder Bewunderung und Dankbarkeit gezollt hat; es lag also eine unmittelbare geistige Abstammung vor. Auch die Laufbahn war die gleiche, denn Semler war 1752 Professor der Theologie an der Universität Halle geworden. Er war kühn und geistreich; seine Stimme hallte gewaltig wider in den großen Kämpfen der Epoche. Für ihn war die Religion Moralität und ihre Geschichte die Geschichte der Verbesserung der menschlichen Moral. Als inneres, je nach der Beschaffenheit des einzelnen mehr oder weniger intensives Leben, als aus den Tiefen des Seins hervorsprudelnde Quelle ist die Religion eine spontane Kraft, eine freie Kraft. Wenn man von außen eingreift, um sie in Kanäle zu leiten, verdirbt man ihr Wesen, wirkt man ihrem Ausbreitungsdrang entgegen. Die Autorität ist ihre große Feindin. Denn was tun die Dogmatiker, was die Theologen? Widersinniges! Diese kurzsichtigen Menschen haben aus der Entwicklung einen flüchtigen Augenblick, eine vorübergehende Tatsache herausgeschnitten. In einer zum Untergang verurteilten Kultur, in der jüdischen und in der christlichen Religion wollen sie die einzige Religion erblicken; den relativen Werten, die diesen zukommen, haben sie kurz entschlossen einen absoluten Charakter verliehen. Ihr Irrtum ist der: aus einem geschichtlich gegebenen Ausdruck des religiösen Empfindens haben sie die eine, unantastbare Religion gemacht; aus einer zufälligen örtlich bedingten Form haben sie ein keine Berufung zulassendes Gesetz abgeleitet und ihm die alleinige Gültigkeit für alle Zeiten und für alle Länder zugesprochen. Aus dem, was dem Wandel unterliegt, haben sie etwas ewig Unwandelbares gemacht; und ihr Fehlgriff hat über die Jahrhunderte hin nachgewirkt. Wie wenn sie allen Körpern für immer ein Kleid aufzwingen wollten, das der heutigen Mode entspricht und das die Mode von morgen beiseite schieben wird, so haben sie allen Seelen ein religiöses Gewand aufgezwungen, das bald zur bloßen Maskerade wurde. Ein unheilvolles Verfahren, so fährt Semler fort; das Eigentliche des Glaubens haben sie unter einem Haufen von Regeln, Vorschriften und Gebräuchen erstickt; den Willen zum Guten, der die tiefe Kraft des Glaubens ist, haben sie in die Beachtung äußerlichen Gebarens und veralteter Gebräuche verwandelt. Die gleichen Kirchenlehrer sind damit nunmehr dahin gelangt, eine örtlich bedingte Theologie, eine einmalige Erscheinungsform, eine durch die besonderen Umstände bedingte soziale Organisation zum Range eines Glaubensbekenntnisses zu erheben und ihnen die Würde der alleinigen Voraussetzung des Heils zu verleihen.

Semler hielt sich selbst nicht im mindesten für gottlos; für schlechte Christen hielt er vielmehr die Theologen der alten Schule und die Orthodoxen, die sich den oder jenen Andersdenkenden aus ihrer Gemeinschaft auszuschließen erlaubten, als ob die Ketzerei nicht auch ein zeitliches Gewand, eine vorübergehende Erscheinung des ewigen Glaubens wäre. Die Feinde des Christentums waren für ihn diejenigen, die jede Idee einer Offenbarung verneinten, die doch als eine Tatsache bestehen bleibe, und deren wahren Sinn er endlich aufgezeigt habe, den Sinn nämlich einer ununterbrochenen Zwiesprache Gottes mit den Menschen.

VII

Die Religion in den Grenzen der bloßen Vernunft

Ein katholisches Paar bei der Andacht. Auch sie sind erfaßt von dem, was Max Weber die protestantische Ethik nennt. Auffällig ist die Strenge, die man bei einer bayerischen Votivtafel des 18. Jahrhunderts nicht erwartet. Kunsthistorisch und psychologisch von besonderer Delikatesse: das vieläugige Quadrat in der Apsis hat sich noch nicht in das von einem Dreieck gerahmte ,,Auge Gottes" zusammengezogen, ein Symbol, das in Freimaurerkreisen seinen Ausgang nahm.

Protestantische Predigt.

Religiöser Anschauungsunterricht. Ein Lehrer zeigt fünf Kindern ein Gemälde, das den Höllenpfuhl darstellt. Rechts der Sündenfall.

Jüdisches Osterfest. Kupferstich von G. Eichler, 1748.

Bildung, Erziehung: überall tauchen sie auf, geben sich feste Anstalten: hier „Das Hallische Waysenhaus".

„Altar der Wahrheit" im Seifersdorfer Tal bei Leipzig. Er ist einer der vielen steingewordenen Ausdrücke freimaurerischen Denkens und war daher ein beliebter Besuchsort der Leipziger und Dresdner Logen.

HEINZ ISCHREYT

*Zur Aufklärung in Mittel- und Osteuropa Probleme und Tendenzen**

Im ganzen osteuropäischen Raum können bereits in der ersten Hälfte des 18. Jahrhunderts aufklärerische Initiativen konstatiert werden: Peter I. ließ in Rußland Pufendorfs berühmte Schrift „De officio hominis et civis" in russischer Sprache erscheinen und zwang den ängstlichen Übersetzer, auch diejenigen Stellen nicht wegzulassen, an denen sich der Autor negativ über das Zarenreich äußerte. Und das Buch wurde auch gelesen. Sergej Luppov hat aus Akten nachgewiesen, daß es in den dreißiger Jahren von der Synodal-Typographie mehrfach, und das ist besonders wichtig, an Personen verschiedenen Standes verkauft wurde. 1720 bildete sich in Danzig eine „Societas litteraria", 1721 in Elbing eine gelehrte Gesellschaft. 1743 entstand in Olmütz die „Societas eruditorum incognitorum". Aber in allen diesen Fällen han-

* Da eine ausreichende Dokumentation zu einem so umfassenden Thema eine sehr umfangreiche Bibliographie erfordern würde, soll hier ganz auf Anmerkungen verzichtet werden. Doch sei auf die vom Studienkreis für Kulturbezeichnung in Mittel- und Osteuropa herausgegebene Reihe „Studien zur Geschichte der Kulturbeziehungen in Mittel- und Osteuropa" hingewiesen, in der die Zeit von 1750 bis 1850 behandelt wird. Hier findet man bibliographische Angaben vor allem auch über die Forschungsergebnisse in den osteuropäischen Ländern. Bisher erschienen fünf Bände:
1. Die Aufklärung in Ost- und Südosteuropa. Hrsg. von Erna Lesky, Strahinja K. Kostić, Josef Matl und Georg von Rauch. Köln, Wien 1972.
2. Der Bauer Mittel- und Osteuropas im sozio-ökonomischen Wandel des 18. und 19. Jahrhunderts. Hrsg. v. Dan Berindei, Wolfgang Gesemann, Walter Leitsch, Albrecht Timm, Alfred Hoffmann und Sergij Vilfan. Köln, Wien 1973.
3. Wissenschaftspolitik in Mittel- und Osteuropa. Freimaurer, Gesellschaften, Clubs. Hrsg. v. Erik Amburger, Michal Cieśla und László Sziklay. Berlin 1976.
4. Buch- und Verlagswesen im 18. und 19. Jahrhundert. Hrsg. v. Herbert G. Göpfert, Gerard Kozielek und Reinhard Wittmann. Berlin 1977.
5. Beförderer der Aufklärung in Mittel- und Osteuropa. Hrsg. v. Eva H. Balázs, Ludwig Hammermayer, Hans Wagner und Jerzy Wojtowicz.

delt es sich mehr um Vorläufer jener großen Bewegung, die dann vom Beginn der sechziger Jahre an Osteuropa erfaßte.

Zwischen 1762 und 1764 ballten sich die historischen Ereignisse: der Waffenstillstand und der Hubertusburger Frieden, die den Krieg zwischen Rußland und Preußen beendeten; die Besteigung des Zarenthrons durch die „Semiramis des Nordens" Katharina II., der Tod Augusts III. und die Thronbesteigung durch Stanislaw August Poniatowski; die Wahl Josephs II. zum römischen König und seine, zunächst allerdings nicht sehr wirkungsvolle Mitregentschaft. In den sechziger und siebziger Jahren griff die Aufklärung allmählich auf alle Lebensbereiche über. Es herrschte ein fast uneingeschränkter Optimismus. Hatte der hannöversche Gesandte Friedrich Christian Weber 1740 seinen Bericht „Das veränderte Rußland" genannt, so lautete der Titel von Schlözers Schrift, die 1769 erschien, in deutlicher Anspielung darauf „Das neuveränderte Rußland".

Der aufgeklärte Monarch: Alle Hoffnungen galten dem aufgeklärten Monarchen, welcher der Vernunft durch sein Machtwort zum Durchbruch verhelfen und den erwünschten Wandel bewirken sollte; und man meinte damit Katharina II., Joseph II. und Friedrich II., der nicht nur seiner Siege, sondern besonders seiner Toleranz wegen schon zu Lebzeiten den Beinamen der Große erhielt. Die heftige Polemik, die unmittelbar nach seinem Tode am Ende der achtziger Jahre vor allem zwischen den Berliner Aufklärern und den Gegnern eines sich immer weiter ausbreitenden Deismus und Laizismus tobte, galt dieser friederizianischen Toleranz, die durch Wöllners Kulturpolitik beendet wurde. Sie fand ihren Widerhall in Osteuropa, wobei das Übergangsterritorium vermittelnd wirkte. Freilich hatte schon Hamann in einer Streitschrift, die sein Freund, der Verleger Hinz in Mitau, herausbrachte, die Grenzen dieser friederizianischen Toleranz deutlich gemacht.

Im Nordosten Europas, in Königsberg, Kurland und in dem nach der ersten Teilung Polens an das Zarenreich fallenden Weißrußland, gab es in diesen Jahren auch Anzeichen für eine beginnende Judenemanzipation. Die Verbindungen von Kant zu den Königsbergern David Friedländer und Marcus Herz, die beide später in Berlin ansässig waren, sowie zu Moses Mendelssohn, sind bekannt, aber auch sein Rigaer Verleger, Johann Friedrich Hartknoch, pflegte zu ihnen Beziehungen. Und einer der bedeutendsten livländischen Aufklärungsschriftsteller, der Pastor August Wilhelm Hupel, verfaßte 1771 anonym ein „Dienstfreundliches Promemoria an die, welche den Herrn Moses

Mendelssohn durchaus zum Christen machen wollen, oder sich doch wenigstens herzlich wundern, daß er es noch nicht geworden ist". Diese Schrift war wohl in erster Linie gegen „Lavaters Proselyteneifer, mit dem er den schlauen Moses Mendelssohn bekehren will", gerichtet, wie der Professor in Königsberg und ehemalige Direktor der Domschule in Riga, Johann Gotthelf Lindner, im Januar 1770 an seinen Freund Johann Georg Scheffner schrieb. Die Quintessenz von Hupels Ausführungen lautete: „Das einzige weiß ich bey dieser Sache ganz gewiß, daß ich keinen gelehrten Juden, der täglich mit gelehrten Christen umgehet, weder mündlich noch schriftlich, nicht bittend und auch nicht zudringend, zu einer Religionsänderung Beweggründe geben werde." Mit dieser Schrift begann die langjährige Zusammenarbeit Hupels mit dem Verleger Hartknoch.

Bei einem Freund von letzterem, dem Buchhändler Jakob Friedrich Hinz, erschien in Mitau in dem gleichen Jahre 1771 ein schmales Bändchen mit dem Titel „Gedichte eines pohlnischen Juden". Der Verfasser war Zacharias bzw. Isaschar Falkensohn Behr, armer Juden Kind im litauischen Salaty. Wahrscheinlich mit Unterstützung kurländischer Freimaurer studierte er in Königsberg, Berlin und Leipzig und promovierte zum Doktor der Medizin in Halle. Darauf praktizierte er in Weißrußland.

In diesen sechziger und siebziger Jahren wurde in Rußland und der Habsburger Monarchie der Grundstein zu einer modernen Kulturpolitik gelegt, indem man die Kirche allmählich aus dem kulturellen Leben verdrängte und der Staat an ihre Stelle trat. Nach Aufhebung des Jesuitenordens durch Papst Clemens XIV. im Jahr 1773 führte die Politik Maria Theresias an den Universitäten – vor allem auch in Prag und Olmütz – zu einer Verweltlichung des Studiums. Aber schon vorher waren wichtige Schritte getan worden, denn der Leibarzt der Kaiserin, Gerard von Swieten, der bereits 1772 starb, hatte es durch seinen wachsenden Einfluß auf die Zensur vermocht, die Jesuiten, die bisher die zuständige Kommission beherrschten, aus dieser zu verdrängen. Er hatte dadurch eine gewisse Großzügigkeit in bezug auf die Zulassung aufklärerischer Literatur erreicht.

Noch wichtiger für diesen allgemeinen Wandel im Habsburger Reich wurde das Wirken von Joseph von Sonnenfels, der als einunddreißigjähriger 1763 Professor für politische Wissenschaften an der Wiener Universität und später auch am Theresianum, der Ausbildungsstätte junger Adeliger, wurde. Sonnenfels, der Sohn eines nach Mähren zugewanderten Berliner Juden, fand den zeitgerechten Kompromiß zwischen Aufklärung und katholischen Traditionen in der Habsburger Monarchie. Sein Lehrbuch über die „Grundsätze der Polizei, Handlung und Finanzen", das 1765 in erster Auflage erschien, wurde schon 1769 Vorlesungsbuch an allen österreichischen Universitäten und blieb es Jahrzehnte hindurch. So formte er Generationen von Verwaltungsbeamten. Auch übte er tiefe Wirkungen auf die Publizistik der Habsburger Monarchie aus, und das sowohl als Mitglied der Zensurkommission als auch durch seine kritischen und schriftstellerischen Arbeiten. Als Maria Theresia den Wiener Verleger Trattner aufforderte, gute literarische Werke nachzudrucken, soll sie gesagt haben, er möge sich die Titel von Sonnenfels nennen lassen.

1781, ein Jahr nach dem Tode Maria Theresias, hatte diese Entwicklung in der Habsburger Monarchie ihren Höhepunkt erreicht. Joseph II. erließ das Toleranzpatent, durch das in Böhmen und Mähren das Kulturleben radikal verändert wurde. Hier wie auch in Ungarn mußte die Kirche weitere Positionen aufgeben, die Publizistik blühte, ja sie nahm mit der Einschränkung der Zensur geradezu hypertrophe Formen an. Die Zahl ungarischer und Siebenbürger Studenten an deutschen Hochschulen wuchs. Neben Jena, Halle und Leipzig erfreute sich das moderne Göttingen besonderer Beliebtheit; und aus den Kollegs von Schlözer und anderen Professoren gelangten Reformanstöße nicht nur nach Rußland, sondern auch in das Königreich Ungarn. Die staatliche Kulturpolitik Polens erreichte 1773 mit der Bildung der Staatskommission für nationale Erziehung, auch Edukationskommission genannt, eine neue Entwicklungsstufe. Sie kann als erstes Ministerium in Europa gelten, das für das gesamte Unterrichtswesen eines Landes zuständig war.

Rußland war beherrscht von der mindestens zu Beginn ihrer Regierungszeit faszinierenden Gestalt Katharinas II. Und man sollte sich davor hüten, die vielen panegyrischen Gedichte, unter denen auch eines von Herder war, nur als rhetorische Pflichtübungen abzutun. Bei der Bemühung zur Säkularisation des öffentlichen, vor allem auch des kulturellen Lebens, fühlte sie sich als Vollenderin von Peters I. Lebenswerk und ließ sich gern als dessen Nachfolgerin preisen. Im Geist der Aufklärung, der ihr von ihren hugenottischen Erziehern schon früh nahe gebracht worden war, strebte sie eine allgemeine Gesetzesreform und eine Schulreform an, und das immer im Hinblick auf die zentrale Machtstellung des Staates. Sie pflegte Beziehungen zu den französischen Enzyklopädisten, wechselte Briefe mit Voltaire und dem Baron von Grimm und kaufte die Bibliothek von Diderot, um ihn zu unterstützen. Sie war bestrebt, den Eindruck einer aufgeklärten Herrscherin zu machen und bemühte sich erfolgreich, mit modern anmutenden Mitteln die französische und deutsche Öffentlichkeit zu beeinflussen. Schlözer konnte durchaus mit Recht von einem „neuveränderten Rußland" in der Epoche Katharinas II. sprechen.

Die Autokratie einer als aufgeklärt geltenden Monarchin über ein Riesenreich mit fast unbegrenzten Möglichkeiten und ihre Offenheit gegenüber Reformvorschlägen vermochten zu faszinieren. So schrieb der Vicar von St. Nicolas in Newcastle John Brown, der in England mit seinem Buch „Thoughts on civil Liberty, Licentionsness, and Taste" Aufsehen erregt hatte, 1765 an Katharina einen Brief über die nützliche Erziehung der Kinder und glaubte die Reformen wegen der „unlimited Souvereignity and Power" der Kaiserin gesichert. „I fancy that I can see civilization and a rational system of Christianity extending themselves quite across the immense continent, from Petersburg to Kamschatka. I can fancy that I see them striking further into the more southern regions of Tatary and China, and spreading their influence even over the nations of Europe."

Auf Katharina II. konnte man die Hoffnungen setzen, die man an die Tätigkeit des aufgeklärten Souveräns band und die auch dem Wirken Friedrichs II. und Josephs II. galten. Aber im Laufe der Zeit trat bei ihr das aufklärerische Reformstreben in den Hintergrund, und die selbstherrliche Autokratin verspielte die ihr entgegengebrachten Sympathien. Nun erhoffte man sich eine Besserung der Zustände von ihrem Sohn Paul I., der gleichfalls als Anhänger der Aufklärung galt. Aber er enttäuschte in Rußland ebenso wie Friedrich Wilhelm II. in Preußen, von dem man sich einen Wandel in der verhärteten Politik seines großen Vorgängers versprochen hatte. In dieser immer wieder enttäuschten Hoffnung auf den aufgeklärten Monarchen, die in Mittel- und Osteuropa viel verbreiteter war als in England und Frankreich, dürfte sich die soziale Struktur Osteuropas spiegeln: das Fehlen eines selbstbewußten Bürgertums.

Die Phasenverschiebung: Mitten in der Hochblüte der Aufklärung begann sich die Skepsis gegenüber ihren Thesen auszubreiten. Vor allem schwand der Optimismus. Man wurde sich des prinzipiellen Verlustes von Geheimnis und Glauben bewußt und begann auch die Schattenseiten der Entwicklung, die sich in Richtung auf Deismus und

Laizismus bewegte, zu verspüren. Überall in Europa nahmen die irrationalen Strömungen zu, die, wie besonders in Rußland, an ein mystisches Erbe anknüpfen konnten. Das zeigte sich z. B. bei den für das Geistesleben Rußlands wichtigen Moskauer Freimaurern, die – nach dem französischen Mystiker Louis Claude Saint Martin – Martinisten oder auch Rosenkreuzer genannt wurden, obgleich sie sich von gleichnamigen Strömungen in den deutschen Ländern und in Frankreich erheblich unterschieden.

Zwischen 1760 und 1790 wandelte sich das Gesicht der Aufklärung von Grund auf. Diese Entwicklung ging aber nicht in allen Gebieten gleich rasch voran. Es ergab sich eine west-östliche Phasenverschiebung, die mit der unterschiedlichen Sozialstruktur zusammenhängen dürfte. In den deutschen Ländern wurde die Aufklärung vom gebildeten Bürgertum, das Nachwuchs aus dem Handwerkerstand erhielt, getragen. Selbst der Landmann war vom Aufstieg nicht vollständig ausgeschlossen. In Osteuropa hingegen gab es ein Bürgertum nur in Ansätzen, und was noch schwerer wiegt: Die Standesgrenzen waren kaum zu überwinden; der leibeigene Bauer in seiner Isolation wurde zu einem ökonomischen *und* zu einem kulturpolitischen Problem.

Aber nicht nur in west-östlicher, sondern auch in nord-südlicher Richtung bestand eine Phasenverschiebung. Östlich der von Elbe und Donau gebildeten Linie, die Schlözer als Grenze genannt hat, nahmen die kulturellen Veränderungen, je weiter man nach Süden kam, ab. Die geistige Bewegung verlor an Kraft, was allerdings nur allgemein zu verstehen ist und Ausnahmen einschließt.

Man kann feststellen, daß im Südosten, also in den von Rumänen, Ungarn, Serben und Kroaten besiedelten Ländern die Aufklärung erst zu Beginn des 19. Jahrhunderts intensiver zu wirken begann und sich zugleich mit der Strömung des erwachenden Nationalismus mischte. So übernahmen die ersten wissenschaftlichen Akademien im Königreich Ungarn von Anfang an wichtige nationale Aufgaben, worauf die Gründer auch ausdrücklich hingewiesen haben. Das trifft auf die um die Mitte der zwanziger Jahre in Pest gegründete „Ungarische gelehrte Gesellschaft" ebenso zu wie für die serbische „Matica" und die noch später gegründeten rumänischen Gesellschaften: Die Bukarester „Gesellschaft der Wissenschaften", aus der dann die „Rumänische Akademie der Wissenschaften" hervorging, wurde sogar erst 1862 gegründet. Trotz dieser zeitlichen Verzögerung und der ihnen zugewiesenen nationalen Aufgaben erkennt man in diesen Gründungen während der ersten Jahrzehnte des 19. Jahrhunderts deutlich das Vorbild der Akademien und Gesellschaften des 17. und 18. Jahrhunderts. Die europäische Akademiebewegung erreichte im Zuge der Phasenverschiebung also erst im 19. Jahrhundert, das im Zeichen der Nationalisierung und der Revolution stand, Südosteuropa.

Schwerpunkte aufklärerischer Tätigkeit: Nicht nur in West-und Mitteleuropa, sondern auch im Osten des Kontinents erstreckte sich die Tätigkeit der Aufklärung in erster Linie auf das Bildungswesen, die nützlichen Wissenschaften und das Buchwesen. In allen diesen Bereichen war die enge Zusammenarbeit über die Staatsgrenzen hinweg höchst eindrucksvoll. In Rußland berief die 1724 gegründete „Kaiserliche Akademie der Wissenschaften" zahlreiche Gelehrte aus dem Ausland. Bis 1799 hatte sie, wie aus einer Statistik Erik Amburgers hervorgeht, 111 Mitglieder, von denen nur 36 innerhalb der Grenzen Rußlands geboren worden waren. Die anderen stammten überwiegend aus den deutschen Ländern oder aus der Schweiz, Frankreich, Dänemark, Schweden, Holland und Griechenland. Auf Initiative des Staatsmannes Ivan Šuvalov entstand 1755 unter Mitwirkung des bedeutenden russischen Gelehrten Michail Lomonossov die Moskauer Universität, deren erste Professoren gleichfalls aus dem Ausland berufen wurden.

Sowohl der Petersburger Akademie als auch der Moskauer Universität wurden Gymnasien angegliedert, welche die künftigen Studenten vorbereiten sollten. Sie traten neben andere höhere Schulen der Kirche und des Heeres. Der erste Unterricht wurde hingegen fast ausnahmslos von Hauslehrern erteilt, die meist aus Frankreich oder aus den deutschen Ländern kamen. Ein russisches Bildungssystem bestand um die Mitte des Jahrhunderts allenfalls in Ansätzen.

Schon in ihren ersten Regierungsjahren begann Katharina II. eine Schulreform zu planen. 1764 beauftragte sie den Präsidenten der Akademie der Künste und Direktor des adeligen Landkadettenkorps I. I. Beckij mit dem Entwurf einer Schulreform in Rußland. Beckijs Plan wurde der Kaiserin bald vorgelegt und von ihr gebilligt. Ganz im Sinne der aufklärerischen Überschätzung von Erziehung und intellektueller Bildung forderte er die totale Schule. Spätestens mit dem vollendeten fünften bis sechsten Jahr sollten die Kinder in Schulen zusammengezogen werden und dort bis zu ihrem 18. beziehungsweise 20. Lebensjahr unter der ausschließlichen Kontrolle der Erzieher und Lehrer bleiben, da – so argumentierte Beckij – eine wirksame Erziehung nur fern von der Familie und der Gesellschaft möglich sei. Das Ziel dieser Erziehung war der aufgeklärte, vernünftige, vor allem aber dem Staat nützliche Mensch. Diesem Plan entsprechend, jedoch auch das französische Adelspensionat in Saint-Cyr als Vorbild berücksichtigend, wurde das bekannte Smolnyj-Institut zur Erziehung adeliger Fräulein gegründet, das Jahrzehnte lang unter der Leitung einer calvinistischen Refugiantin, Sophie de Lafont, stand. Es blieb die einzige Realisierung von Beckijs Plan.

1768 wurde der Kaiserin von der inzwischen gegründeten Schulkommission ein Entwurf vorgelegt, der drei Schultypen – Elementarschule, Gymnasium und Hochschule – vorsah und obligatorischen Unterricht vom achten bis zum zwölften Lebensjahr für alle Knaben forderte. Erst vierzehn Jahre später wurde eine wenigstens teilweise Verwirklichung dieses Projekts in Angriff genommen. Was mit großem Elan begonnen hatte, drohte während dieser Zeit allmählich einzuschlafen.

1780 erhielt die Kaiserin Konkurrenz. Die Moskauer Freimaurer begannen in Verbindung mit einer Gruppe gebildeter, einflußreicher und wohlhabender Persönlichkeiten und in Zusammenarbeit mit der Moskauer Universität ähnliche Pläne zu verwirklichen. Die treibenden Kräfte waren Nikolai Novikov, einer der bedeutendsten russischen Schriftsteller und Buchverleger seiner Zeit, der aus Siebenbürgen stammende Johann Georg Schwarz, der an der Universität Moskau lehrte und der Dichter und Universitätskurator Michail Cheraskow.

Einiges spricht dafür, daß Katharina II., die allen nicht von ihr ausgehenden Initiativen gegenüber sehr mißtrauisch war, von dieser Konkurrenz angetrieben wurde, ihre Schulreform endlich in Gang zu setzen. Bei der Suche nach Vorbildern entschied sie sich für das Volksbildungsmodell der Habsburger Monarchie. Schon 1774 hatte nämlich Maria Theresia Johann Ignaz Felbiger als Generaldirektor des österreichischen Schulwesens nach Wien berufen; und dieser hatte die sogenannte Normalschule geschaffen, die auch in den Gebieten mit einer nicht deutsch sprechenden Bevölkerung eingeführt wurde.

Nachdem Katharina mehrfach auf dieses Vorbild hingewiesen worden war, bat sie Joseph II., der 1780 Rußland besuchte, um nähere Auskünfte über das Normalschulwesen und erhielt noch im gleichen Jahr genaue Unterlagen aus Wien. Es dauerte zwei Jahre, bis sie sich wieder nach Wien mit der Bitte wandte, ihr Fachleute, nach Möglichkeit Serben, zur Durchführung der Schulreform in Rußland zu schikken. Das geschah unverzüglich. Schon am 4. September desselben Jah-

Friedrich II., der Große

Friedrich II., der Große

res traf der Direktor der Temeschwarer Normalschule, Theodor Janković, in Petersburg ein. In ihm hatte Katharina einen ihr ergebenen und talentierten Organisator der Reform gewonnen. Die Initiativen des Novikov-Kreises aber erlahmten, nicht zuletzt, weil der Druck auf die Freimaurer zunahm.

In Polen wurde das Jahr 1773 zu einem Markstein. Ein Jahr nach der ersten Teilung, gleichzeitig mit der Aufhebung des Jesuitenordens durch den Papst und ein Jahr vor der Berufung Felbigers nach Wien, wurde die Kommission für nationale Erziehung (Edukationskommission) gegründet, der das gesamte Schulwesen des Königreichs unterstand. Nach französischem Vorbild wurden die Universitäten zu Aufsichtsorganen bestimmt: Krakau für das Kronland, Wilna für das Großherzogtum Litauen. Sie hatten auch die Lehrerbildung zu übernehmen. Dadurch wurde die Vorherrschaft der Kirche zurückgedrängt und selbst die recht modernen Piaristen verloren an Einfluß.

Da die Universitäten eine Schlüsselstellung in der Volksbildung erhalten hatten, wurde ihre Reform unumgänglich. Sie mußten von dem verknöcherten Traditionalismus, der in ihnen herrschte, befreit und auf die neuen Aufgaben vorbereitet werden. Das war das Werk des bedeutendsten polnischen Kulturpolitikers der Zeit, Hugo Kołłątaj, der das wissenschaftliche Leben der ehrwürdigen Universität Krakau erneuerte und dadurch Einfluß auf das ganze polnische Bildungswesen erlangte. Kołłątaj hatte in Krakau studiert, dann seine Kenntnisse in Wien, wo Sonnenfels wirkte, und auf italienischen Hochschulen vervollständigt. Neben den Brüdern Zaski war er maßgebend an der Schulreform beteiligt, die, im Unterschied zu Rußland, weitgehend mit Hilfe eigener Kräfte in Angriff genommen werden konnte. Doch sei auf die Berufung wenigstens eines Ausländers besonders hingewiesen, nämlich die des radikalen Aufklärers und Freimaurers Johann Georg Forster, der 1784 Professor in Wilna wurde.

Die Universitäten sollten durch Modernisierung ihres Lehrbetriebes instand gesetzt werden, Beamte, Lehrer und Ärzte auszubilden. Besonderer Wert wurde auf die Naturwissenschaften, die Medizin und Chirurgie sowie auf die Jurisprudenz, Statistik und Politik unter besonderer Berücksichtigung von Naturrecht und Ökonomie gelegt. Statistik hieß nach damaligem Sprachgebrauch die Darstellung des inneren und äußeren Lebens der Staaten und Reiche, Politik die Lehre von den Mitteln, die Aufgaben des Staates zu lösen. Die Theologie, die früher das

Studium vollständig beherrscht hatte, trat nun neben die anderen Fächer.

Die Schulreformen in Rußland und Polen zeigen die Tendenz zu einer Verwissenschaftlichung des öffentlichen Lebens, welches sich aus den Bindungen an die Kirche zu lösen begann. In ihnen drückt sich aber auch ein Wissenschaftsverständnis aus, das sich an den Bedürfnissen des Staates orientierte. Die Nützlichkeit des Tuns wurde zum Maßstab erhoben. Unter diesem Gesichtspunkt hatte z. B. die Medizin die Aufgabe, die Bevölkerung arbeitsfähig zu erhalten, denn die Population wurde als Garant der Macht betrachtet. Der Monarch sah seine Untertanen – ebenso wie der Gutsherr seine leibeigenen Bauern – als erheblichen Teil seines Reichtums an.

Wenn in der Publizistik oder von der Kanzel herab „schädliche Vorurteile" bekämpft oder vorhandene Kräfte mobilisiert wurden, um den Mangel an Ärzten und Arzneien oder das Fehlen von Krankenanstalten auszugleichen, so verbanden sich philanthropische und ökonomische Motive so eng, daß sie nicht auseinandergehalten werden konnten. Die Anweisungen, aus heimischen Kräutern Arzneien herzustellen, um teure Medikamente zu sparen, gehörten ebenso zur Verwissenschaftlichung des Lebens wie die Bücher, die dem „Hausvater" die Behandlung von Krankheiten ermöglichen sollten. Der Arzt als Träger der Aufklärung in Osteuropa wäre ein großes und vielschichtiges Thema.

Auch im Bereich der Institutionen spiegelt sich diese Zuwendung zur Wissenschaft. Damit ist nicht so sehr der Zulauf von Studenten aus Osteuropa zu den modernen Universitäten – in Deutschland z. B. nach Göttingen – gemeint, sondern die Gründung von Gesellschaften, in denen sich unter dem Zeichen der gemeinsamen Pflege nützlicher Wissenschaften Persönlichkeiten verschiedenen Standes zusammenfanden.

Als Beispiel möge die „Freie Ökonomische Gesellschaft" in St. Petersburg dienen, die 1765 gegründet und von Katharina protegiert wurde. Die „Abhandlungen" der Gesellschaft erschienen in einer deutschen Ausgabe in Riga bei Johann Friedrich Hartknoch, der auch die wichtigen Schriften von Kant und Herder verlegte. Sie enthalten u. a. Aufsätze über die Verbesserung der Landwirtschaft, über Bodenschätze und deren Gewinnung oder auch über medizinische Fragen. Mit einer Wirtschaftsenquete versuchte man einen Überblick über die

ökonomische und ethnische Situation Rußlands zu erhalten. Einige Antworten darauf wurden gleichfalls in den „Abhandlungen" veröffentlicht.
Im Gründungsjahr 1765 wurde auf Anregung Katharinas eine Aufsehen erregende Preisfrage gestellt, die das entscheidende wirtschaftliche und politische Problem Osteuropas betraf. Sie lautete: „Was ist für die Gesellschaft nützlicher, daß der Bauer Land als Eigentum besitze oder nur bewegliches Inventar, und wie weit seine Rechte auf das eine oder andere Eigentum reichen solle." Autoren aus ganz Europa beantworteten in 160 Schriften diese durchaus in aufklärerischem und reformerischem Geist gestellte Frage. Aber nicht die herausfordernde, jedoch zukunftsweisende Antwort des Göttinger Studenten Polenov wurde berücksichtigt, sondern der Aachener Physiokrat Béardé de l'Abbaye erhielt für seine gemäßigte und der Kaiserin huldigende Schrift den ersten Preis. An diesem Beispiel zeigen sich die Grenzen der Reformbemühungen in der aufgeklärten Monarchie. Sie wurden im Laufe von Katharinas Regierungszeit immer deutlicher sichtbar. Entscheidende Maßnahmen zur Lösung der Bauernfrage sollten noch rund hundert Jahre auf sich warten lassen.

Bei der Erkundung des Riesenreichs waren die Bemühungen der Gelehrten erfolgreicher als auf sozialpolitischem Gebiet. Die Sibirienexpeditionen wurden überall in Europa bekannt. Aber nicht nur in Rußland versuchte man, Reichtümer zu entdecken; in Polen, in Böhmen und in Krain suchte man nach Bodenschätzen und arbeitete an der Verbesserung der Bergwerke und ihrer Organisation. Als Polen in der ersten Teilung wichtige Bergbaugebiete verloren hatte, holte der König wissenschaftliche Gutachten über die Reaktivierung stillgelegter Bergwerke ein. Der aus Österreich stammende Mineraloge J. Th. Hermann, der auch längere Zeit in Rußland tätig war, wurde von der „Königlich böhmischen Gesellschaft der Wissenschaften" in Prag aufgefordert, über seine Erfahrungen zu berichten. In Nordungarn, der heutigen Slowakei, und in anderen Teilen der Habsburger Monarchie wurden die Ausbildung der Bergbeamten geregelt und neue Maschinen zur Förderung und Aufbereitung eingeführt. Trotz der Neigung, Kenntnisse geheim zu halten, ergab sich aufgrund der Zusammenarbeit der Fachleute ein erstaunlich weiträumiges Informationsnetz von Nertschinsk in Ostsibirien bis Freiburg in Sachsen und von Schweden bis Krain. Das führte dann zu der wahrscheinlich ersten großen internationalen wissenschaftlichen Konferenz in Glashütte (Nordungarn bzw. Slowakei) im Jahr 1786, aus der die „Sozietät für Bergbaukunde" mit Filialen in mehreren Ländern hervorging.

Die Reformen im Bereich von Bildung und Wissenschaft waren eng mit Neuerungen im Buchhandel und Verlagswesen verknüpft. Die Schulreformen in der Habsburger Monarchie und in Rußland sowie die Tätigkeit der Edukationskommission in Polen erforderten neue Lehrbücher. Sowohl Johann Georg Schwarz und der Kreis um Novikov als auch Janković, der Katharinas Schulreform durchführte, beabsichtigten nicht nur Schulen zu gründen und die Schüler finanziell zu sichern, sondern auch Lehrbücher herauszugeben. Janković konnte diese Pläne auch verwirklichen: Unter seiner Anleitung entstanden 23 Bücher für den Unterricht. Etliche verfaßte er selbst, wobei er z.T. die österreichischen Vorbilder übersetzte.

Noch enger hing der Forschritt in den Wissenschaften mit der Buchproduktion zusammen. Gerade in Osteuropa, wo die Insellage der Städte, die schlechten und zu bestimmten Zeiten nicht einmal befahrbaren Straßen sowie die Entfernungen zwischen den Siedlungen den Gedankenaustausch der Gelehrten und Schriftsteller sehr erschwerten, waren Bücher für die Ausbreitung neuer Ideen unumgänglich. Seit der Mitte des 18. Jahrhunderts wuchs der Lesehunger, wenn auch nur bei einer verhältnismäßig kleinen Zahl von Persönlichkeiten. Diese allerdings beeinflußten die Entwicklung in ihren Ländern maßgebend. Auch die Zahl der Schriftsteller wuchs.

Unter diesen Voraussetzungen konnte sich das Buchwesen entwikkeln. Obgleich auch schon vorher ein Buchhandel nicht ganz gefehlt hatte, begann in der zweiten Hälfte des 18. Jahrhunderts für ihn eine neue Epoche. Ursprünglich war er die Domäne der Kirche gewesen, seit Peter I. aber immer mehr in die Kompetenz des Staates übergegangen. Freilich hatte schon der frühe Aufklärer V. N. Tatiščev (1686–1750) festgestellt, daß ein Mangel an notwendigen Büchern bestehen werde, so lange es keine privaten Druckereien gebe, „bis freie Drucker mit geschützten Anstalten zugelassen werden." Das war eine Kritik an der Kulturpolitik Peters I. und seiner Nachfolgerin. Katharina II. erwies sich auch in dieser Beziehung als Schülerin ihres großen Vorgängers. Erst 1783 ließ sie private Druckereien zu.

Wie so oft kam der Anstoß zum Wandel aus dem westlichen Übergangsterritorium. 1762 gründete Johann Jacob Kanter in Mitau, der Hauptstadt des Herzogtums Kurland, eine Filiale seines Königsberger Geschäfts, aus der 1765 die berühmte Buchhandlung Johann Friedrich

Hartknochs in Riga hervorging. Es war das erste moderne Sortiment, das ausländische Bücher in größerer Zahl systematisch auch in Petersburg und anderen russischen Städten vertrieb, und der erste Verlag in Rußland, der auch jenseits der Grenzen des Zarenreichs beachtet wurde.

Das zweite für das russische Buchwesen noch wichtigere Ereignis war die Verpachtung der Universitätstypographie in Moskau an Nikolai Novikov im Jahr 1779. Dieser begabte Literat und Buchhändler gründete ein Sortiment in Moskau und wurde der „wahre Schöpfer des Buchhandels in der Provinz" (I. F. Martynow). Sein Moskauer Geschäft war nach deutschem Vorbild organisiert und importierte ausländische Bücher. Der Schlüssel zu seinem auch in wirtschaftlicher Hinsicht großen Erfolg war jedoch, daß er die west- und mitteleuropäischen Formen des Buchhandels den russischen Verhältnissen anzupassen wußte.

Für die Geschichte des Buchwesens in Polen war charakteristisch, daß mit Ausnahme von einigen westlichen Gebieten des Königreichs im 17. und in der ersten Hälfte des 18. Jahrhunderts die „bürgerlichen", also privaten, Druckereien durch die Orden, vor allem die Jesuiten, übernommen wurden. „Auf diese Weise konnte die Kirche eine erfolgreichere Kulturpolitik betreiben als mit dem ‚Index librorum prohibitorum', der seine Aufgabe nur unvollständig erfüllte. In der ersten Hälfte des 18. Jahrhunderts übernahm der Jesuitenorden ein Drittel aller Druckereien und Buchhandlungen in Polen, und fügt man dieser Zahl die anderen Orden gehörenden Werkstätten hinzu, so zeigt sich, daß drei Viertel sämtlicher Offizinen im Lande Eigentum der Orden waren" (Jan Pirożyński).

Diese Entwicklung wurde durch die Gründung der privaten Buchhandlungen von Lorenz Mitzler von Kolof (1747) und Michael Gröll (1759) und durch das Entstehen eines neuen Buchhandelszentrums in Warschau aufgehalten: Die Jesuitendruckereien verloren an Bedeutung. Mitzler von Kolof, der Medizin studiert und sich einen Namen als Musiktheoretiker gemacht hatte, kam aus Leipzig, Michael Gröll aus Dresden.

Obgleich auch in der Habsburger Monarchie der Durchbruch zu einem modernen Buchhandel nicht ohne Auseinandersetzung mit der Kirche, insbesondere mit den Jesuiten, vor sich ging, war es hier in erster Linie die Institution der Zensur, die die Entwicklung hemmte. Sie gehörte bis zum Beginn der Regierungszeit Maria Theresias (1740) zu den Kompetenzen der Universitäten, deren theologische und philosophische Fakultäten überall von Jesuiten geleitet wurden. Diese waren also maßgebend für die Zensur und damit auch verantwortlich für die Zustände. Im Zuge der Gegenreformation war außerdem das Mißtrauen vor dem gedruckten Wort so angewachsen, daß die Buchproduktion in der Habsburger Monarchie außerordentlich gering blieb. Das änderte sich erst mit den Theresianischen Reformen. Bis 1764, als der letzte Jesuit die inzwischen gegründete Zensurkommission verlassen hatte, war eine neue Situation entstanden.

Der Nachholbedarf war ungeheuer, und weil man inzwischen erkannt hatte, daß der Buchhandel ein ökonomischer Faktor war, wurde dem Mangel an Büchern mit staatlicher Ermunterung durch Raubdrucke begegnet. Ein eigenständiges Verlagswesen entwickelte sich seit der Mitte der sechziger Jahre: Johann Thomas Trattner, vor allem aber Joseph Kurzböck, sind zu nennen. Letzterer erlangte durch seine illyrisch-orientalische Buchdruckerei für Südosteuropa zusätzliche Bedeutung.

Das Ende: Die aufklärerischen Bemühungen, die sich in Osteuropa in den zwanziger und dreißiger Jahren des 18. Jahrhunderts bemerkbar gemacht hatten und seit den sechziger Jahren immer weitere Lebensgebiete erfaßten, versickerten am Ende des Jahrhunderts. Der Grund dafür war die Enttäuschung darüber, daß die ersehnten Reformen im großen und ganzen ausgeblieben oder wieder rückgängig gemacht worden waren und daß die Hoffnungen auf die „aufgeklärte Monarchie" getrogen hatten. Vielleicht ahnte man auch, daß menschliche Konflikte nur selten durch Erziehung und durch den Appell an die Einsicht zu lösen seien. Nicht nur die Herrschenden waren von den Ereignissen im Laufe der Französischen Revolution erschreckt worden. Das führte zu einer Politik des Mißtrauens gegenüber Neuerungen. Auch blieb die Konstitution in Polen, ein Ergebnis des Großen Reichstages (1788–1791), das von vielen reformerisch gesinnten, aber nicht radikalen Anhängern der Aufklärung als Alternative zur blutigen Revolution verstanden wurde, bedeutungslos, da der polnische Staat 1797 mit der dritten Teilung zu existieren aufgehört hatte.

Katharina II. starb 1796. Ihr Sohn, Paul I. verbot, in pathologischer Angst vor der Revolution, die Einfuhr von Schriften und das Studium an ausländischen Universitäten. 1790 starb Joseph II. Die Zensur wurde wieder verstärkt und 1794/95 erreichte die Bespitzelung während der Jakobinerprozesse in Wien und Ofen einen Höhepunkt. 1786, nach dem Tode Friedrichs II., wandte sich die neue Kulturpolitik Wöllners ausdrücklich gegen die Verfechter der Aufklärung.

Mit den Feldzügen Napoleons nach Mittel- und Osteuropa begann eine neue Epoche, wenn auch – vor allem in Südosteuropa – Ausläufer der Aufklärung bis zur Mitte des neuen Jahrhunderts erkennbar sind.

VIII

Aufgeklärte Fürsten deutscher Zunge

Die Kaiserin von Österreich, Maria Theresia, mit ihrem Mann und ihren Kindern. Neben ihr steht links der spätere Kaiser Josef II., dessen aufklärerisches Reformwerk unter dem Namen „Josefinismus" in die Geschichte eingegangen ist.

Friedrich II., der Große

Katharina die Große von Rußland

Anti-Machiavel,

oder

Versuch einer Critik

über

Nic. Machiavels

Regierungskunst eines Fürsten.

Nach

des Herrn von Voltaire Ausgabe

ins Deutsche übersetzet;

wobey aber die verschiedenen Lesarten und Abweichungen der ersten Haagischen, und aller andern Auflagen, angefüget worden.

Frankfurt und Leipzig,

1745.

Als Kronprinz verfaßte Friedrich seinen berühmt gewordenen „Anti-Machiavell", den er durch Voltaire anonym herausgeben ließ. Der von den Menschheitsträumen der Aufklärungszeit erfüllte Thronfolger widerlegte den Republikaner und fürstlichen Berater aus Florenz.

MANUEL LICHTWITZ

Über Gotthold Ephraim Lessing in der Weimarer Republik

„Die neue Menschlichkeit will weniger gelesen als befolgt sein", schrieb Alfred Döblin im Mai 1919[1]), als die Weimarer Republik gerade ein halbes Jahr alt[2]) und das erste Kabinett[3]) unter Philipp Scheidemann (SPD) kaum vier Monate im Amt war. Eine Flut neuer Zeitschriften begleitete die „Revolution" – „eine gut geordnete kleinbürgerliche Veranstaltung in riesigem Ausmaß"[4]); meist recht kurzlebige Äußerungen eines sozialen, politischen und ethischen Wollens, uneinheitlich in der Perspektive, häufig die Reflektion von Praxis und Ziel ersetzend durch die Veröffentlichung seiner selbst, die Veröffentlichung des guten Willens, mit mehr oder weniger großem Pathos vorgetragen. „Der Anbruch", „Der Mensch", „Der Friede", „Eos", „Das junge Deutschland", „Der Komet", „Revolution", „Die Rettung", „Neue Erde", „Der Weg", „Der Revolutionär", „Der Gegner", „Phaeton", „Die rote Erde" sind einige der vielen Titel neuer Zeitschriften, deren Verbindung formaler Bestimmtheit mit Vokabeln des Aufbruchs das leidenschaftliche Wollen unmittelbar aussprechen. Einige Monate später schon rief Carl von Ossietzky der Revolution und ihren publizistischen Begleitern zu, daß „schon damals (d.i. 1918/19) leider nicht zu verkennen (war), daß deine Kleider nicht lang genug gewesen waren, um die Kothurne zu verdecken, und deine Stimme war mehr schrill als tönend"[5]). Das Neue, der neue Staat, die neue Gesellschafts-

[1]) Döblin, Alfred: Neue Zeitschriften (Die Neue Rundschau, Mai 1919). In: A. D.: Schriften zur Politik und Gesellschaft. Olten und Freiburg i. Br., 1972. S. 94.

[2]) Die Weimarer Republik wurde am 9. November 1918 ausgerufen.

[3]) Wahl zur Nationalversammlung am 19. Januar 1919.

[4]) Döblin, Alfred: Revolutionstage im Elsaß (Die Neue Rundschau, Februar 1919). In: A. D.: a. a. O., S. 71.

[5]) Ossietzky, Carl von: Des Bürgers Wiederkehr (Monistische Monatshefte, 1. Januar 1920). In: C. v. O.: Rechenschaft. Publizistik aus den Jahren 1913 – 1933. Frankfurt/Main, 1972. S. 22.

ordnung, die neue Menschlichkeit wurden gesetzt, als Erreichtes in den Titeln magisch evoziert und vorweggenommen.

Dem setzte Döblin in der zitierten Sammelbesprechung ‚Neuer Zeitschriften' Lessings abgewandelte Pointe des Epigramms „Die Sinngedichte an den Leser"[6]) entgegen, ohne den Namen Lessings zu nennen, denn um Lessing ging es ja nicht. Nicht allein war diese Bemerkung die direkte Aufforderung an die Leser dieser Zeitschriften, die „neue Menschlichkeit" aus der verbalen Evokation in die reale, politische Manifestation zu überführen, sie in der sozialen und politischen Wirklichkeit bewußt zu erproben, sie war indirekt – wie es der Zusammenhang der döblinschen Aufsätze jener Monate nahelegt – auch die Aufforderung an die Autoren dieser Zeitschriften, die politisch und ideologisch unentschiedene Situation der Zeit unmittelbar nach Beendigung des Ersten Weltkriegs und der Ausrufung der Republik nicht bloß als temporären Freiraum für die Veröffentlichung zunächst sehr persönlicher, zumindest sehr persönlich dargestellter Vorstellungen von „Menschlichkeit" zu nutzen, sondern sie auf die reale gesellschaftliche und politische Situation hin zu reflektieren, sie in einer Weise darzustellen, die als Instrument realer Politik vermittelt hätte werden können. Ganz im Sinne der zehn Jahre später vor der Sektion für Dichtkunst der Preußischen Akademie der Künste gehaltenen Rede Döblins „Kunst ist nicht frei, sondern wirksam: ars militans"[7]), wenn es da heißt: „Die Kunst (...) ist nicht heilig, und Kunstwerke dürfen verboten werden. Es ist eine Beleidigung der Kunst, in dieser Weise zu sagen, sie sei heilig, und die Kunstwerke kaltzustellen, indem man behauptet, der Staat müsse zu ihnen stillhalten"[8]).

Die Freiheit zu Postulaten neuer Menschlichkeit besteht in der politischen und sozialen Orientierungslosigkeit der aktuellen Nachkriegs-

[6]) Lessing, Gotthold Ephraim: Die Sinngedichte an den Leser. Wer wird nicht einen Klopstock loben? / Doch wird ihn jeder lesen? Nein. / Wir wollen weniger erhoben, / Und fleißiger gelesen sein.

[7]) Döblin, Alfred: Kunst ist nicht frei, sondern wirksam: ars militans (1929). In: A. D.: Aufsätze zur Literatur. Olten und Freiburg i. Br., 1963. S. 99. Der konkrete Anlaß zu Döblins Äußerungen war das Verfahren gegen Johannes R. Becher, das großes Aufsehen erregte. Vgl.: Jens, Inge: Dichter zwischen rechts und links. Die Geschichte der Sektion für Dichtkunst der Preußischen Akademie der Künste dargestellt nach den Dokumenten. München, 1971. S. 171 ff.

[8]) Döblin, Alfred, ebd.

wirklichkeit. Solche inhaltlich noch leere Freiheit kann definiert werden durch die gedankliche und manifeste Auseinandersetzung der Postulate mit der politischen Wirklichkeit. Lessingisch aktualisierte Döblin die seit Lessings Lebzeiten stetig zitierte und bekannte Pointe: „Die neue Menschlichkeit will weniger gelesen als befolgt sein.” – Humanitas militans, wenn man will.

Diese Aufforderung hatte umso mehr Gewicht, als die Freiheit aus Orientierungslosigkeit nach mindestens einer zweiten Seite hin offen war, und die vom Nationalismus wilhelminischer Prägung getragene Presse von der „Revolution” weitgehend unangefochten blieb. Gegen die neuen Zeitschriften der neuen Menschlichkeit zwischen 1918 und 1921 stand die nicht unbeträchtliche Zahl von Zeitschriften aus den Jahren des Wilhelminismus und des Ersten Weltkriegs. „Die Deutsche Arbeit” etwa, „Der Türmer”, „Hochland”, „Deutsches Volkstum”, „Die Tat”, „Die Hilfe”. Auch diese Titel verweisen auf eine gemeinsame ideologische Basis konservativ-nationaler Färbung – ungeachtet der bestehenden Unterschiede im einzelnen. Was diese alteingesessenen vor den neuen Zeitschriften auszeichnet, ist sowohl die Tatsache, daß sie sich wesentlich länger ihren Markt erhalten konnten und, soweit Daten bekannt sind, beträchtlich höhere Auflagen erzielten. Wie immer die Stabilität erhalten wurde, wie immer die Entwicklung der jeweiligen Zeitschrift in den Jahren ihres Bestehens verlief, eines ist nicht zu übersehen, daß die genannten Zeitschriften sämtlich vor dem Ersten Weltkrieg gegründet wurden und alle den 30. Januar 1933, den Tag an dem die Regierungsgewalt an Adolf Hitler abgegeben wurde, überlebten und bis weit in die Zeit der nationalsozialistischen Herrschaft und des Zweiten Weltkriegs hinein erscheinen konnten: Ein zahlenmäßig bedeutendes Publikum, das sich nach dem Charakter der Zeitschriften, die es las, als national-konservative bürgerliche Schicht beschreiben läßt, bildete nicht allein den durch drei Staatsformen – Monarchie, Republik, Diktatur – stabilen Markt dieser Zeitschriften, sondern auch ein vergleichsweise stabiles ideologisches Bewußtsein – quer durch die politischen Parteien (mit Ausnahme vielleicht der USPD und der KPD).

„Die neue Menschlichkeit will weniger gelesen als befolgt sein.”– Deutlicher als der publizistische Bereich drängte das politische Tatgeschehen zum ‚Befolgen’: Am Weihnachtstag 1918 gründete Franz Seldte den „Stahlhelm”, der später in der SA aufgehen sollte, eine rasch Massenbasis und politisches Profil gewinnende Vereinigung von

Kriegsteilnehmern. Neben dieser und ähnlichen Gründungen „Vaterländischer Verbände” bestanden aus der Vorkriegszeit fort: „Alldeutscher Verband”, „Deutscher Ostmarkverein”, „Deutscher Kolonialverein”, „Deutscher Flottenverein”, um nur die wichtigsten zu nennen; Verbände, die durchaus nicht im Verborgenen blühten[9]). Mit solchen „Vaterländischen Verbänden” waren die „Freikorps” verbunden, die die Revolten, die dann als „Revolution” zusammengefaßt wurden, niederschlugen und viele ihrer Führer ermordeten: Am 15. Januar 1919 Rosa Luxemburg und Karl Liebknecht (die Täter wurden mit Bagatellstrafen belegt), am 20. Februar den Chef der Münchener Räteregierung Kurt Eisner, am 2. Mai wurde Gustav Landauer mißhandelt und erschossen (der eine der beiden Hauptbeteiligten wurde zu einer Geldstrafe von 500 Mark, der andere zu fünf Wochen Haft verurteilt[10])). Die zahllosen Opfer politischer Morde müssen hier unerwähnt bleiben. Doch die Tatsache, daß fast immer ehemalige Offiziere an diesen Morden beteiligt waren, die fast immer auf eine sympathisierende Justiz hoffen durften, spricht für sich.

Die Judikative der Weimarer Republik lag fest in der Hand einer kleinen unkündbaren wilhelminischen Richterschaft. Die Sozialdemokratie hatte die Gelegenheit zu einem Neuanfang nach dem Ersten Weltkrieg ungenutzt gelassen, die Unabsetzbarkeit der (wilhelminischen) Richter durch ein Wahlsystem zu ersetzen oder wenigstens zu modifizieren. So urteilten Richter, die eine tragende Säule des antirepublikanischen Vorkriegssystems waren, über das Bemühen zur Republik[11]).

Auf allzu dünner Basis stand die junge Republik der neuen Menschlichkeit. Und als die SPD, mit 163 von 421 Sitzen stärkste Fraktion der Nationalversammlung und Regierungspartei, von den blutigen Aus-

[9]) Vgl. Bracher, Karl Dietrich: Die Auflösung der Weimarer Republik. Eine Studie zum Problem des Machtverfalls in der Demokratie. Stuttgart und Düsseldorf, 1957. S. 138.

[10]) Hannover, Heinrich und Elisabeth Hannover-Drück: Politische Justiz 1918 – 1933. Frankfurt/Main, 1966. S. 56.

[11]) ebd., S. 22 ff. Zur sozialen Struktur und den Auswahlmechanismen der wilhelminischen Beamtenschaft allgemein, die die Weimarer Republik übernahm, vgl. Runge, Wolfgang: Die neue Oberklasse. In: Duve, Freimut und Wolfgang Kopitzsch (Hrsg): Weimar ist kein Argument oder Brachten Radikale im öffentlichen Dienst Hitler an die Macht. Texte zu einer gefährlichen Geschichtsdeutung. Reinbek bei Hamburg, 1976. S. 72 – 93.

einandersetzungen zwischen links und rechts zum Handeln gezwungen wurde, „begingen Noske, Ebert und Scheidemann den entscheidenden Fehler. Sie hätten sich in erster Linie auf die sozialistisch-demokratischen Truppen stützen müssen, die in Berlin in der Bildung begriffen waren. Ähnliche Formationen von regierungstreuen Arbeiten und Sozialisten hätten sich auch in Breslau, Magdeburg, Hannover Hamburg usw. bilden lassen. (...) die Regierung (...) hätte es nicht nötig gehabt, die Gefangene der militärischen Gegenrevolution zu werden. (...) Die Offiziere der alten Armee stellten immer neue Freikorps auf, die Ansätze der demokratischen Truppenteile ließ man verkümmern, und bald hatte die deutsche Republik ein gegenrevolutionäres, von kaiserlichen Offizieren geführtes Heer."[12])

Carl von Ossietzky 1921: „Die Republik hätte sich zu einem neuen Geist bekennen müssen. Sie hat es versäumt, als es Zeit war. Sie hätte einen Strich machen müssen unters Vergangene – und sie zog einen dicken, weithin sichtbaren Bindestrich."[13]) Die neue Menschlichkeit wollte weniger gelesen als befolgt sein! Die wenigen Andeutungen der Geburtsfehler der ersten deutschen Republik bestätigen Döblin. Oder ist es ein hier über Gebühr angestrengter Zufall, daß Döblin just in dieser historischen Situation beim Schreiben einer Rezension das lessingische Epigramm in den Sinn kam?

In der wohl kritischsten Phase zwischen Revolution und dem Beginn der nationalsozialistischen Herrschaft reagierte Döblin wieder mit einem Hinweis auf Lessing. Nach den Reichstagswahlen vom 14. September 1930 waren die zerstrittenen sozialistischen Parteien – die Sozialdemokraten errangen von 505 Reichstagssitzen 143, die Kommunisten 77 – aus der Regierung ausgeschieden. 18,3 % der abgegebenen Stimmen brachten 107 Nationalsozialisten in den Reichstag – bei den Wahlen vom Mai 1928 waren es bei 2,6 % erst zwölf Abgeordnete der NSDAP gewesen. Seit 1925 hieß der Reichspräsident Paul von Hindenburg, dessen Popularität auf dem Sieg bei Tannenberg über die russische Narew-Armee (1914) gründete, der ab 1916 Kaiser Wilhelms II. ranghöchster Soldat war. Paul von Hindenburg als Präsident der Weimarer Republik: Kurt Tucholsky: „Hindenburg ist: Preußen, Hinden-

[12]) Rosenberg, Arthur: Geschichte der Weimarer Republik. Frankfurt/Main, 1972 (14). S. 60.

[13]) Ossietzky, Carl von: Die Sünde der Republik (Nie wieder Krieg, März 1921). a. a. O. S. 34.

burg ist: Zurück in den Gutshof, fort aus der Welt, zurück in die Kaserne. Hindenburg bedeutet: Krach mit aller Welt (. . .). Hindenburg ist: Die Republik auf Abruf. Hindenburg bedeutet: Krieg"[14]) und Carl von Ossietzky: „Populär, von Instinkt konservativ, unpolitisch und lenksam"[15]).

Am 30. Januar 1933 ernannte Paul von Hindenburg Adolf Hitler zum Reichskanzler, der sich 1934 zum Nachfolger Hindenburgs als Reichspräsident küren ließ. Auf fatale Kontinuität der Geschichte zynischer Herrschaft und komplementären Untertanengeistes zielte Döblin: „Es ist ein bekanntes Symbol für die Herrschaft Friedrichs des Großen, daß an seinem Denkmal Kant und Lessing – unter der Kehrseite des Pferdes zu finden sind. Menschenverachtung, Liebe zur Gewalt, Selbstverherrlichung und Selbstsucht treten als die neuen Herrentugenden auf"[16]). Ein Satz, den der Zorn und die Trauer darüber diktierten, daß die Hoffnungen, die die Frühzeit des modernen Bürgertums weckten, weitgehend uneingelöst blieben. Hoffnungen, die das Verhältnis von Herrschaft und Bürgertum betrafen, und deren Erfüllung am Schluß von Lessings „Minna von Barnhelm" – konkret auf Friedrich den Großen bezogen – der Feldjäger mit dem alles lösenden und alle erlösenden Brief (Akt 5, Szene 6) des ‚wohlaffektionierten Königs' (Akt 5, Szene 9) bringt, in den Bereich des Denkbaren und Möglichen zieht. Dennoch, just die Gegenseite dessen, was als „neue Menschlichkeit" 1919 mit so viel Elan in den neuen Zeitschriften postuliert worden war, benannte Döblin im Rückgriff auf ein Bild von Geschichte[16a]) zu einem Zeitpunkt, da der Aufstieg der „Herrenrasse"

[14]) Wrobel, Ignaz (d.i. Kurt Tucholsky): Der kaiserliche Statthalter (Die Menschheit. 17. April 1925). In: K. T.: Gesammelte Werke. Band 2. 1925 – 1928. Reinbek bei Hamburg, 1967. S. 99

[15]) Ossietzky, Carl von: Ein Jahr Hindenburg (Die Weltbühne, 27. April 1926). In: Weyrauch, Wolfgang (Hrsg): Ausnahmezustand. Eine Anthologie aus „Weltbühne" und „Tagebuch". München, 1968. S. 333.

[16]) Döblin, Alfred: Wissen und Verändern! Offene Briefe an einen jungen Menschen (1931). In: A. D.: Der deutsche Maskenball von Linke Poot. Wissen und Verändern! Olten und Freiburg i. Br., 1972. S. 176.

[16a]) Das Denkmal Friedrichs des Großen, 13,5 m hoch, „die größte und populärste Schöpfung Rauchs, 1840-51 aufgeführt. Oben der ‚Alte Fritz' mit dem Hermelinmantel angetan, das mit dem Dreispitz bedeckte Haupt sinnend geneigt, die Rechte mit dem Krückstock in die Seite gestemmt, hoch zu Roß. Am Sockel reiche Reliefdarstellungen in drei Abteilungen überein-

zum parlamentarisch legalen Sieg unter den aktuellen sozialen, politischen und ideologischen Gegebenheiten schier unaufhaltsam geworden war. Ein Zufall, daß auch hier Lessing erscheint?

Ein dritter Zufall wäre es dann auch, daß Döblin, der nach der Katastrophe des deutschen Faschismus und des Zweiten Weltkriegs als einer der ersten aus dem Exil nach Deutschland zurückgekehrt war, an der Schwelle eines neuerlichen, diesmal offenbar glücklicheren Republikversuchs wieder Lessing aufrief und seine Zeitschrift „Das Goldene Tor" mit einem Lessing-Aufsatz von Hanns Braun programmatisch eröffnete. „Lessing als der Mann des Verstandes, der Kritik, der Helle, der Nüchternheit, der Feind der Phrasen, der logische Analytiker – dazu der mutige einfache Kämpfer, und kein Fürstendiener" schrieb Döblin am 2. April 1946 an Rudolf Leonhard[17]).

Mit Lessing auf bestimmte Zeitläufte oder akute politische Situationen zu reagieren, hat Tradition, spätestens seit Goethe zu Johann Peter Eckermann äußerte „Ein Mann wie Lessing täte uns not"[18]). Eine Tradition, die bis in unsere Tage reicht, wenn der ehemalige Bundespräsident Gustav Heinemann 1975 in seiner Rede zur Verleihung des Hamburger Lessingpreises sagte: „Was uns not tut, wäre ein neuer Lessing der Freiheitsbewegungen"[19]), oder wenn Lessing mehrmals als Orientierungsgröße in dem Band „Briefe zur Verteidigung der Repu-

ander: in der oberen allegorische Figuren der Stärke, Gerechtigkeit, Weisheit, Mäßigung und Szenen aus Friedrichs Leben (östlich: der König nach der Schlacht bei Kolin); in der mittleren sprengen aus den Ecken vier Reiter hervor, östlich: Prinz Heinrich und Herzog Ferdinand von Braunschweig, westlich: Zieten und Seydlitz, während die Flächen mit lebensvollen Gruppen anderer Zeit- und Kriegsgenossen des Königs bedeckt sind, u. a. östlich: Prinz August Wilhelm, Keith, nördlich: F.W.v. Kleist, Winterfeldt, Tauentzien, südlich: Leopold v. Dessau, Schwerin, westlich: unter dem Genius des Friedens und der Landeswohlfahrt Lessing, Kant, Graun (Kapellmeister des Königs), alle in Lebensgröße; die untere Abteilung enthält die Widmungsschrift und Namen bekannter Männer, besonders von Offizieren aus der Zeit des Königs." Aus: Baedeker, Karl: Berlin und Umgebung. Handbuch für Reisende. Leipzig, Baedeker 1904 (13). S. 51.

[17]) Döblin, Alfred: Briefe. Olten und Freiburg i. Br., 1970. S. 340.

[18]) Goethes Gespräche mit Eckermann, 15. Oktober 1825.

[19]) Heinemann, Gustav W.: Uns tut ein neuer Lessing der Freiheitsbewegungen not. In: Frankfurter Rundschau, 5. Oktober 1975.

blik" (1977) genannt wird[20]). Eine Tradition aber auch, die die Frage aufwirft – der hier nicht weiter nachgegangen werden kann -, ob und inwieweit derartiges Evozieren eine Wirkungsgeschichte Lessings verschleiert oder verschleiern soll, die die Auseinandersetzung mit dem Werk weitgehend durch die Demonstration gewisser charakterlicher und sittlicher Muster ersetzt, die man in Lessings Person und Biographie zu hohem Grade verwirklicht glaubte.

Die Zeitverbundenheit der Materialien, denen Lessing sich schreibend zuwandte, die Vergangenheit der meisten seiner Ergebnisse, die in nahezu allen Würdigungen allgemeineren Charakters konstatiert wurde, legitimierte gewissermaßen die Einschränkung der Konzentration auf die kanonisierten Teile des Werks, die Hauptdramen, Fabeln, Teile der „Hamburgischen Dramaturgie", Teile des „Laokoon", den siebzehnten der „Briefe die neueste Literatur betreffend", „Ernst und Falk", „Die Erziehung des Menschengeschlechts" und einige persönliche Briefe. Überschlagsweise macht das etwa ein Viertel nur des Gesamtwerks aus. Der Rest: „Daten, Daten, und verrosteter Kram"[21]), bestenfalls dem Fachmann interessant, doch auch dem kaum, ist doch das meiste von Lessings Werk überholt, berichtigt, entwertet, „ein Raritätenkabinett und eine Rumpelkammer der Gelehrsamkeit"[22]). Selten findet sich ein so abwägendes Urteil wie das – freilich vor Fachkollegen gesprochene – des Altphilologen Eduard Norden, Lessing habe „die Philologen zur Spannung des Denkens erzogen"[23]).

Entsprechend schrieb Arnold Zweig, der 1923 eine dreibändige Lessing-Auswahl herausgegeben hatte, daß „zum Verständnis und zum adaequaten Genusse (des lessingischen Werks) – unterstrichen sei, zum adaequaten – eine schwer zu leistende Anstrengung" gehöre[24]).

[20]) Duve, Freimut, Heinrich Böll und Klaus Staeck (Hrsg.): Briefe zur Verteidigung der Republik. Reinbek bei Hamburg, 1977.

[21]) Kuckhoff, Adam: Lessing – und kein Anfang! In: Die Tat. Jg 20, H. 10, Januar 1929, S. 720.

[22]) Diebold, Bernhard: Lessing-Denkmal. In: Frankfurter Zeitung, 27. Juni 1926.

[23]) Norden, Eduard: Lessing als klassischer Philologe. Vortrag, gehalten am 6. Februar 1929 in der Gesellschaft für deutsche Philologie, Berlin. In: Neue Jahrbücher. Jg 1929, H. 3, S. 271.

[24]) Zweig, Arnold: Versuch über Lessing. In: A. Z.: Lessing. Kleist. Büchner. Drei Versuche. Berlin, 1925. S. 26.

Wenige nur waren offenbar bereit und in der Lage, dieser „Spannung des Denkens" sich zu stellen, diese „schwer zu leistende Anstrengung" zu unternehmen. Kennzeichnend für das Ausweichen vor der Auseinandersetzung mit dem Oeuvre Lessings und seiner historischen Dimension ist, daß – sooft auch das Wort Goethes vom Mann wie Lessing, der not täte, zitiert wird – ein Satz Johann Peter Eckermanns über Lessing, von Goethe immerhin zustimmend aufgenommen, sich nie findet; der Satz nämlich: „Wir sehen mehr die Operationen des Denkens und Findens, als daß wir große Ansichten und große Wahrheiten erhielten"[25]).

„Spannung", „Anstrengung", „Operationen des Denkens und Findens" durchzuführen, waren offenbar wenig geübte Tugenden. Und kein Zufall ist es, daß der erste konkrete deutsche Republikversuch sich unter das Zeichen Weimars stellte: „Große Ansichten und große Wahrheiten" waren nach der demütigenden Niederlage des deutschen Imperialismus im Ersten Weltkrieg das ungeduldig anvisierte Ziel, ein in sich ruhendes Staatswesen, gleichgültig welchen politischen Systems. Die Linke war so hastig wie der schließlich und rasch siegreiche Nationalsozialismus. Ein Staatsgebilde als Zustand war angestrebt, keine politische und soziale republikanische Tätigkeit, die ihr Ziel fortwährend neu formuliert, die sich selbst in stets neue reale politische und soziale Handelns- und Verhaltensmöglichkeiten transzendiert, die sich mit der Postulierung neuer Menschlichkeit nicht zufrieden gibt, sondern sie befolgt, das heißt sie intellektuell und praktisch weiterentwickelt. Weiterentwickelt im Sinne einer Dynamik beispielsweise, die Lessing in seinen Freimaurergesprächen „Ernst und Falk" konkret und ausdrücklich auf die soziale, politische und sittlich-kulturelle Ambivalenz von Staatlichkeit bezieht, und die er mit auffallender stilistischer Anstrengung als konkrete und aktive ‚Arbeit' benennt[26]). Döblins ‚Befolgen', Nordens „Spannung", Arnold Zweigs „Anstrengung", der Hinweis auf das sich stets überholende Prozessuale in Lessings Kritik, die am diesseitig Materialen seines Tages festmacht[27]), die Kennzeichnung des lessingischen Denkens als Wagnis und Experi-

[25]) Goethes Gespräche mit Eckermann, 11. April 1827.
[26]) Lessing, Gotthold Ephraim: Ernst und Falk. Drittes Gespräch.
[27]) Schmahl, Eugen: Lessing, an die Kritik unserer Zeit. In: Der Büchermonat. H. 5, Februar 1929. S. 75.

ment[28]) stehen im Verbund mit Lessings ‚Arbeit' an der aktiven Verwirklichung ‚neuer Menschlichkeit': übernationaler Gemeinschaft, sozialen Ausgleichs und der gegenseitigen Anerkennung und freundlichen Tolerierung kultureller, religiöser und sittlicher Vorstellungen[29]). Der Gegenwart von heute rief Gustav Heimemann ins Gedächtnis, „daß eine freiheitliche Gesellschaft auch bei uns eine Gesellschaft in Bewegung ist. Sie kann kein fertiger und ein für allemal bleibender Zustand sein. Ihre Weiterentwicklung muß bewußt betrieben werden, damit es nicht zu Rückfällen kommt."[30])

Doch den konkreten Sätzen zwischen Ernst und Falk zog man Lessings abstraktere Formulierungen vor, zitierte die Passage, in der er auf die Erkenntnis der ‚reinen Wahrheit' Verzicht zu tun scheint zugunsten der Suche nach Wahrheit[31]), stilisierte daraus Lessing zum ‚faustischen Menschen' und unterschlug den sachlich polemischen Zusammenhang, die auch ironische[32]) Parade gegen den absolut geglaubten Wahrheitsbesitz seiner Gegner um den hamburger Hauptpastor Johann Melchior Goeze. Faust-Lessing und die Wahrheit waren in die Unverbindlichkeit einer unkonkreten Zukunft gerettet, aus der jedoch die grausige Wirklichkeit der nationalsozialistischen Herrschaft bereits hervorschien, die Wirklichkeit jenes „Dritten Reiches", von dem Lessing nicht spricht, wenn er ein „neues ewiges Evangelium"[33]), das in einem „dritten Zeitalter"[34]) die Vollendung des Wahrheitsprozesses bringen wird, voraussagt, und das die Autoren der ausgehenden Weimarer Republik allzu leichtfertig und allzu entfernt von ihrer aktuellen politischen Lage so gern als „Drittes Reich"[35]) bezeichneten und

[28]) Rupé, Hans: Gotthold Ephraim Lessing (Zu seinem 200. Geburtstage). In: Der Kunstwart. Jg 42, H. 5, Februar 1929, S. 281 f.

[29]) Lessing, Gotthold Ephraim: Ernst und Falk. Zweites Gespräch.

[30]) Heinemann, Gustav W.: a. a. O.

[31]) Lessing, Gotthold Ephraim: Eine Duplik.

[32]) Rupé, Hans: a. a. O. S. 282.

[33]) Lessing, Gotthold Ephraim: Die Erziehung des Menschengeschlechts. §§ 86 f.

[34]) ebd. § 90

[35]) Neben den zahlreichen unreflektierten ‚Übersetzungen' der Formulierungen Lessings in „drittes Reich" finden sich auch Zeugnisse bewußter Aktualisierung Lessings auf die bevorstehende oder erwünschte Konstituierung der nationalsozialistischen Herrschaft als „Drittes Reich" hin; so Bartels, Adolf: Lessing und die Juden. Eine Untersuchung. Dresden und Leipzig,

selten versäumten, Lessings Wort von der „Vorsehung"[36]) zu zitieren, womit der Führer und die Machthaber des Nationalsozialismus in der Folge ihr Tun so gern legitimieren sollten: Die Zukunft wurde der bewußten aktiven Mitgestaltung des Menschen und der Gesellschaft entzogen, das Befolgen der neuen Menschlichkeit konnte so kein bewußter Handlungsprozeß mehr sein, sondern die Zukunft folgte mit immanenter Notwendigkeit. Der Prozeß Geschichte war dem Menschen als Schicksal auferlegt, so wie Lessings Arbeit immer wieder als Auftrag, Fügung, Mission bezeichnet wurde[37]).

Die fatale, besser lethale Naivität (wenn es Naivität war) solchen Verkürzens und Kurzschließens, das sich daran gewöhnt hatte, die Gegenstände lessingischer Arbeit und damit ihr Vorgehen als überholt und veraltet beiseite zu schieben, konnte dann zu Wertungen kommen wie der Paul Hankamers, der zum „Nathan" äußerte: „In der dünnen Luft allgemeiner Menschlichkeit muß er (d.i. Lessing) sich die Verbindung seiner Besten denken, keiner Gegenwart mächtig, nur: die

1918; Wolf, Heinrich: „Lessing und die Juden". In: Festgabe zum 60. Geburtstag von Adolf Bartels. Leipzig, 1922. S. 123 – 128; Dreyhaus, Hermann: Lessing, der Deutsche. Zu seinem 200. Geburtstag am 22. Januar 1929. In: Nationale Erziehung. Jg 10, 1929, S. 6 – 9; Hauser, Otto: Gotthold Ephraim Lessing. Eine Apologie. In: Die Botschaft. Jg 3, Folge 6, August 1929, S. 286 – 308. Zum Begriff „Drittes Reich" vgl.: Bloch, Ernst: Erbschaft dieser Zeit (1934). Erweiterte Ausgabe. Frankfurt/Main, 1962, S. 137 ff.

[36]) Lessing, Gotthold Ephraim: Die Erziehung des Menschengeschlechts. § 91.

[37]) So beispielsweise: Dreyhaus, Hermann: a. a. O.; Flake, Otto: Gotthold Ephraim Lessing. Zu seinem zweihundertsten Geburtstag. In: Die Neue Rundschau. Jg 40, Bd 1 (1929), S. 73 – 80; Gundolf, Friedrich: Lessing. Rede zum 22. Januar 1929, Heidelberg, 1929; Hankamer, Paul: Lessing. In: Hochland. Jg 26 (1928/29), Bd. 1, S. 360 – 376; Holl, Karl: Gotthold Ephraim Lessing. Gedächtnisrede zu seinem 200. Geburtstage, gehalten in der Aula der Technischen Hochschule Karlsruhe am Tage der Reichsgründungsfeier 1929. Karlsruhe, 1929; Molo, Walter von: Lessing und Goethe als Führer. Worte der Weihe, gesprochen bei der Morgenfeier im Braunschweigischen Landestheater am 20. Januar 1929. In: Das Prisma. Jg 5 (1930), H. 20, S. 263 – 265; Strich, Fritz: Zu Lessings Gedächtnis. Rede zur Staatsfeier seines zweihundertjährigen Geburtstags in Berlin 1929. In: F. S.: Der Dichter und die Zeit. Eine Sammlung von Reden und Vorträgen. Bern, 1947. S. 135 – 147.

Zukunft weit offen. Sie alle sind Freie, aber auch Entwurzelte, Heimatlosgewordene."[38]) Denn: Lessing stand „dem Staat tieffremd" gegenüber[39]).

Christoph Schrempf, der deutlicher als die meisten den aufs Konkreteste abzielenden Zusammenhang zwischen Lessings „Wahrheit" der Freimaurergespräche „Ernst und Falk" und der „Erziehung des Menschengeschlechts" betonte, sah die Gefahr, die in solcher Reduktion Lessings auf einen Begriff ‚Lessing' liegt, in der Reduktion auf die besondere Person, im Entzug des Werks, das unbedacht und enthistorisiert zur beliebigen Zitatensammlung schrumpft. Anspielend auf Lessings Vorbemerkung zur „Erziehung des Menschengeschlechts" schrieb Schrempf, man habe Lessing „bis heute im allgemeinen stehen und staunen lassen, wo er stand und staunte (. . .). Das Nachtlager (und, füge ich hinzu: ein Schlaftrunk mit Musik und Tanz) entzückt sie (die Zeitgenossen) immer noch mehr als die (für sie gar nicht entzückende) Aussicht von einem ziemlich hohen, nicht ohne Anstrengung zu ersteigenden Hügel, auf dem eine ziemlich, nein, schneidend scharfe Luft weht."[40]) Wenn auch die lessingischen Sätze einen Aspekt der Unverbindlichkeit enthalten, die ihm nach den Zensurschwierigkeiten in den theologischen Auseinandersetzungen listig den Rücken freihält, so gibt der Blick auf die knapp hundertundfünfzig Jahre seit der „Erziehung des Menschengeschlechts" Schrempf doch die Berechtigung zu seiner Polemik, zumal Lessing mit dem Hinweis auf den Wanderer, der einzig ein Nachtlager begehrt, seinen Verbindlichkeitsvorbehalt wieder zurücknimmt und seinerseits ins Polemische wendet[41]).

[38]) Hankamer, Paul: a. a. O. S. 367.

[39]) ebd. S. 366.

[40]) Schrempf, Christoph: Lessing. Rede zum Gedächtnis seines zweihundertsten Geburtstags gehalten zu Luzern. Luzern, 1929. S. 13. Die Passage aus Lessings „Vorbericht des Herausgebers" zur „Erziehung des Menschengeschlechts" lautet: „Der Verfasser hat sich darin auf einen Hügel gestellt, von welchem er etwas mehr, als den vorgeschriebenen Weg seines heutigen Tages zu übersehen glaubt. / Aber er ruft keinen eilfertigen Wanderer, der nur das Nachtlager bald zu erreichen wünscht, von seinem Pfade. Er verlangt nicht, daß die Aussicht, die ihn entzückt, auch jedes andere Auge entzücken müsse. / Und so, dächte ich, könnte man ihn ja wohl stehen und staunen lassen, wo er steht und staunt!"

[41]) Eine frühere Äußerung Lessings, die den gleichen Bildzusammenhang

„Nachtlager", „Schlaftrunk mit Musik und Tanz" – wie genau Schrempf die geistige und kulturelle, auch sozial-psychologische Wirklichkeit der Weimarer Republik traf, zeigt nicht nur die – nebenbei erwähnte – Bemühung einiger Musikzeitschriften, die glaubten, Lessing zu seinem 200. Geburtstag auch für die Musik vereinnahmen zu müssen, und ihn, im Anschluß an eine Bemerkung Houston Stewart Chamberlains[42]) mit schief und kontextfern gewählten und gequält montierten Zitaten zum legitimen Vater Richard Wagners umzudichten versuchten[43]), sondern auch der sprunghafte Anstieg des Rauschgifthandels[44]) und die Welle des Okkultismus, die durch Deutschland (und Europa) ging[45]). Begriffe wie „roaring twenties" oder die „Goldenen Zwanzigerjahre", die sich so hartnäckig bis in unsere Tage hielten, gehören hierher. In den entgrenzten und entgrenzenden Szenerien und den ort- und ziellos ins parareligiöse Irgendwo führenden Treppenfluchten der Filme jener Jahre hauste – ungeachtet ihrer filmgeschichtlichen Bedeutung – die Weimarer Republik[46]). Andererseits die Ablösung des kreativen Expressionismus durch die Neue Sachlichkeit, die auf die Reinheit und Funktionalität des Materials als vermeintlich einzigem Wert starrte. Carl von Ossietzky: „Die Flegeljahre der Revolten und Verschwörungen sind vorüber. Nicht Monarchie, sondern Wiederherstellung des alten Obrigkeitsstaates in ganz veränderten sozialen Verhältnissen: darum geht es. (...) In den bildenden Künsten nennt man das Erwachen zur Wirklichkeit aus der Walpurgisnacht der Abstraktionen etwas verlegen: ‚Neue Sachlichkeit'. Das ist ein ähnli-

benutzt, mag verdeutlichend zitiert werden; an Moses Mendelssohn schrieb er am 9. Januar 1771 aus Wolfenbüttel: „(...) Tausenden für einen ist das Ziel ihres Nachdenkens die Stelle, wo sie des Nachdenkens müde geworden."

[42]) Chamberlain, Houston Stewart: Die Grundlagen des Neunzehnten Jahrhunderts (1899). München, 1903 (4). S. 947 u. ä.

[43]) Feydt, W.: Lessing und die Musik. In: Die Musikerziehung. Jg 6, H. 2, Februar 1929, S. 39 – 45; Gottschalk, Richard: Zum 200. Geburtstag G. E. Lessings. In: Zeitschrift für Musik. Jg 96, 1929, S. 21 f.

[44]) Englisch, Paul: Sittengeschichte Europas. Berlin und Wien, 1931. S. 430.

[45]) Ostwald, Hans: Sittengeschichte der Inflation. Berlin, 1931. S. 224 – 228.

[46]) Vgl.: Kracauer, Siegfried: From Caligari to Hitler. A. Psychological History of German Film. Princeton, 1971 (4); Eisner, Lotte H.: Die dämonische Leinwand. Frankfurt / Main, 1975.

cher Vorgang."[47]) Organisierte Massenveranstaltungen, seien sie real wie die berliner Sechstagerennen, seien sie fiktiv wie in Fritz Langs Monumentalfilm „Metropolis" (1927). Die Weimarer Republik, das war der marktgerecht gewordene, schicke Expressionismus ebenso, wie die Romane von Arthur Moeller van den Bruck („Das dritte Reich", 1923), Erwin Guido Kolbenheyers („Paracelsus", 1917 – 1925; der 1925 erschienene dritte Band trug den Titel „Das dritte Reich des Paracelsus"), Hans Grimms („Volk ohne Raum", 1926), Werner Beumelburgs („Sperrfeuer um Deutschland", 1929) und vieler anderer Autoren, die, mit nur ganz wenigen Ausnahmen, nie eine Zeile über Lessing veröffentlichten, und die 1933 in die Führung der Preußischen Akademie der Künste eingesetzt wurden. Die großen Namen, Heinrich Mann, Thomas Mann, auch Klaus Mann, Alfred Döblin, Erich Maria Remarque und Bertolt Brecht u. a. überlagern im heutigen Bewußtsein weitgehend die Wirklichkeit der Weimarer Republik, die durch jene Namen entscheidend mitgetragen und mitrepräsentiert wurde, so wie die heute noch (zu Recht) rezipierten bedeutenden und machtlosen Zeitschriften der neuen Menschlichkeit die langjährigen und auflagenstarken Zeitschriften, von denen oben die Rede war, (zu Unrecht) in den Hintergrund des Vergessens drängen. Man müßte – was hier nicht geschehen kann – diese Skizze erweitern, das Ineinander und Gegeneinander sich ausschließenden und amalgamierenden Gleichzeitigen aufzeigen, um das Charakteristische dieser Jahre „Weimarer Republik" zu demonstrieren. Der Weimarer Republik eignete etwas Statisches, indem sie ihre politische, soziale und kulturelle Turbulenz weitgehend nur verwaltete und kanalisierte; in einem zu gedächtnis- und perspektivelosen Aktualismus verkommenen, kritisches und weiterstrebendes Denken verhindernden Starren auf das Aktuelle sich apathisch selbst genoß. Adam Kuckhoff schrieb 1929: „Aktualität, freilich, Aktualität, wir haben sie in reichem Maße (. . .) Menschen des Augenblicks – (. . .) aus Erlebnis der Sekunde in das Erlebnis der nächsten taumelnd."[48])

„Nachtlager", „Schlaftrunk mit Musik und Tanz", Taumel. Die Qualität des Rausches ist manifest, der den konkreten Augenblick ins unbestimmt Ewige, ins Kosmische verbläst und die Verantwortlichkeit

[47]) Ossietzky, Carl von: Ein Jahr Hindenburg (Die Weltbühne, 27. April 1926). a. a. O. S. 334.

[48]) Kuckhoff, Adam: a. a. O. S. 728.

seiner Entwicklung der Vorsehung und ihren Manipulatoren überläßt. Die Betonung der Rezeption der späten esoterischen Schriften Lessings in der Romantik, besonders des Vorsehungs- und des Seelenwanderungsgedankens, wie überhaupt das Bemühen, Lessing dem Irrationalismus zuzuordnen, fügt sich hier ein[49]).

1930 diagnostizierte der vierundzwanzigjährige Klaus Mann die Situation am Beispiel Gottfried Benns: „Wie weit hat er uns schon, dieser Medizinmann und Schwärmer? Wir wollen ein bißchen für Vernunft und Fortschritt reden, uns alles dessen erinnern, was in uns Zivilisation und 19. Jahrhundert ist, und sind schon wieder bei Körpermysterien, Tod und Lust; also tief im 20. Jahrhundert drin, das vielleicht, es sieht beinahe so aus, ein Jahrhundert der rauschhaft barbarischen Katastrophen sein soll."[50]) Und Klaus Mann empfahl: „Wir werden auch kosmisch das Richtige am ehesten treffen, wenn wir zunächst das Menschenwürdige, Vernünftige wollen und betreiben."[51]) – Das ist ganz im Sinne Alfred Döblins, der die neue Menschlichkeit befolgt sehen wollte, und dem das Irrationale und Mystische durchaus nicht fremd war. Ebensowenig wie Thomas Mann, der gegen Ende seiner „Rede über Lessing" den „Priester(n) des dynamistischen Orgasmus im Irrationalen" Lessing entgegenstellte: „In Lessings Geist und Namen gilt es hinauszugelangen über jede Art von Faschismus zu einem Bunde von Vernunft und Blut, der erst den Namen voller Humanität verdiente."[52]) (Thomas Mann ist übrigens, nach meiner Kenntnis, der einzige zwischen 1918 und 1933, der Lessing ausdrück-

[49]) Nur die richtungsweisenden Vertreter dieser Tendenz seien genannt: Kindermann, Heinz: Lessings Entdeckung des Menschen. In: Fünfundzwanzig Jahre Technische Hochschule Danzig 1904 – 1929. Danzig, 1929. S. 27 – 36; Koch, Franz: Lessing und der Irrationalismus. In: Deutsche Vierteljahrsschrift für Literaturwissenschaft und Geistesgeschichte. Jg 6 (1928), S. 114 – 143; Korff, Hermann August: Lessing. (Vortrag, gehalten bei der Lessingfeier der Universität Leipzig). In: Zeitschrift für Deutschkunde. Jg 43 (1929), S. 177 – 192; Zinkernagel, Franz: Lessing als Stürmer und Dränger. In: Verhandlungen der 56. Versammlung der deutschen Philologen und Schulmänner. Leipzig, 1928. S. 74 – 76.

[50]) Mann, Klaus: Zur Situation (1930). In: K. M.: Auf der Suche nach einem Weg. Aufsätze. Berlin, 1931. S.108.

[51]) ebd. S. 86

[52]) Mann, Thomas: Rede über Lessing (1929). In: T. M.: Gesammelte Werke. Frankfurt/Main, 1974. Bd IX, S. 244 f.

lich gegen „Faschismus" aufrief.) Zurückhaltender, aber kaum weniger pointiert sind die Parenthesen Hugo von Hofmannsthals, die den Fluß der Rede unterbrechen: Von Lessings Dramenfiguren sagte er: „den Genuß des Denkens kennen sie alle (das ist, wenn man will, das Unrealistische an ihnen), aber Denken und Handeln sind ihnen eins: das ist das Undeutsche an ihnen"[53]), und von Lessing selbst: „die Lust am Umspringen, am Wechsel immer wieder (ohne jedes romantische Schweifen)"[54]). Ein anderer schrieb, Lessing „hat seine Existenz geballt, nicht mit romantischen Schwingen und noch weniger mit klassisch-klassizistischer Beruhigtheit"[55]). Und Thomas Mann, die deutsche Variante des Gedankens der Gegenbewegung gegen den Positivismus des 19. Jahrhunderts allgemein kennzeichnend: „Man kann sagen, daß er den Gegensatz von Geist und Leben, von Intellekt und Seele, die Apologie des Nächtig-Unbewußten, des Schicksals, der Notwendigkeit und der Verfemung des wollenden Geistes auf eine scholastisch-überwitzige Spitze treibt, die vielleicht zu – geistreich ist, um noch natürlich zu heißen."[56])

Noch einmal: „Nachtlager", „Schlaftrunk mit Musik und Tanz", „Tod und Lust", „Orgasmus im Irrationalen", „romantisches Schweifen", „klassisch-klassizistische Beruhigtheit" – eine eigentümliche Lust am Untergang, vor der Döblin, Schrempf, Thomas Mann, Hofmannsthal, Klaus Mann und andere warnten. Nicht vor dem Irrationalen an sich als einem Pol des Humanen wird gewarnt, sondern vor seiner Verabsolutierung gegenüber dem Rationalen, Vernünftigen. Klaus Mann: „Es darf unsere Sache nicht sein, das Ende der Menschheit oder unserer Rasse gruselnd herankommen zu sehen."[57])

[53]) Hofmannsthal, Hugo von: Gotthold Ephraim Lessing. Zum 22. Januar 1929. In: H. v. H.: Ausgewählte Werke in zwei Bänden. Frankfurt/Main, 1966. Bd 2, S. 774.

[54]) ebd.

[55]) Grolmann, Adolf von: Dank und Gedenken an Lessing (Aus Anlaß der 200. Wiederkehr von Lessings Geburtstag). In: Die schöne Literatur. Jg 30, H. 1, Januar 1929, S. 4.

[56]) Mann, Thomas: (Die geistige Situation des Schriftstellers in unserer Zeit.) Rede, gehalten auf der Regional-Konferenz Europa – Afrika des Rotary-Clubs in den Haag am 13. September 1930. In: T. M.: a. a. O. Bd. X, S. 303.

[57]) Mann, Klaus: a. a. O. S. 86.

Eng mit diesem Irrationalismus verschiedener Färbung, in dem sogar strenges ästhetisches Kalkül (Benn[58]), Neue Sachlichkeit etc.) aufgehen, ist die Einschätzung des Dichters Lessing verbunden. Otto Brües beurteilte den Sachverhalt vielleicht allzu leger, wenn er schrieb: „Es ist Mode, ihn (d.i. Lessing) als Dichter nicht gelten zu lassen; nun ja, es ist eine Mode"[59]). In der Tat vermerkte eine große Zahl allgemeiner Aufsätze und Würdigungen Lessings – besonders 1929, im Jahr seines 200. Geburtstags –, daß es um sein Dichtertum problematisch bestellt sei[60]). Eine „Mode" allerdings war das nicht. Nicht nur, daß die Frage schon zu Lessings Lebzeiten aufgebracht worden war, sondern diese Beurteilung gründet auf einem Begriff des Dichterischen, das seine Wurzeln im Naturerlebnishaften und Organizistischen, in der persönlichen Empfindung und im persönlichen Bekenntnis hat, dem Ratio Mittel zum Zweck der Verschleierung der rationalen Faktur des Gedichteten ist; Dichtung mithin, die den Prozeß ihres Entstehens – der Begriff der Anstrengung scheint hier wieder auf – hinter das Produkt abdrängt. Dieser Begriff des Dichterischen stellt die „große(n) Ansichten und große(n) Wahrheiten" vor „die Operationen des Denkens und Findens"[61]). „Lessing, der ‚Wegbereiter der Klassik' steht zugleich zu ihrem Lebensgefühl im schärfsten Gegensatz. Ist für Schiller und Goethe ‚Ewigkeit', sei es auch nur der ewige Augenblick, höchster Wert, um dessen Erfüllung ihr ganzes Dasein kreist, so hat Lessing zeitlebens keinen anderen Willen gekannt, als dem wirklich gelebten Augenblick genügezutun."[62])

Hätte Lessing in der Weimarer Republik gelebt, so hätte man ihm seine Diesseitigkeit übel vermerkt, „seine Offenheit, die Instrumente beim Suchen nach Wahrheit, würde man beschlagnahmen wie heute etwa die Zeichnungen von Grosz. Und er würde mit den Dichtern

[58]) ebd. S. 105 ff.: zu Gottfried Benns Essayband „Fazit der Perspektiven", Berlin, 1930.

[59]) Brües, Otto: Der aktuelle Lessing. In: Nationaltheater. Jg 1 (1928/29). H. 2, S. 14.

[60]) Vgl.: Steinmetz, Horst (Hrsg.): Lessing – ein unpoetischer Dichter. Einleitung. Frankfurt / Main und Bonn, 1969. S. 13 – 45; Ders.: Gotthold Ephraim Lessing. Über die Aktualität eines umstrittenen Klassikers. In: Lessing in heutiger Sicht. Beiträge zur Internationalen Lessing-Konferenz Cincinnati/Ohio 1976. Bremen und Wolfenbüttel, 1977. S. 11 – 36.

[61]) Goethes Gespräche mit Eckermann, 11. April 1827.

[62]) Kuckhoff, Adam: a. a. O. S. 723.

Brecht und Hasenclever und Haringer und Becher das gemeinsam haben, daß kirchliche Institutionen gegen den ungehemmten Schwung seiner Rede Protest erhöben"[63]), kirchliche Institutionen, hinter denen unter anderem der „Deutsche Frauenkampfbund" stand, der fünfzig kleinere Verbände zusammenfaßte[64]).

Allzu häufig und mit allzu flinker Bereitschaft wurden da jene Sätze aus dem letzten Stück der „Hamburgischen Dramaturgie" herangezogen, in denen Lessing angibt, er fühle die lebendige Quelle nicht in sich, die durch eigene Kraft sich emporarbeite, durch eigene Kraft in so reichen, so frischen, so reinen Strahlen aufschieße: er müsse alles durch Druckwerk und Röhren aus sich heraufpressen[65]). Allzu bereit griff eine literarische Gesellschaft, die kaum imstande war, geschweige denn, daß sie sich bemüht hätte, die Brille der Weimarer Klassik bei der Lektüre Lessings abzunehmen, solche Absage an ein selbstschöpferisches Dichtertum als ‚Bekenntnis' auf, nur weil es in der Ich-Form geschrieben ist, und bemerkte dabei nicht den Bruch des eigenen Perspektivs, wenn dieses gleichzeitig für Lessing ein chrakteristisches Defizit bekenntnishafter Töne erkannte, das ihn soweit von der Weimarer Klassik abrückte, daß die Autonomie seines Werkes sich zu bloßer Vorläuferschaft auflöste. Es kann da nicht mehr verwundern, wenn von den zahlreichen sonstigen nicht in der Ich-Form notierten Bekundungen Lessings derselben Zielrichtung keine zitiert wird, wie, um nur ein Beispiel zu nennen, die aus dem Vorwort zu Karl Wilhelm Jerusalems philosophischen Aufsätzen: „Man hintergeht, oder wird selbst hintergangen, wenn man die Regeln sich als *Gesetze* denket, die unumgänglich befolgt sein wollen; da sie weiter nichts als guter Rat sind, den man ja wohl anhören kann. Wer leugnet, daß auch ohne sie das Genie gut arbeitet? aber ob es mit ihnen nicht besser gearbeitet hätte? Es schöpfe immer nur aus sich selbst, aber es wisse doch wenigstens, was es schöpft."[66])

[63]) Jahnn, Hans Henny: Gedanken zu einer hamburgischen Festrede über Lessing. In: Der Kreis. 6. Jahr. Wolfenbüttel 1928. S. 8

[64]) Kästner, Erich: „Schmutzsonderklasse" (Die Weltbühne, 1929). In: Weyrauch, Wolfgang (Hrsg.): Ausnahmezustand. Eine Anthologie aus „Weltbühne" und „Tagebuch". München, 1968. S. 205 – 209.

[65]) Lessing, Gotthold Ephraim: Hamburgische Dramaturgie. 101. – 104. Stück. 19. April 1768.

[66]) Lessing, Gotthold Ephraim (Hrsg.): Philosophische Aufsätze von Karl Wilhelm Jerusalem. Braunschweig, 1776.

Ein Gegensatz von Vernunft und Dichtung wurde konstruiert, oder: weniger konstruiert, sondern als absolut Bestehendes formuliert. Vielleicht am deutlichsten in einem Aufsatz von Albrecht Schaeffer, „Über Lessing", der auf nahezu dreißig Seiten allerlei über die Hochzeit von Licht und Dunkel berichtet, die sich in Goethe und Winckelmann feiere, und nur mit wenigen Zeilen sich auf Lessing, dem der Aufsatz ja immerhin zu gelten scheint, bezieht: „Im Verhältnis zu den bildenden Künsten (sei Lessing) ganz und gar Liebhaber". „Wer" dagegen, wie Goethe, „wahrhaft liebt, der ist sehend, der ist hellsehend"[67]). Ähnlich Bernhard Diebold: nachdem er notierte, daß „das Wort (...) für Lessing weniger als Klang und Symbol, denn als Begriff" lebte, schrieb er weiter, Lessing sei „kein strenger Priester der Wissenschaft, sondern ihr Liebhaber: er dilettierte"[68]). Ziemlich offene Türen wurden da eingerannt, ohne daß die Offensichtlichkeit den eigenen Standpunkt hätte irritieren können, wie sie den Johann Melchior Goeze irritierte: Lessing selbst bemerkte dies und lieferte gleich den begründenden Hinweis mit, daß in Bereichen des Geistes, wo seine Tätigkeit praktisches Handeln im Gesellschaftlichen anstrebt, die Liebhaberei der Liebe einiges an notwendiger Distanz und Unabhängigkeit voraus hat: „Ich bin Liebhaber der Theologie, und nicht Theolog. Ich habe auf kein gewisses System schwören müssen."[69])

Ausdrücklich auf Goethe bezug nehmend stellte Ernst Elster fest: „Ihm (d.i. Lessing) fehlen die weitaus greifenden Leitgedanken, ihm fehlt die Gabe der Vorwegnahme (...) ihm fehlt ferner die (...) Kraft und Neigung, die einzelnen Erscheinungen stets auch mit dem Urbild und Lebensgesetz in Verbindung zu bringen und in allem Erschaffenen die schaffende Natur selbst zu erkennen."[70]) Otto Flake charakterisierte in seinem Beitrag zum Jubiläumsjahr 1929 Lessing rundweg als „unmusikalisch", „unerotisch", „ohne Beziehung zur Natur, zur Farbe, zum Künstlerischen überhaupt"[71]) und fügt mit beschwichti-

[67]) Schaeffer, Albrecht: Über Lessing. In: A. S.: Dichter und Dichtung. Leipzig, 1923. S. 42.

[68]) Diebold, Bernhard: a. a. O.

[69]) Lessing, Gotthold Ephraim: Axiomata, wenn es deren in dergleichen Dingen gibt (...) Wider den Herrn Pastor Goeze, in Hamburg.

[70]) Elster, Ernst: Rede zur Zweihundertjahrfeier von Lessings Geburt in der Aula der Universität Marburg am Tage der Reichsgründungsfeier 1929, Marburg, 1929. S. 8.

[71]) Flake, Otto: a. a. O. S. 75.

gender Ambivalenz hinzu: „Nirgends hat Goethe, was doch nahelag, Lessing einschränkend gewertet."[72]) Fast beliebig ließen sich die Beispiele vermehren. Lessing selbst wäre solcher Einschränkung des Dichterischen auf fließend Unkonkretes vielleicht mit einem Epigramm begegnet: „Es freuet mich mein Herr, daß Ihr ein Dichter seid. / Doch seid Ihr sonst nichts mehr, mein Herr? Das ist mir leid."[73]) Man sieht: der Spielraum für Lessings Zeitgenossenschaft wird immer enger: die literarische Qualität wurde mit dem Maßstab einer späteren Entwicklung gemessen und, da man diesem Maßstab seine Geschichte benommen hatte, für unzulänglich befunden; das gelehrte Werk galt als veraltet, da man auf Ergebnisse fixiert war und die Denkbewegungen und Operationen des Denkens in der gegebenen Zeit nicht berücksichtigte. So konnte Paul Hankamer die Zeitgenossenschaft Lessings praktisch kündigen und schreiben, daß „der Weg zu Lessing über das Gefühl der geschichtlichen Pietät" gehe[74]).

„Das Gefühl der (. . .) Pietät" – „Pietät", ohnedies ein höchst komplexer Begriff, wird, einem Gefühl, das keinen Träger hat, zugeordnet, rationaler Kritik vollends entzogen, so wie es ihren Gegenstand selbst entrückt. Hier wird „Pietät" der Tatsache gerecht, daß Lessing nun einmal in den Kanon der Klassiker aufgenommen ist, und dementiert gleichzeitig die Möglichkeit kritischer Anwendung, Auseinandersetzung und Weiterentwicklung, da all dies bereits die Weimarer Klassik und die Romantik vermeintlich verbindlich und für die Gegenwart gültig getan habe. Die Pietät vor Lessing als geschichtlicher Figur rückt Geschichte selbst in eine von kritischer Vernunft abgeschiedene Nische, der bloß repräsentativen Betrachtung, eine Haltung, die der totalitären Herrschaft ab 1933 sehr zustatten kam, die es liebte, ihr eigenes Tun in welthistorischer Dimension zu sehen, in der das Individuum keine Stelle mehr hat, und das so rationaler Kritik, die zunächst stets die Kritik einzelner ist, entzogen ist. Thomas Mann sagte von den publizistischen Vertretern und Wegbereitern dieser Haltung: „Sie wollen uns auf die Seele, das ‚Dichterische', ‚die reine

[72]) ebd. S. 80.

[73]) Lessing, Gotthold Ephraim: An den Herrn R.; Heinrich Mann zitierte dieses Sinngedicht in seinem am 15. Februar 1931, Lessings hundertfünfzigsten Todestag, im berliner Rundfunk gesprochenen Beitrag „Lessing". In: Theater der Zeit. Jg 9 (1954), H. 1, S. 4.

[74]) Hankamer, Paul: a. a. O. S. 362.

Gotthold Ephraim Lessing

Gotthold Ephraim Lessing

Anschauung', das Gemüt, die apolitische Einfalt festlegen und heißen uns, wenn wir der Vernunft, dem Frieden, der Einheit Europas zugunsten reden, seichte Intellektualisten."[75])

Dennoch, die Formulierung Goethes – „ein Mann wie Lessing täte uns not"[76]) – kehrt wörtlich oder paraphrasiert immer wieder. Unausweichlich wird die Frage: Wozu? Wozu tat heute – 1918 bis 1933 – ein Schriftsteller not, der ein mittelmäßiger Dichter war, dessen Werk zu einem überwiegenden Teil veraltet ist, der einer Epoche angehörte, deren charakteristisches Merkmal in ihrer Vorläuferschaft, ihrer Vorläufigkeit bestanden zu haben scheint? Wozu? Zur ideologischen Rechtfertigung nationalistischer Politik! Nichts lag Lessing ferner, und Hankamers freilich anders motivierte Erinnerungen gegen Lessing, er sei „dem Staat tieffremd" gegenübergestanden[77]) belegt dies ebenso wie die Mißdeutung von Hermann Dreyhaus, Lessing habe sich im zweiten Freimaurergespräch ausdrücklich „zum Eigenleben der Nation" bekannt[78]). Derselbe Autor befindet auch, es sei „lutherisches Erbgut, wenn er (d. i. Lessing) (. . .) sich seiner nationalen Bindung bewußt wird, ja, gerade in dieser seine nationale, volkliche Individualität herausarbeitet"[79]). So ist es durchaus kein äußerlicher Zufall, wenn man die Feiern zu Lessings 200. Geburtstag am 29. Januar 1929 gelegentlich auf den Geburtstag der ersten faktischen Manifestation einer Deutschen Nation am 18. Januar 1871 legte[80]). Franz Schultz begründete diese Verbindung damit, daß die ‚neue deutsche Staatsnation (von 1871; d. Verf.) die deutsche Kulturnation zur Voraussetzung'

[75]) Mann, Thomas: (Die geistige Situation des Schriftstellers in unserer Zeit.) Rede, gehalten auf der Regional-Konferenz Europa – Afrika des Rotary-Clubs in Den Haag am 13. September 1930. a. a. O. S. 304.

[76]) Goethes Gespräche mit Eckermann, 15. Oktober 1825.

[77]) Hankamer, Paul: a. a. O. S. 366.

[78]) Dreyhaus, Hermann: a. a. O. S. 9 f.

[79]) ebd. S. 7.

[80]) Elster, Ernst: a. a. O.; Holl, Karl: a. a. O.; Schultz, Franz: Lessing und unsere Zeit. Rede zur Feier des 200. Geburtstages von Gotthold Ephraim Lessing anläßlich der Gründungsfeier des Deutschen Reiches am 18. Januar 1929. Frankfurt/Main, 1929. Zu erwähnen ist in diesem Zusammenhang ferner, daß Friedrich Gundolf seine Lessingrede, a. a. O., im überfüllten Plenarsaal des berliner Reichstages hielt; vgl.: Jens, Inge: a. a. O. S. 140.

gehabt habe[81]) – und Lessing war einer ihrer wichtigsten Schöpfer. In erster Linie durch die Auseinandersetzung mit dem französischen Theater. Vergleichsweise objektiv formulierte Franz Schultz, Lessing habe die Abhängigkeit der deutschen Literatur vom Auslande „auf das Maß zurückgeführt, das sich aus der geschichtlichen Entwicklung (...) des deutschen Geistes naturgemäß ergab"[82]). Martialisch und die Saite, die zwischen der Proklamation Kaiser Wilhelms I. (1871 im Spiegelsaal von Versailles) und den am selben Ort unterzeichneten Versailler Vertrag (14. Juni 1919) gespannt war[83]), anschlagend besang Reinhold Reuschel Lessing: „Wer war der Deutsche, / der die welsche Larve / von seines Volkes Antlitz riß? / Der Unerschrock'ne, / dessen Wetterhammer / den Bau des Lügenschwarms zerschmiß? / Lessing!"[84]) Kaum wird dem Dichter dieser Zeilen bewußt gewesen sein, daß solche Töne das eigene Volk treffen wie ein Bumerang, wenn der „Bau des Lügenschwarms", der (wem?) zur „welschen Larve" diente, derartig gewaltig und sichtbar gewesen sein sollte – und keiner des sonst so großen und aufrechten Volkes sollte die nur Thors Hammer zerstörbare Lügenfestung wahrgenommen haben? Dummes Volk, das sich so seiner Dummheit rühmte. Freilich das Kolossalische des Gegners diente der Monumentalisierung des Helden, Lessing, vor der das Selbstdenken und Selbsthandeln pietätvoll und bequem minimalisiert wurde. Solche pomphafte Glätte des faktisch Falschen und Schiefen ist typisch für das Denken und die Sprache, die bald die herrschende werden sollten.

Erschreckender aber als dieser alberne Pomp ist die Geschmeidigkeit, die Geschichte fälschte und Lessing als Sympathisanten der militant nationalistischen Gegner des Versailler Vertrages, mithin als Sympathisanten der „Dolchstoßlegende" requirierte, den Gegner zum Leben bedrohenden Feind machte, indem man ihm seinen eigenen Chauvinismus in 200 Jahre alte Schuhe schob, die ohnehin nie paßten:

[81]) Schultz, Franz: a. a. O. S. 3.

[82]) ebd.

[83]) Vgl.: Elster, Ernst: a. a. O.S. 3: „Sind schon fast sechzig Jahre vergangen, seit der Name Versailles, der uns jetzt aller Bitternis Tiefen erschließt, den Herzen der Deutschen als Ausdruck höchsten Glückes erstrahlte (...)"

[84]) Reuschel, Reinhold: Lessing (1929). Kopie im Besitz des Verfassers. Nach Auskunft des Dichters wurde das Gedicht bei der Grundsteinlegung des 1929 errichteten Lessinghauses in Kamenz mit eingemauert – und befindet sich wohl noch heute dort!

„Nur in seinem (d. i. Lessings) Beginn und (. . .) nur gegen ein chauvinistisches Frankreich kam er solchem Glauben an eine schicksalshafte Gemeinschaftsbindung von Blut, Sprache und Geist nahe“[85]). Und Walter von Molo – damals immerhin Präsident der Deutschen Dichterakademie, die der Preußischen Akademie der Künste angegliedert war – sagte, nachdem er seinerseits das Schicksal angerufen hatte – alles, was geschieht, hat „seinen guten Grund in dem ewigen unendlichen Zusammenhang aller Dinge“ –: „Lessing hat uns den Weg gewiesen: Wir gewinnen nur fröhlichen Mut, wenn wir nach dem Zusammensturz unseres Aufbegehrens, uns der Vorsehung vertrauensvoll unterwerfen, sonst aber niemandem!“[86])

Wohin führt die „Vorsehung“ nach dem Zusammenbruch des selbstmörderischen „Aufbegehrens“ des Ersten Weltkriegs durch das Jammertal der Weimarer Republik? „Zu neuer Herrlichkeit und neuer Kraft – zu deutscher Zukunft!“[87]). „Lessing, der Deutsche“, dessen „tiefinnerliches Deutschtum“[88]) gegen alles stand, was Deutschland aus der verhängnisvollen politischen und geistigen Isolation herauszubringen und in eine europäische Staatengemeinschaft zu führen versuchte, gegen Friedenssehnsucht und Völkerbund[89]), gegen eine liberale, kritische Presse[90]) und neue Menschlichkeit, wie ungenügend auch immer sie befolgt würde: „Es ist nichts mit Lessings internationalem Pazifismus. Lessing ist Deutscher in seinem Wesen und seiner Entwicklung, man kann ihm den Heimatboden nicht nehmen. (. . .) – Feminismus, Europäismus . . . und dann Lessings Kritik an seinem Volk und seinen Nachbarn im Westen . . . Was tut uns not? – Herrgott,

[85]) Hankamer, Paul: a. a. O. S. 366.

[86]) Molo, Walter von: a. a. O. S. 265.

[87]) ebd.

[88]) Dreyhaus, Hermann: a. a. O. S. 8.

[89]) Tatsächlich ist Deutschland schon wenige Monate nach dem Regierungsantritt Adolf Hitlers aus dem Völkerbund ausgetreten (14. Oktober 1933); „Völkerbund“, das stand für die komplexe europäische Außenpolitik Gustav Stresemanns, die, so empfindlich die internationale Ballance auch war, das Deutsche Reich seit 1926 doch in eine Politik der Friedenssicherung aktiv einbezog.

[90]) Vgl.: Rohrbach, Jäcklin: Der ewige Gotthold Ephraim. Zum 200. Geburtstag Lessings (22. Januar). In: Nationalsozialistische Briefe. Jg 4 (1929), S. 232.

ein Mann in einer weiblichen Epoche, ein neuer Lessing --"[91]) „Der neue Lessing würde, wenn er unter uns lebte, unbedingt Antisemit, Judenfeind sein ... Wir halten an der Hoffnung auf einen antisemitischen Lessing fest", hatte Adolf Bartels schon 1918 geschrieben[92]).

Von solcher blank glänzenden Gewalt prallte Lessing ab: „Spannung des Denkens" (Eduard Norden), „Anstrengung" (Arnold Zweig), „Operationen des Denkens und Findens" (Johann Peter Eckermann), ‚Arbeit' (Lessing) konnte in einer Gesellschaft nichts mehr ausrichten, die – als Minimalerfordernis – den Konsens der Berechtigung solchen Tuns aufgegeben hatte, in der „die Nuance Wut erregte"[93]).

Man drückte Lessing einen Revolver in die Hand und ließ ihn allein stehen und staunen: „Tu ein Letztes: stirb endlich! Deutschland dankt es Dir. Jenes Deutschland, das nicht an der ‚Vossischen Zeitung' interessiert ist. Laß dies eines (sic!) der letzten Nekrologe in unserer Sprache auf Dich sein."[94])

Man erschlug ihn: „Wenn Lessing heute lebte – wäre er längst tot! Wegen unbefugter Einmischung (...) in Fürstenabfindungen, Korruptionsaffären, Sozialdemokratie, Panzerkreuzerbauten, Reichswehrfilmschiebungen, Justizmorde und Hochverratsprozesse von unsern bewährten Reichsbannerstahlhelmern erschlagen. Friede seiner Asche!"[95])

Alfred Döblin, Heinrich Mann, Thomas Mann, Klaus Mann, Arnold Zweig, Albert Ehrenstein, Bertolt Brecht und viele andere gingen ins Exil, mit Lessing im Fluchtgepäck. „Alles von jenem Deutschland, das wir lieben und verehren, ist in Eurem Lager. Bei Euch sind Goethe und Beethoven; bei Euch sind Lessing und Marx. Sie sind mit Euch in dem Kampf, den Ihr führt. Ich zweifle nicht an Eurem Sieg! Habt Vertrauen! Die Zukunft wird sich an Euer Beispiel erinnern und sie wird es ehren", schrieb Romain Rolland an Alfred Kantorowicz ins Exil[96]).

[91]) Dreyhaus, Hermann: a. a. O. S. 9.

[92]) Bartels, Adolf: a. a. O.; zitiert nach Wolf, Heinrich: a. a. O.S.128.

[93]) Mann, Thomas: Tagebücher 1933 – 1934. Frankfurt/Main, 1977. S. 147 (Eintrag vom 10. August 1933).

[94]) Rohrbach, Jäcklin: a. a. O. S. 233.

[95]) Ehrenstein, Albert: Zu Lessings Wiedergeburt. In: Die Aktion. Jg 19, H. 1/2, März 1929, Sp. 55.

[96]) Drews, Richard und Alfred Kantorowicz (Hrsg.): Verboten und Verbrannt.

Viele kamen um, einige kehrten in den Jahren nach 1945 nach Deutschland zurück, manches hatten sie im Exil verloren, Lessing brachten sie wieder mit.

„Lessing sagte von seinem Drama ‚Nathan der Weise': ‚Es wird nichts weniger als ein satirisches Stück, um den Kampfplatz mit Hohngelächter zu verlassen. Es wird ein so rührendes Stück als ich nur immer gemacht habe.' Statt ‚satirisch' hätte er ‚nihilistisch' gesagt, wenn das Wort zur Hand gewesen wäre, und statt ‚rührend' hätte er ‚gütig' sagen können, um Verwahrung gegen die Auffassung einzulegen, weil er ein Zweifler sei, sei er ein schnöder Nihilist. Die Kunst, so bittere Anklage sie sei, so tief ihre Klage um die Verderbnis der Schöpfung, so weit sie gehe in der Ironisierung der Wirklichkeit und sogar ihrer selbst, – es liegt nicht in ihrer Art, ‚den Kampfplatz mit Hohngelächter zu verlassen'. Sie streckt nicht dem Leben, zu dessen geistiger Belebung sie geschaffen ist, die kalte Teufelsfaust entgegen. Sie ist dem Guten verbunden, und auf ihrem Grunde ist Güte, der Weisheit verwandt, noch näher der Liebe. Bringt sie gern die Menschen zum Lachen, so ist es kein Hohngelächter, das sie bringt, sondern eine Heiterkeit, in der Haß und Dummheit sich lösen, die befreit und vereinigt. Aus Einsamkeit immer aufs neue geboren, ist ihre Wirkung vereinigend. Sie ist die letzte, sich Illusionen zu machen über ihren Einfluß aufs Menschengeschick. Verächterin des Schlechten, hat sie nie den Sieg des Bösen aufzuhalten vermocht; auf Sinngebung bedacht, nie den blutigsten Unsinn verhindert. Sie ist keine Macht, sie ist nur ein Trost. Und doch – ein Spiel tiefsten Ernstes, Paradigma allen Strebens nach Vollendung, ist sie der Menschheit zur Begleiterin gegeben von Anfang an, und diese wird von ihrer Unschuld nie ganz das schuldgetrübte Auge wenden können."[97])

Deutsche Literatur 12 Jahre unterdrückt. Berlin und München, 1947. Zitiert nach: „Als der Krieg zu Ende war". Literarisch-politische Publizistik 1945 – 1950. Eine Ausstellung des Deutschen Literaturarchivs im Schiller-Nationalmuseum Marbach a. N., München und Stuttgart, 1973, S. 216.

[97]) Mann, Thomas: Der Künstler und die Gesellschaft. Vortrag, gehalten im Salzburger Mozarteum am 9. September 1952 und auf dem Kongreß der UNESCO im September 1952 in Venedig. In: T. M.: Gesammelte Werke. Frankfurt/ Main, 1974. Bd. X, S. 398 f.

JEAN AMERY

Aufklärung als Philosophia Perennis

Rede zum Lessing Preis in Hamburg am 16. Mai 1977

Der Morgen dämmerte herauf; es schien, als müsse mit ihm ein Tag anbrechen, aller Nächte Ende zu sein. Die Konturen der Welt wurden deutlich, so meinte jedermann, es habe das natürliche und sittliche Universum für immer sein Antlitz enthüllt. Lumières, clarté! Der ungeheure Jubel der Geister drang hinaus auf die Straßen, in denen das Volk zuhauf kam. Ja, Freiheit und Gleichheit hörte man schallen. Der Bürger war so ruhig nicht mehr und griff, aufstehend, zur Wehr. Es wetterte aus klarem Himmel– und Donnerstimmen verkündeten die Droits de l'Homme. Der schöne Götterfunke Freude – Freude des Einzelnen an den Allen, an sich selber, an der Kraft der Erkenntnis – flog durch die Länder, zündete Höhenfeuer an, es war, als könne er nie wieder erlöschen.

Wie hat es geschehen mögen, daß die Himmel sich eintrübten? Daß die Jubelstimmen heiser wurden und schließlich verstummten? Daß in den einströmenden Nebelschwaden kraftlose Geschlechter zum hämischen Gelächter des Menschenfeinds, sich selber verspottend, verdarben am Faulbett romantischer Ironie? Daß hohe Standbilder nur noch wie billige, beschädigte Gipsbüsten dastehen, an deren brüchigen Sockeln jeder dumme Hund sein Bein hebt? Was hat sich ereignet, daß die Aufklärung zu einem ideengeschichtlichen Relikt wurde, gut genug allenfalls für emsig-sterile Forscherbemühtheit? Welch traurige Abirrung hat es dahin gebracht, daß zeitgemäße Denker Begriffe wie Fortschritt, Humanisierung, Vernunft nur noch unter vernichtenden Gänsefüßchen zu gebrauchen wagen? Die gestanzten Antworten sind zuhanden, ein jeder kann sie weitergeben als Scheidemünzen eines Geistes, der sich längst verlor. Aufklärung? Eine bürgerliche Mystifikation. Vernunft? Die böse Instrumentalität ungerechter, abgelebter Produktionsformen. Menschlichkeit? Die Ausrede des Dritten Standes, der seine partikularen Interessen als universelle Werte hinstellte, um mittels ihrer den vierten guten Gewissens ausbeuten zu können. Fortschritt? Die rasende Produktions- und Profitbesessenheit einer Bourgeoisie, die den Proleten und mit ihm die Erde sich untertan gemacht hat; so stehen wir späte Nachfahren des großen achtzehnten und des unvergleichlichen neunzehnten Jahrhunderts in einer fortschrittskranken, ausgepoverten, im eigenen Exkrement erstickenden Welt. „Untergang der Erde am Geist", wie ein anderer Lessing, Theodor mit Vornamen, es feierlich verkündete.

Aber ich protestiere leidenschaftlich und mit allem mir zu Gebote stehenden Nachdruck. Nicht so, daß ich die absurde Behauptung wagte, es seien die individuell-humanen und sozial-politischen Zivilisationsschäden nur neurotische Phantasien eines malade imaginaire! Der Autor des Buches „Lefeu oder Der Abbruch", darin das bittere Wort vom Glanz-Verfall der Epoche sich findet, ist frei von Illusionen, ledig aller naiven Plaisirs an den Errungenschaften des Vorausgangs, der die Erkenntnisse einer als human gewollten Wissenschaft beschämt hat. Und dennoch: Ich bekenne mich zur Aufklärung, zur *klassischen* zumal, als zu einer Philosophia perennis, die in sich alle ihre Korrektive birgt, so daß es müßiges Spiel ist, sie dialektisch zu dislozieren. Ich stehe ein für die analytische Vernunft und ihre Sprache, die Logik. Ich glaube, trotz allem, was wir erfahren mußten, daß auch heute noch, nicht anders als in den Tagen der Enzyklopädisten, Kenntnis zur Erkenntnis führt und diese zur Sittlichkeit. Und ich behaupte, daß nicht, wie man es uns seit der ersten Welle romantischer Gegenaufklärung versichert hat, die Aufklärung versagte, sondern jene, die man zu ihren Hütern bestellte. – Lassen Sie mich bitte konkretisieren, was ich meine, und zwar auf möglichst einfache Weise, wobei ich auch nicht die mindeste Furcht vor dem Anwurf habe, „banal" zu sein. Im Gegenteil und sozusagen beiseite gesprochen: Nichts wäre heilsamer für die Mode-Denker, die allerweilen und allerorten die Armseligkeit ihrer Gedanken mit dem Talmi wohlfeiler „Brillanz" aufputzen, als eine solide Banalitäts-Kaltwasserkur. Die erste Überlegung, die in diesem Sinne sich mir auf die Lippen drängt, zielt auf ein offenbares Faktum: *Alle* Freiheiten, deren wir uns erfreuen und die weiterzureichen unsere Pflicht ist, sind Früchte der bürgerlichen Aufklärung. Wir stehen hier, Intellektuelle, kritisch gestimmt, und was wir an geistiger Freiheit besitzen, danken wir Aufklärern: von Montesquieu bis Freud, von Locke über Condorcet, Diderot zu Marx, Feuerbach und Russell. Was immer wir an Einsicht erlangten, die zu Vertrautheit mit uns selber und Sicherheit in der Welt uns verhalf, wir besäßen es nicht ohne die aufklärerische wissenschaftliche Weltauffassung. Das geht von den kleinen Dingen unseres Alltags bis hinein ins makro- und mikrophysikalisch Ungeheure. Von der dummen Überheblichkeit gegenüber der Wissenschaft hat einmal Robert Musil nebenhin gesprochen, wenn er sagte, der „Gebildete" kenne nicht den Namen des Mannes, der der Menschheit den unsagbaren Segen der Narkose geschenkt hat! Wir brauchen uns nur momentweise rückzuversetzen in den Zustand von Welt und Geist vor Anbruch der Aufklärung, und mit Entsetzen werden wir der *Angst* inne: Angst vor den ungebändigten Naturgewalten, Angst vor Körperschmerz, für den es keine Linderung gab, Angst vor dem bösen Blick, vor Göttern, Götzen, Dämonen, Angst vor den Herrschenden, deren sadistische Machtausübung durch kein Gesetz eingeschränkt war, Angst vor der eigenen Angst, die aus dem Unbewußten herauftauchte und den Menschen zum Sklaven des „Es" machte.

Zu sagen, wir lebten heute angstfrei, wäre allerdings dreist. Aber noch unsere schlimmsten Ängste – vor Kriegs- und Atomgefahr, vor wirtschaftlichem Ungemach – verhalten sich zu Furcht und Zittern des Menschen der prä-aufklärerischen Epochen wie das girrende Herzeleid einer Großbürgerstochter des neunzehnten Jahrhunderts zum Hungerelend der schlesischen Weber. Angesichts solch erdrückend gewichtiger Tatsachen ist eine Aufklärung, die sich selbst überschreiten will, bei diesem Unternehmen aber die Fundamente rational-sittlichen Denkens zerstört, ein Ärgernis: gegen eben dieses will ich polemisieren. Man ahnt vielleicht, was ich im Sinne habe. Nicht den miserablen, aber vergleichsweise traulichen deutschen Irrationalismus des frühen zwanzigsten Jahrhunderts, wie ihn auf so ganz unvergleichliche Weise Thomas Mann im „Doktor Faustus" in seiner Beschreibung des Kridwiss-Kreises für immer lächerlich gemacht hat. Nicht die „konservative Revolution" also; nicht Klages, Spengler, Alfred Schuler, Joseph Nadler, die da allemal die „Seele" – was immer das sei! – gegen den „Geist" geglaubt hatten, ausspielen zu müssen. Weder am längst historischen Vitalismus eines Driesch will ich mich reiben, noch im Namen Julien Bendas an Henri Bergson und seiner Philosophie des élan vital. All das, was einst Heinrich Mann die „Tiefschwätzerei" genannt hat, wurde ja von der Geistesgeschichte schon am Wege gelassen; es wäre pure Energieverschwendung, wollte ich hier Offensiven vortragen, die nur noch weit offen stehende Türen einrennen würden. Nein, gegen Tiefschwätzerei brauche ich die Aufklärung nicht zu verteidigen. Wohl aber ist es die Stunde, sich zu erheben wider eine *Hochschwätzerei*, die den heimeligen alten Irrationalismus auf schicke Weise – pariserisch-schicke, um ganz genau zu sein – neu einkleidet, ohne daß, wie aufmerksam ich auch hinhöre, eine Stimme sich vernehmen ließe, die da ausriefe, die Könige seien nackt! Es ist steile Hochschwätzerei gefährlichster Art, wenn Roland Barthes sich versteigt zur schein-radikalen, den Mode-Intellektuellen epatierenden Behauptung, es sei die Sprache schlechthin faschistisch, wie dieser Herr es jüngst ausgerechnet bei seiner Antrittsvorlesung am Collège de France einem tumb-verzückten Auditorium zumutete. Entfesselter Hochschwatz war es, als schon vor ein paar Jahren der Philosoph Gilles Deleuze und der Psychologe Félix Guattari in ihrem „Anti-Ödipus" Argumente gegen den skeptisch-vernunftvollen Freud bei keinem anderen suchten als bei Wilhelm Reich, und zwar dem späten, nachweislich und belegbar klinisch wahnsinnigen Reich. Gegenaufklärerische Geschwätzigkeit und nicht mehr als das ist es, wenn Michel Foucault den, hélas, im Schneckentempo sich vorwärtsbewegenden sittlichen Fortschritt des Strafvollzugs leugnet, indem er das triste Überwachen und Strafen der modernen Jurisdiktion noch schärfer geißelt als die bestialischen Praktiken, wie sie vor der Aufklärung gepflogen wurden.

Und was soll man sagen zu den subjektiv gewiß wohlgemeinten, objektiv aber kulturgefährlichen Intentionen der Anti-Psychiater, denen Vernunft nichts ist als bürgerliche Entfremdung des Menschen und die den Wahnsinn als inneren Freiraum des vorgeblich von der Gesellschaft in Permanenz manipulierten Menschen feiern? Was zu Köpfen wie Roger Garaudy, der schon bessere Tage gesehen hat, der aber, ausgestoßen aus der orthodox-marxistischen Kirche, aufgeklärte Zivilisation als eurozentrische Oppression verdammt und schwarzafrikanische Initiationsriten höher wertet als das Philosophieren der Peripatetiker? Sehen, hören, verspüren alle diese durch ideologische „Nebelbildungen im Gehirn" verstörten Menschen nicht, daß *sie* die negativ Manipulierten sind? Die Manipulierten von Geistesmoden, die kommende Saisons ebenso vergessen haben werden wie die letzten Modelle der Haute Couture? Kommt es ihnen nicht in den Sinn, daß ihr Irrationalismus das Geschäft der Herrschenden – der Verleger, der Medien-Zaren, der nur auf Auflagenziffern bedachten Zeitungen – gerade so wirksam betreibt wie einst die Seelenschwärmerei der Konservativen Revolution? Natürlich nicht. Im Gegenteil. Sie halten sich für die eigentlichen Aufklärer, für die bestellten Demystifikatoren, womöglich für die Heilskünder einer kommenden Revolution.

Sehe ich recht, dann ist in der Tat augenblicklich Frankreich, verlassen von allen guten Geistern des Cartesianismus, das Zentrum einer sich raffiniert verstellenden, sich selbst nicht erkennenden Gegen-Aufklärung. Es wäre aber ungerecht, wollte man die Franzosen allein verantwortlich machen. Die deutsche Mitschuld darf jedenfalls nicht totgeschwiegen werden. Des Königs neue Kleider wurden auch im Nachkriegsdeutschland getragen, und dies schon sehr frühe. Soeben las ich nach Jahr und Tag in einem Buche wieder, das mich vor drei Dekaden begeistert hat: „Dialektik der Aufklärung" von Adorno und Horkheimer. Ohne Zaudern bekenne ich, daß Schrecken und tiefes Unbehagen mich beim Wiederlesen dieses hochgeistreichen Werkes erfaßten. In ihrem Bemühen, die klassische Aufklärung aus ihrer epochebedingten Naivität zu erlösen und dialektisch weiter zu entwickeln, haben die Autoren sich hinreißen lassen zu wahren Enormitäten, die, wörtlich genommen, den übelsten Obskurantismen als Alibi dienen können. Es gibt da ganz und gar unheimliche Aussprüche, wie diese: „Aufklärung ist totalitär"; „Aufklärung zersetzt das Unrecht der alten Ungleichheit, das unvermittelte Herrentum, verewigt es aber zugleich in der universalen Vermittlung, dem Beziehen jeglichen Seienden auf jegliches"; „Begriffe sind vor der Aufklärung wie Rentner vor den industriellen Trusts: keiner darf sich sicher fühlen"; „Auf dem Wege von der Mythologie zur Logistik hat Denken das Element der Reflexion auf sich verloren, und die Maschinerie verstümmelt die Menschen heute, selbst wenn sie sie ernährt. . ." Ich weiß schon, es ist eine Geistessünde, wenn man, wie es heißt, „aus dem Zusammenhang gerissene Sätze" zitiert. Aber was ich anführe, sind paradigmatische Urteile: ein jedes von ihnen enthält den Widerstand gegen Logik, die irrationale Rage gegen die technisch-industrielle Welt, die grundverkehrte Auffassung, es sei die historische Aufklärung nichts anderes gewesen als das Instrument einer ihre Herrschaft festigenden brutalen Bourgeoisie, die Blindheit gegenüber der doch auf der Hand liegenden geschichtlichen Tatsache, daß der Bourgeois zugleich Citoyen war, daß im Partikularen der bürgerlichen Revolution *auch* Universelles stak, daß Industrie und Maschine den Menschen zwar beschädigten, ihn zugleich aber befreiten aus der Dumpfheit und Stumpfheit des biblisch verfluchten Ackerns. Ich kenne, meine Damen und Herren, den Bergbauern der Vergangenheit meines österreichischen Ursprunglandes und kenne den amerikanischen Farmer. Kein noch so zugeschliffenes dialektisches Philosophieren kann mir die Überzeugung rauben, daß dieser dank seiner Maschinen ein menschenwürdigeres Leben führt als damals jener das seine hinbrachte.

Und spreche ich von dialektischem Denken, fällt ein Stichwort. Andernorts habe ich versucht, mich mit der Dialektik als einer spezifischen Allüre des Denkens auseinanderzusetzen, habe den methodischen Anspruch dialektischen Philosophierens abgewiesen, aber die inspirierende Kraft dialektischer Gangart bewundernd anerkannt. Man kommt ja nicht von Sartre her, wie der Verfasser dieses Textes, ohne daß man sich dialektisch versucht hätte; in keiner meiner Schriften, ja kaum in einem einzigen Satz, den ich niederschrieb, sind nicht Spuren von Dialektik nachweisbar. Und dennoch: Wenn ich heute, spät in der Zeit, mir Klarheit zu verschaffen suche, ob die Dialektik der geistigen Geschichte der Menschheit mehr Heil gebracht hat oder mehr Mißgeschick, will mir scheinen, als habe der „bacchantische Taumel", wie Hegel selbst das (dialektisch) „Wahre" genannt hat, in letzter Analyse mehr hoffärtigen Unfug gestiftet als authentischem Fortschritt den Weg geebnet. Ich will nicht so weit gehen wie der Philosoph Etiemble, der in einem kürzlich erschienenen Text von Hegel als dem „architraître", dem „Erzverräter" der Vernunft gesprochen hat. Aber im Maße, wie ich mir die Rösselsprünge, die Distorsionen und hämisch die Vernunft, reine und praktische, ins Ausgeding der Intelligenz drängenden dialektischen Akrobatien erhelle, entfremde ich mich dieser Art des Denkens; dies umso leichter, als ich heute in Karl Marx weniger den Dialektiker und Nachfolger Hegels sehe als den Propheten einer *neuen Sittlichkeit*, den direkten Nachfahren eben jener bürgerlichen Aufklärung, die in den Augen moderner Marxisten, welche vom *Menschen* nichts mehr wissen wollen, nur noch ein ungefüges Instrument der herrschenden Klassen ist.

Wie schön und heiter-männlich, wie klug und lichtvoll nimmt sich doch vor dem Hintergrund dialektischer Verdunkelung die klassische Aufklärung aus – trotz ihrer Naivität, ihrer epistemologischen Defiziens, trotz ihrem Optimismus, den man „kindisch" nennt, wiewohl er doch, woran ich glaube, schon morgen wieder als die höchste Stufe humaner Erwachsenheit glänzend auferstehen wird. Zusammen mit der Skepsis, die ihm nicht widerredet, sondern ihn geistreich ergänzt, ist der menschenfreundliche Optimismus der Aufklärung mit den statischen Werten von Freiheit, Vernunft, Gerechtigkeit, Wahrheit *unsere einzige Chance*, Geschichte zu machen und mit ihr das recht eigentlich humane Geschäft: die Sinngebung des Sinnlosen zu betreiben. Die Rückbesinnung auf die klassische Aufklärung ist das intellektuelle und soziale Gebot der Stunde. Gewiß, die Perspektiven haben sich verschoben. Wir glauben nicht mehr, daß wir wissen, wie einst die Enzyklopädisten, sondern wissen allemal – in der exakten Forschung wie im Bereich der Humanwissenschaften – daß wir nur glauben und daß wir stets bereit sein müssen, unsere szientistischen Glaubenssätze zu revidieren. Die Revision hat übrigens statt zu jeder Stunde, und niemand ist sich dessen stärker bewußt als eben die Naturwissenschaftler, wenn sie etwa, wie der große Aufklärer Jacques Monod, unser Hiersein als das Zufallen blinden Zufalls erkennen und dennoch, wie Sartre es will, etwas aus dem machen, wozu man uns gemacht hat.

Vor knapp fünf Jahrzenten hat der Dichter, der mir unter allen meiner Muttersprache der teuerste ist, *Thomas Mann*, zum zweihundertsten Geburtstag des Mannes, in dessen Zeichen diese Ansprache steht, Worte gesagt, die mir in so hohem Grade aktuell erscheinen, daß ich mich nicht enthalten will, sie hier zu zitieren: „Wir haben es", rief der Dichter aus, der selber spät die bürgerliche Todesironie überwand, um zur tätigen Aufklärung zu gelangen – „zur inferioren Lust aller Feinde des männlichen Lichts, aller Priester des dynamistischen Orgasmus im Irrationalen schon so weit gebracht, daß der natürliche Rückschlag bösartig-lebensgefährlich auszusehen beginnt und nachgerade ein Rückschlag gegen den Rückschlag nötig scheint, um das chthonische Gelichter, das allzuviel Wasser auf seine Mühlen bekommen hat, in sein mutterrechtliches Dunkel zurückzuscheuchen.". –

Alles kommt jetzt darauf an, daß die Aufklärung sich nicht einschüchtern lasse: weder durch den historisch patinierten, aber darum noch lange nicht zu Ehrwürden gelangten traditionellen Vorwurf, sie sei „flach", noch durch das zeitgemäß gestikulierende, arrogante, aber gänzlich unstichhaltige Argument, sie sei „überholt". Analytische Ratio wird nicht überholt: es sei denn durch sich selber, womit sie sich freilich zugleich auch stets neu erhärtet. Wahrheit ist gewiß ein schwieriges erkenntnistheoretisches Problem: in der täglichen Praxis wissen wir sie von der Unwahrheit zu unterscheiden. Um nach Gerechtigkeit zu verlangen, haben wir keine Rechtsphilosophie nötig. Was Freiheit heißt, weiß jeder, der je in Unfreiheit gelebt hat. Daß Gleichheit kein Mythos ist, davon kann ein Lied singen, wer Opfer der Oppression war. Immer ist die Wirklichkeit gescheiter als die ohnmächtig sie reflektieren wollende Philosophie. Darum ist Aufklärung auch kein fugenloses doktrinäres Konstrukt, sondern das immerwährende erhellende Gespräch, das wir mit uns selbst und mit dem Anderen zu führen gehalten sind. Das Licht der klassischen Aufklärung war keine optische Täuschung, keine Halluzination. Wo es zu verschwinden droht, ist das humane Bewußtsein eingetrübt. Wer die Aufklärung verleugnet, verzichtet auf die Erziehung des Menschengeschlechts.

Zeittafel zur deutschen Aufklärung im europäischen Rahmen (1680 – 1789)

1681 Annexion Straßburgs durch die Franzosen im Rahmen der „Réunionskriege" (seit 1679).

1683 Bernhard Fontenelle (1657–1757) Dialogues des Morts. Französische Philosophie.
† Daniel Casper von Lohenstein, deutscher Barockdichter, (* 1635).
Leeuwenhoek, holländischer Naturforscher, entdeckt mit dem Mikroskop Bakterien.

1684 * Antoine Watteau, französischer Maler, † 1721

1685 * Johann Sebastian Bach († 1750);
* Georg Friedrich Händel († 1759).

1687 Newton: „Philosophiae Naturalis Principia Mathematica", astronomische Grundlegung des Planetensystems.
Erste deutsche (statt lateinische) Universitätsvorlesung in Leipzig durch Christian Thomasius (1655–1728).
* Balthasar Neumann, deutscher Baumeister des Barock († 1753).
Ehrenfried Walther von Tschirnhaus (1651 – 1708): „Medicina Mentis et Corporis". Wissenschaftstheorie im Anschluß an Spinoza.

1688 Glorious Revolution in England. Erste deutschsprachige wissenschaftliche Zeitschrift „Monatsgespräche" von Christian Thomasius, der sich gegen die barocke Gelehrsamkeit wendet.
* Alexander Pope, englischer aufgeklärter Dichter und Philosoph († 1744).
Pfälzische Kriege zwischen Österreich, England, Frankreich, Verwüstung der Pfalz, 1689 Zerstörung des Heidelberger Schlosses.

1689 * Charles de Montesquieu, französischer liberaler Rechtsphilosoph († 1755).

1690 Locke: „Essay on Human Understanding". Hauptwerk des englischen Empirismus. Locke: Briefe über die Toleranz.

1694 * Voltaire († 1778).
* Hermann Samuel Reimarus, bedeutendster deutscher Bibelkritiker der Aufklärung († 1768).
Gründung der Universität Halle. Fischer von Erlach beginnt den Bau von Schloß Schönbrunn bei Wien, vollendet 1750 von Pacassi.

1695 Pierre Bayle (1647–1706): „Dictionnaire Historique et Critique". Wörterbuch mit aufklärerisch skeptischen Personalartikeln. Locke: „Die Vernünftigkeit des Christentums", Werk des gemäßigten englischen Deismus.
* François de Cuvilliés, deutscher Baumeister († 1768).

1696 John Toland: „Christianity not Mysterious", radikales Werk des englischen Deismus. Gründung der Kunstakademie in Berlin. Leibniz: „Erkenntnisse über Wahrheit und Ideen", Aufsatz in der Gelehrtenzeitschrift „Acta eruditorum", Grundlegung der Aufklärungslogik in Deutschland.
* Giovanni Battista Tiepolo, italienischer Maler, der lange in Deutschland wirkte, malte die Würzburger Residenz aus († 1770).

1697 * William Hogarth, englischer satirischer Kupferstecher und Maler († 1764).
* Canaletto, italienischer Maler (Vedoutenmaler) von Städteansichten († 1768).

1699 * Jean-Baptiste Siméon Chardin, französischer Maler, besonders der bürgerlichen Welt († 1779).

1700 Gründung der Preußischen Akademie der Wissenschaften durch Leibniz, der ihr erster Präsident wird.
* Johann Christoph Gottsched, bedeutender rationalistischer Theoretiker der Kunst des 18. Jahrhunderts († 1766).
Einführung des gregorianischen Kalenders in den protestantischen Staaten.

1701 Thomasius bekämpft Hexenprozesse.

1703 * François Boucher, französischer Rokokomaler († 1770).

1704 Leibniz: „Neue Abhandlungen über den menschlichen Verstand", gegen Lockes Empirismus (veröffentlicht 1765). Newton: „Optik".

1705 Thomasius: „Grundlagen des Naturrechts". Deutsche Staatsphilosophie der Aufklärung.

1706 Thomasius: „Vorsichtsregeln beim Studium der Jurisprudenz". Umfassender Reformvorschlag des Universitätsstudiums.

1708 † Jules Hardouin-Mansart (* 1646), französischer Architekt (Invalidendom, Schloßbau von Versailles, Place Vendôme).

1709 Erfindung des Porzellans durch Johann Friedrich Böttger (1682–1719), der einen Vorschlag Tschirnhaus' verwendet. * Jacques-Germain Soufflot († 1790), französischer Architekt (Phanthéon).

1710 Leibniz: „Theodizee". Begründet den Optimismus der deutschen Aufklärungsphilosophie und -theologie.

1711 * David Hume, englischer Aufklärungsphilosoph und Historiker († 1776).
Thomas Newcomen erfindet die Dampfmaschine. Eröffnung der Preußischen Akademie der Wissenschaften.
* Michael Wassiljewitsch Lomonossow, russischer Chemiker und Dichter († 1765).

1712 * Friedrich II. von Preußen (1740–1786 König von Preußen).
* Jean Jacques Rousseau († 1778).
* Francesco Guardi († 1793), venetianischer Maler.

1713 Friede von Utrecht beschließt den spanischen Erbfolgekrieg.
* Denis Diderot, († 1784).
Christian Wolff: „Vernünftige Gedanken von den Kräften des menschlichen Verstandes", „Deutsche Logik", die den Wissenschaftsbegriff der deutschen Aufklärung bis Kant festlegt.
* Laurence Sterne, englischer Dichter († 1768).

1714 Leibniz: „Monadologie". Kurzfassung seiner philosophischen Anschauungen.
Carl Philipp Emanuel Bach *, deutscher Komponist († 1788).
* Christoph Willibald Gluck, deutscher Komponist († 1787).
Aufhebung der Hexenprozesse in Preußen.

† Andreas Schlüter (* 1664). Bildhauer und Architekt des Berliner Stadtschlosses (1698–1706).

1715 † Ludwig XIV. von Frankreich (* 1638, König seit 1643).

1716 † Gottfried Wilhelm Leibniz, bedeutendster deutscher Philosoph des 17. Jahrhunderts (* 1646).

1717 * Johann Joachim Winckelmann, deutscher Archäologe und Kunsttheoretiker († 1768).
Fischer von Erlach beginnt die barocke Karlskirche in Wien (vollendet 1739).

1719 Beginn der Anlage von Pope's Naturgarten in Twickenham (Idee des englischen Gartens).

1720 Christian Wolff: „Vernünftige Gedanken von Gott, der Welt und der Seele des Menschen", sog. „Deutsche Metaphysik", einflußreiches Lehrbuch der „Leibniz-Wolff-Schule", bestimmt maßgeblich die Aufklärung in Deutschland.
* Giovanni Battista Piranesi († 1778), Zeichner und Architekt.

1721 Johann Sebastian Bach: Brandenburgische Konzerte.
† Antoine Watteau, französischer Maler (* 1684).

1722 * Johann Heinrich Tischbein, deutscher Maler († 1789).
Fertigstellung des Zwingers in Dresden durch Matthäus Daniel Pöppelmann.

1723 Johann Sebastian Bach: Johannespassion.
† Fischer von Erlach, österreichischer Baumeister, bes. in Wien und Salzburg (* 1656).
* Franz Anton Bustelli († 1765).
* Joshua Reynolds († 1792), englischer Maler.
† Christopher Wren (* 1632), englischer Architekt (St. Paul's Cathedral).

1724 * Immanuel Kant († 1804).
* Friedrich Gottlieb Klopstock, deutscher Dichter († 1803).

1726 Jonathan Swift: „Gullivers Reisen".
* Daniel Chodowiecki, deutscher Kupferstecher und Illustrator († 1801).

1727 Thomas Gainsborough, englischer Maler († 1788).
† Isaac Newton (* 1643).

1728 Ephraim Chambers (1680 – 1740) „Cyclopedia or universal dictionary of arts and sciences", englische Enzyklopädie.
† Christian Thomasius, deutscher Aufklärungsphilosoph (* 1655).
* Robert Adam († 1792), englischer Architekt und Innenausstatter.
* Anton Raffael Mengs († 1779), deutscher Maler.

1729 Johann Sebastian Bach: Matthäus-Passion.
* Gotthold Ephraim Lessing († 1781).
* Moses Mendelssohn († 1786).

1730 Johann Christoph Gottsched: „Versuch einer critischen Dichtkunst vor die Deutschen", deutsche Aufklärungspoetik.
* Johann Georg Hamann, deutscher Sprach- und Religionsphilosoph († 1788).

1731 Vertreibung von 26000 Protestanten aus dem Erzbistum Salzburg. „Großes vollständiges Universallexikon aller Wissenschaften und Künste", der sog. „Zedler" erscheint in Leipzig, vollständig 1754 in 68 Folianten.

1732 * Joseph Haydn († 1809).
† Balthasar Permoser (* 1651), Hofbildhauer in Dresden.

1733 Johann Sebastian Bach: H-Moll-Messe.
G. B. Pergolesi: „La serva padrona", erste maßgebliche Opera buffa.
A. Pope: „Essay on man", englische Aufklärungsphilosophie.
Gebrüder Asam: St.. Johann Nepomuk Kirche in München, vollendet 1746.

1736 † Prinz Eugen von Savoyen, kaiserl. Feldmarschall und Türkensieger (* 1663).
† Matthäus Daniel Pöppelmann, deutscher Baumeister (* 1662).

1737 Gründung der Universität Göttingen.

1738 Voltaire: „Eléments de la Philosophie de Newton". Propagierung englischer Naturwissenschaften in Frankreich.
Vollendung der Dresdner Frauenkirche durch George Bähr (1666 – 1738).

1739 † Cosmas Damian Asam, deutscher Maler und Architekt des Barock (* 1686).

1740 Maria Theresia, Herrscherin von Österreich.
Friedrich II., König von Preußen.

1742 Händel: Messias.

1743 Balthaser Neumann beginnt die Wallfahrtskirche Vierzehnheiligen, vollendet 1771.
* Friedrich Heinrich Jacobi, deutscher Dichter und Religionsphilosoph († 1819).
* David Roentgen († 1807), Kunsttischler.

1744 Friedrich II. von Preußen beginnt den zweiten Schlesischen Krieg gegen Österreich.
† Alexander Pope, englischer Aufklärer und Satiriker (* 1688).
* Johann Gottfried Herder, deutscher Philosoph und Dichter († 1803).

1745 † Jonathan Swift (* 1667).

1746 Dominikus Zimmermann beginnt den Bau der „Wieskirche" in Oberbayern. Höhepunkt des bayrischen Rokoko. Vollendet 1754.
* Francisco de Goya († 1828), spanischer Maler.

1747 Fertigstellung von Sanssouci, des Schlosses Friedrichs II. bei Potsdam durch Georg von Knobelsdorff (1699 – 1753).

1748 Montesquieu: „De l'esprit des lois". Darstellung der Gewaltenteilung in der Staatsphilosophie. Voltaire: „Zadig oder das Schicksal", französischer satirischer Roman.
Balthasar Neumann vollendet das Treppenhaus in Schloß Brühl und die Wallfahrtskirche „Käppele" bei Würzburg. Julien Offray de Lamettrie (1709 – 1751): „L'homme machine", Aufklärungsmaterialismus.

1749 Johann Sebastian Bach: „Die Kunst der Fuge".
* Johann Wolfgang Goethe († 1832).

1750 Jean Jacques Rousseau: „Abhandlung über die Wissenschaften und Künste".
† Johann Sebastian Bach (* 1685).
* Johann Friedrich August Tischbein († 1812), deutscher Maler.
Gothic Revival in England (Horace Walpole's Haus Strawberry Hill).

1751 Französische Enzyklopädie (35 Bde) von Diderot, d'Alembert, Voltaire u. a. beginnt zu erscheinen (bis 1780).
Carl Linné (1707 – 1783): „Philosophia botanica", Beginn der modernen biologischen Klassifikation.

1753 † Balthasar Neumann, deutscher Baumeister (* 1687).
† Georg von Knobelsdorff, Baumeister Friedrichs II (* 1699).

1754 Rousseau: „Abhandlung von der Ungleichheit der Menschen".
Thomas Chippendale (1718 – 1779): „The gentleman and cabinet-maker's director".
† Christian Wolff, deutscher Aufklärungsphilosoph (* 1679).

1755 Erdbeben zerstört Lissabon, mehr als 30 000 Tote.
Lessing: „Miss Sarah Sampson", erstes deutsches bürgerliches Trauerspiel.

1756 Voltaire: „Essay über die Sitten und den Geist der Völker", sein geschichtsphilosophisches Hauptwerk. Beginn des Siebenjährigen Krieges, den Friedrich II. von Preußen mit Österreich, Rußland, Frankreich und Kursachsen um den Besitz von Schlesien führt.

1757 Albrecht von Haller (1708 – 1777), Prof. der Medizin in Göttingen: „Physiologische Elemente", lat. Zusammenfassung aller physiologischen Kenntnisse der Zeit.
* William Blake, englischer Dichter, Maler, Graphiker († 1827).
† Antoine Pesne (* 1683), französischer Maler am preußischen Hof.

1759 Lessing, Friedrich Nicolai, Moses Mendelssohn und Ewald von Kleist: „Briefe, die neueste Literatur betreffend". Rezensionszeitschrift, 24 Bde bis 1765. Voltaire: „Candide oder der Optimismus", satirischer Roman, der sich mit der leibnizschen Philosophie auseinandersetzt.
† Georg Friedrich Händel (* 1685).
* Friedrich Schiller († 1805).

1762 J. J. Rousseau: „Contrat social", französische rationalistische Staatsphilosophie: „Emile", französischer Erziehungsroman.
J. J., Winckelmann: „Anmerkungen über die Baukunst der Alten".
Gluck: „Orfeo ed Euridice", italienische Reformoper.

A. R. Mengs: „Gedanken über die Schönheit und den Geschmack der Malerei".
* Johann Gottlieb Fichte († 1814).

1763 Friede zu Hubertusburg zwischen Österreich, Sachsen und Preußen: Ende des Siebenjährigen Krieges. Schlesien wird preußisch. Friede zu Paris: Frankreich verliert Kanada und den indischen Besitz an England, Spanien verliert Florida an England.

1764 M. Mendelssohn: Abhandlung „Über die Evidenz in den metaphysischen Wissenschaften". Cesare Beccaria (1738 – 1794): „Von den Verbrechen und den Strafen", Forderung nach Abschaffung der Todesstrafe. Winckelmann: „Geschichte der Kunst des Altertums". Grundlage des deutschen Klassizismus.
† William Hogarth, englischer satirischer Kupferstecher und Maler (* 1697).
L. Sternes Roman „Tristram Shandy" beginnt zu erscheinen, unvollendet bis 1768.

1766 Lessing: „Laokoon oder über die Grenzen der Malerei und Poesie". Für ausdrucksstarke Kunst gegen Winckelmanns „stille Einfalt, edle Größe". Carl von Linné: „Systema naturae". Klassifikation der gesamten Natur.

1767 Lessing: „Minna von Barnhelm", deutsches Lustspiel. Mendelssohn: „Phädon oder über die Unsterblichkeit der Seele". James Hargreaves: Spinnmaschine „Jenny" (nach seiner Tochter); Beginn der industriellen Revolution.

1768 Laurence Sterne: „Yoricks sentimentale Reise", Roman. Sterne stirbt im selben Jahr (* 1713).
† Hermann Samuel Reimarus, bedeutendster deutscher aufgeklärter Bibelkritiker (* 1694).
† Johann Joachim Winckelmann (* 1717).
† François Cuvillés, deutscher Baumeister (* 1695).
† Canaletto, italienischer Maler von Städteansichten (* 1697).

1769 Gründung der Wedgwood-Manufaktur in Struria/England.

1770 * Ludwig van Beethoven († 1827).
* Georg Wilhelm Friedrich Hegel († 1831).
* Friedrich Hölderlin († 1843).

† François Boucher, französischer Maler (* 1703).
† Giovanni Battista Tiepolo, italienischer Maler (* 1696).

1772 Herder: „Über den Ursprung der Sprache”, bedeutendstes Werk zum Sprachursprungsstreit im 18. Jahrhundert.
Lessing: „Emilia Galotti”, deutsches Trauerspiel.

1773 Goethe: „Götz von Berlichingen”.

1774 Goethe: „Die Leiden des jungen Werthers”.
Gluck: „Iphigenie in Aulis”, Reformoper im französischen Stil.

1776 Annahme der Unabhängigkeitserklärung der USA vom Kongreß; Erklärung der Menschenrechte. Adam Smith: „Natur und Ursachen des Volkswohlstandes”. Grundlage der liberalistischen Volkswirtschaftslehre.
† David Hume, englischer Aufklärer (* 1711).

1777 Lessing veröffentlicht „Wolfenbütteler Fragmente”, Teile des bibelkritischen Hauptwerkes von H. S.. Reimarus, entfacht damit bis zu seinem Tode den „Fragmentenstreit”, die größte, theologisch-philosophische Kontroverse der deutschen Aufklärung.

1778 † Jean Jacques Rousseau (* 1712).
† Voltaire (* 1694). Sitzstatue Voltaires von Jean-Antoine Houdon (1741–1828).

1779 Lessing: „Nathan der Weise”.
Gluck: „Iphigenie auf Tauris”, Reformoper im französischen Stil.

1780 Lessing: „Erziehung des Menschengeschlechts”, Thesen zur Geschichtsphilosophie.
† Maria Theresia von Österreich.
Josef II. wird österreichischer Herrscher († 1790); „aufgeklärter Absolutismus”.

1781 Abschaffung der Leibeigenschaft und Folter in Österreich. Religionsfreiheit.
† Lessing (* 1729).
* Karl Friedrich Schinkel († 1841), bedeutendster Architekt des deutschen Klassizismus.
Kant: „Kritik der reinen Vernunft”.
Washington besiegt die Engländer bei Yorktown.

1782 Rousseau: „Bekenntnisse" (posthum, 4 Bde bis 1788).
Schiller: „Die Räuber".
James Watt baut Dampfmaschinen.

1783 Mendelssohn: „Jerusalem oder über religiöse Macht und Judentum", betont den aufgeklärten Geist der jüdischen Religion.

1784 Herder: „Ideen zu einer Philosophie der Geschichte der Menschheit".
Kant: „Was ist Aufklärung".
Jacques-Louis David (1748 – 1825), „Schwur der Horatier", Schlüsselbild des Klassizimus.

1785 Kant: „Grundlegung zur Metaphysik der Sitten".
Friedrich Heinrich Jacobi: „Über die Lehre des Spinoza", Beginn der deutschen Spinoza-Renaissance.
Mendelssohn: „Morgenstunden", Auseinandersetzung mit dem Spinozismus.

1786 Haydn: sechs Pariser Sinfonien.
Mozart: „Figaros Hochzeit".
† Moses Mendelssohn (* 1728).
† Friedrich II. (* 1712, seit 1740 König von Preußen).

1787 Goethe: „Iphigenie".
Schiller: „Don Karlos".
Mozart: „Don Giovanni".
† Christoph Willibald Gluck, deutscher Komponist (* 1714).

1788 Verfassung der USA tritt in Kraft.
Kant: „Kritik der praktischen Vernunft".
Mozart: „Jupiter – Symphonie".
† Johann Georg Hamann, deutscher Sprach- und Religionsphilosoph (* 1730).
† Carl Philipp Emanuel Bach, deutscher Komponist (* 1714).

1789 Beginn der Französischen Revolution.

Ausgewählte Literatur zur deutschen Aufklärung

Altmann, Alexander	Moses Mendelssohn. A biographical study. Tuscalosa, Alabama 1973.
Aner, Karl	Die Theologie der Lessingzeit. (Reprogr. Nachdr. der Ausg. Halle 1929.) Hildesheim 1964.
Aretin, Karl, Otmar Frhr. von (Hrsg.)	Der aufgeklärte Absolutismus. Köln 1974. (= Neue wissenschaftliche Bibliothek 67: Geschichte)
	Aufklärung. Erläuterungen zur deutschen Literatur. (3., bearb. u. erg. Aufl.) Berlin 1971.
Boor, Helmut de, und Richard Newald	Geschichte der deutschen Literatur von den Anfängen bis zur Gegenwart. Bd 6. München 1951 – 1973.
Cassirer, Ernst	Die Philosophie der Aufklärung. Tübingen 1932.
Danzel, Theodor Wilhelm	Gotthold Ephraim Lessing. Sein Leben und seine Werke. 2., berichtigte u. verm. Aufl. Bd 1.2. Berlin 1880 – 1881.
Grimminger, Rolf (Hrsg.)	Bürgerliche Aufklärung vom Ende des 17. Jahrhunderts bis zur Französischen Revolution. In der Reihe „Sozialgeschichte der Deutschen Literatur". München 1979.
Guhrauer, Gottschalk Eduard	Gottfried Wilhelm Freiherr von Leibnitz. Breslau 1846.
Hazard, Paul	Die Herrschaft der Vernunft. Hamburg 1949.
Hettner, Hermann	Literaturgeschichte des 18. Jahrhunderts. 5., verb. Aufl. Braunschweig 1894 – 1909.
Hinrichs, Carl	Preußentum und Pietismus. Der Pietismus in Brandenburg – Preußen als religiös soziale Reformbewegung. Göttingen 1971.

Hirsch, Emanuel — Geschichte der neueren evangelischen Theologie. Bd 1–5. Gütersloh 1949 – 1954.

Horkheimer, Max und Theodor W. Adorno — Dialektik der Aufklärung. Amsterdam 1947.

Kaiser, Gerhard — Aufklärung, Empfindsamkeit, Sturm und Drang (Geschichte der deutschen Literatur Bd. 3) München 1976.

Kopitzsch, Franklin (Hrsg.) — Aufklärung, Absolutismus und Bürgertum in Deutschland. München 1976.

Mattenklott, Gert und Scherpe, Klaus Rüdiger (Hrsg.) — Literatur der bürgerlichen Emanzipation im 18. Jahrhundert. Kronberg/Ts. 1973 (= Literatur im historischen Prozeß. 1.) (= Scriptor Taschenbücher. Literaturwiss. 2.).

Mehring, Franz — Die Lessing-Legende. Berlin, Wien 1972 (= Ullstein Buch. Nr. 2854.)

Möller, Horst — Aufklärung in Preußen. Der Verleger, Publizist und Geschichtsschreiber Friedrich Nicolai. Berlin 1974. (= Einzelveröffentlichungen der Hist. Komm. zu Berlin. Bd 15.)

Pütz, Peter — Die deutsche Aufklärung. Darmstadt 1978.

Rilla, Paul — Lessing und sein Zeitalter. München 1973.

Schilfert, Gerhard — Deutschland von 1648 bis 1789. Berlin 1975. (= Lehrbuch der deutschen Geschichte. Beiträge. 4.)

Schmidt, Erich — Lessing. Geschichte seines Lebens und seiner Schriften. 4. durchges. Aufl. Bd 1.2. Berlin 1923.

Schmoller, Gustav von — Umrisse und Untersuchungen zur Verfassungs-, Verwaltungs- und Wirtschaftsgeschichte besonders des Preußischen Staates im 17. u. 18. Jahrhundert. Leipzig 1898.

Vierhaus, Rudolf — Deutschland im Zeitalter des Absolutismus. (1648 1763) Göttingen 1978 (= Deutsche Geschichte, Bd. 6).

Wundt, Max	Die deutsche Schulphilosophie im Zeitalter der Aufklärung. (Reprogr. Nachdr. d. Ausg. Tübingen 1945.) Hildesheim 1964.

Zu den Autoren

Jean Améry

geboren am 31. 10. 1912 in Wien, Freitod am 28. 10. 1978 in Wien; Buchveröffentlichungen: Jenseits von Schuld und Sühne. Bewältigungsversuche eines Überwältigten, 1966, 1970; Über Das Altern. Revolte und Resignation, 1968, 1969; Unmeisterliche Wanderjahre, 1971; Widersprüche, 1971; Hand an sich legen, Diskurs über den Freitod, 1976; Charles Bovary, Landarzt, 1978.

Wilfried Barner

geboren 1937 in Kleve. 1957 Studium (Griechisch, Latein, Deutsch); 1963 Promotion; 1968 Habilitation; seit 1971 o. Prof. in Tübingen. Buchveröffentlichungen: Neuere Alkaios-Papyri aus Oxyrhynchos, 1966; Barockrhetorik. Untersuchungen zu ihren geschichtlichen Grundlagen, 1970; Produktive Rezeption. Lessing und die Tragödien Senecas, 1973; (Hrsg.) Der literarische Barockbegriff, 1975; (mit G. Grimm, H. Kiesel, M. Kramer) Lessing, Epoche – Werk – Wirkung, 1975, 1977[3]; (Hrsg.) Christoph Kaldenbach, Auswahl aus dem Werk, 1977. Aufsätze zur griechischen Literatur, Barockliteratur, zu Lessing, zur Literatur des 20. Jahrhunderts und zur Rezeptionstheorie.

Dominique Bourel

1952 in Offenburg geboren und in Paris aufgewachsen. Studierte Philosophie, Religionsgeschichte und Alte Sprachen an der Sorbonne, an der École Pratique des Hautes Études sowie an den Universitäten Heidelberg, Mainz und Harvard. Zahlreiche Veröffentlichungen auf dem Gebiet der Aufklärung. Ausgabe der Morgenstunden, Stuttgart Reclam UB und mit Nathan Rotenstreich, Ausgabe des Phädon(s) von Moses Mendelssohn, Hamburg F. Meiner. Weitere Arbeit über Berliner Juden in Vorbereitung. Lehrbeauftragter für Philosophie an der Universität Mainz.

Paul Hazard

geboren am 30. 8. 1878 in Nordpeene, gestorben am 13. 4. 1944 in Paris; 1900 Eintritt in die „École Normale Superieure"; 1910 Promotion über das Thema

„La Révolution française et les lettres italiennes"; 1919 Professor an der Sorbonne; 1925 Berufung auf den Lehrstuhl für vergleichende moderne Literaturwissenschaften am Collège de France; 1921 Gründung der „Revue de litteratures modernes comparées" zusammen mit Fernand Baldensperger; 1923–1924 verfaßte er zusammen mit Joseph Bédier eine große „Histoire illustrée de la littérature française"; während der deutschen Besatzungszeit veröffentlichte er in der Untergrundzeitschrift „France de demain" den Artikel „Pour que vive l'âme de la France", nachdem seine Nominierung zum Rektor der Pariser Universität von den Nationalsozialisten unterdrückt worden war; 1940 wurde er Mitglied der „Académie française". Seine wichtigsten Veröffentlichungen: „Léopardi", 1913; „L'Italie vivante", 1923; „Lamartine", 1926; „La vie de Stendhal", 1927; „Don Quichotte", 1931; „Les Livres, les enfants et les hommes", 1932; „L'Influence française en Italie au XVIIIe siècle", 1934 (zusammen mit Henri Bédarida); „La Crise de la conscience européenne: 1680 – 1715", 1935; posthum erschien „La Pensée européenne du XVIIIe siècle, de Montesquieu à Lessing", 1946. (Diesem Werk ist der in diesem Band abgedruckte Beitrag „Die Herrschaft der Vernunft" entnommen.)

Heinz Ischreyt

geboren am 31. 3. 1917 in Libau, Lettland. Studium in Riga, Bonn und Posen. Promotion 1942. Seit 1945 tätig als Bibliotheksleiter, Verlagslektor und -redakteur, Mitarbeiter von Forschungsstellen, seit 1966 Mitglied der Ost-Akademie, Lüneburg. Seit den 50er Jahren Bearbeitung von Fragen aus dem Bereich der sprachlichen Kommunikation, der Kulturpolitik und der Kulturbeziehungsforschung. Seit 1969 Organisator des Studienkreises für Kulturbeziehungen in Mittel- und Osteuropa, der in internationalem Rahmen das Forschungsprojekt „Kulturbeziehungen in Mittel- und Osteuropa (1750 – 1850)" durchführt. Buchveröffentlichungen: Die Welt der Literatur, Gütersloh 1961; Deutsche Kulturpolitik, Bremen 1964; Studien zum Verhältnis von Sprache und Technik, Düsseldorf 1965.

Gerhard Kaiser

geboren am 2. 8. 1927 in Tannroda/Thüringen. 1956 Promotion zum Dr. phil.; 1962 Habilitation in Mainz; 1963 o. Prof. in Saarbrücken, 1966 in Freiburg/Br.; 1975 o. Mitglied der Heidelberger Akademie der Wissenschaften. Buchveröffentlichungen: Pietismus und Patriotismus im literarischen Deutschland, 1961, ergänzte Auflage 1973; Klopstock. Religion und Dichtung, 1963; Geschichte der deutschen Literatur von der Aufklärung bis zum Sturm und Drang 1730 – 1785, 1966; Vergötterung und Tod. Die thematische Einheit von Schillers Werk, 1967; Günter Grass, Katz und Maus, 1971; Antithesen. Zwischenbilanz eines Germanisten 1970 – 1972, 1973; Benjamin, Adorno, 1974. (Hrsg.) Die Dramen des Andreas Gryphius. Eine Sammlung von Einzelinterpretationen; Gegenwart der Dichtung, Schriftenreihe seit 1971; Goethezeit, Schriftenreihe 1969 – 1974.

Immanuel Kant

geboren am 22. 4. 1724 in Königsberg; gestorben am 12. 2. 1804 in Königsberg; 1740 – 1746 Studium der Philosophie, Mathematik und Naturwissenschaften an der Universität Königsberg; 1746 erste Abhandlung „Gedanken von der wahren Schätzung der lebendigen Kräfte"; 1755 Promotion mit der Dissertation „Meditationum quarundam de igne succinta delineatio"; im selben Jahr wird er Privatdozent mit der Schrift „Principiorum primorum cognitionis metaphysicae nova dilucidatio"; 1770 Antritt als ordentlicher Professor für Metaphysik und Logik an der Universität Königsberg mit der Schrift „De mundi sensibilis atque intelligibilis forma et principiis"; 1781 „Kritik der reinen Vernunft"; 1786 Rektor der Universität Königsberg; „Metaphysische Anfangsgründe der Naturwissenschaft" im selben Jahr; 1788 zum zweiten Male Rektor; „Kritik der praktischen Vernunft", „Kritik der Urteilskraft" im selben Jahr; 1793 „Die Religion innerhalb der Grenzen der bloßen Vernunft"; 1797 „Die Metaphysik der Sitten"; 1798 „Anthropologie in pragmatischer Hinsicht abgefaßt".

Manuel Lichtwitz

geboren 1945, studierte Germanistik und Anglistik in München und Göttingen. Mitarbeit an einer Bibliographie zur Wirkungsgeschichte Lessings im 18. Jahrhundert. Seit 1978: Kulturprogramm der Herzog August Bibliothek in Wolfenbüttel.

Paul Raabe

am 21. 2. 1927 in Oldenburg geboren; 1946 Abitur; 1946 – 1948 Ausbildung als Diplom-Bibliothekar an wissenschaftlichen Bibliotheken; 1951 – 1957 Studium der Germanistik und Geschichte an der Universität Hamburg; 1954 – 1958 Redaktionsassistent bei Professor Dr. Hans Pyritz (Goethe-Bibliographie); 1957 Promotion bei Professor Dr. Adolf Beck mit einer Arbeit über die Briefe Hölderlins; 1957 erste Buchveröffentlichung: Alfred Kubin, Leben, Werk, Wirkung; 1958–1968 Leiter der Bibliothek des Deutschen Literaturarchivs in Marbach am Neckar; 1960 Vorbereitung und Katalog der Expressionismus-Ausstellung „Literatur und Kultur 1910–1925"; 1967 Habilitation im Rahmen der deutschen Literaturwissenschaft an der Universität Göttingen; seit 1968 Direktor der Herzog August Bibliothek in Wolfenbüttel und Privatdozent an der Universität Göttingen; 1973 Ernennung zum außerplanmäßigen Professor an der Universität Göttingen; seit 1974 Aufbau des Forschungsprogramms der Herzog August Bibliothek; 1975 Ernennung zum korrespondierenden Mitglied der Akademie der Wissenschaften zu Göttingen; 1976 Ernennung zum leitenden Bibliotheksdirektor.

Wilhelm Schmidt-Biggemann

geboren 1946. 1976 Promotion über Jean Pauls Jugendschriften; Mitherausgeber von Jean Pauls sämtlichen Werken beim Hanser-Verlag; Mitherausgeber der Werke von Reimarus; Herausgeber der „Mitteilungen der Deutschen Gesellschaft für die Erforschung des 18. Jahrhunderts"; Mitherausgeber der „Studien zum 18. Jahrhundert"; Sekretär der „Deutschen Gesellschaft für die Erforschung des 18. Jahrhunderts". Derzeitige Hauptarbeitsgebiete: Frühaufklärung, Geschichte der Universalwissenschaften vom 16. bis 18. Jahrhundert.

Rudolf Vierhaus

geboren am 29. 10. 1922; 1964 – 1971 ordentlicher Professor an der Ruhr-Universität Bochum; seit 1971 Direktor des Max Planck-Instituts für Geschichte, Göttingen. Augenblickliche Arbeitsgebiete im 18. Jahrhundert: Sozial- und Verfassungs-, Kultur-, Bildungs- und Wissenschaftsgeschichte speziell der frühen Neuzeit. Neuere einschlägige Veröffentlichungen: Ranke und die soziale Welt (1957); über die Gegenwärtigkeit der Geschichte und die Geschichtlichkeit der Gegenwart (1978); zahlreiche Aufsätze zur Geschichte der Geschichtsschreibung und zur Theorie der Geschichte, zur Geschichte des Ständewesens, der deutschen Aufklärung, des politischen Bewußtseins in Deutschland, zur Institutionsgeschichte des späten 19. und des 20. Jahrhunderts. Herausgeber von: Das Tagebuch der Baronin Spitzemberg (1940, 4. Aufl. 1976); Der Adel vor der Revolution (1971); Eigentum und Verfassung (1972); Herrschaftsverträge, Wahlkapitulationen, Fundamentalgesetze (1977); Deutschland im Zeitalter des Absolutismus (Vandenhoeck 1978).